노션 ✓찐 프로 강사 **임세범** 교사가 알려 주는

선생님을 위한

노션

실전기초 / 수업활용 / 학생관리
업무관리 / 업무자동화 / 노션AI

쉬운 설명	**템플릿 활용**	**현장 활용**	**실전 사례**
초보자도 따라 하기 쉬운 설명	수업/업무에 바로 활용할 수 있는 템플릿	수업 준비 및 업무 시간이 확! 줄어든다.	교육 현장에 꼭 필요한 내용만 선별한 사례집

선생님을 위한
노션

실전기초 / 수업활용/ 학생관리
업무관리 / 업무자동화 / 노션AI

1 판 3 쇄 인쇄 | 2025년 10월 30일

지 은 이	임세범 저
발 행 인	김병성
발 행 처	앤써북
편 집 진 행	조주연
주 소	경기도 파주시 탄현면 방촌로 548번지
전 화	(070)8877-4177
팩 스	(031)942-9852
등 록	제382-2012-0007호
도 서 문 의	answerbook@naver.com

I S B N | 979-11-93059-43-2 13000

이 책은 저작권법에 따라 보호받는 저작물이므로 무단 전재와 무단 복제를 금하며,
이 책 내용의 전부 또는 일부를 사용하려면 반드시 저작권자와 앤써북 발행인의
서면동의를 받아야 합니다.

※ 책값은 뒤표지에 있습니다.
※ 잘못된 책은 구입한 서점에서 바꿔 드립니다.

들어가는 글

코로나19로 인한 비대면 수업 환경에서 효과적인 수업 도구를 찾던 중 저는 노션을 만났습니다. 다양한 기기를 사용하는 학생들이 별도의 설치나 가입 없이도 함께 글을 쓰고, 이미지, 영상, 표, 링크, 파일 등 모든 자료를 한곳에서 다룰 수 있는 노션의 유연함은 놀라웠습니다. 하나의 도구만으로도 거의 모든 수업 과제를 해결할 수 있었고, 학생들과의 소통도 더욱 원활해졌습니다.

수업에서 시작된 노션 활용은 자연스럽게 업무 영역으로 확장되었습니다. 기존에는 업무 자료를 정리해도 동료들과 공유하려면 파일을 보내거나 드라이브를 공유하는 등 번거로움이 있었는데, 노션에서는 클릭 한두 번으로 손쉽게 자료를 공유할 수 있었기 때문입니다. 복잡했던 업무가 체계적으로 정리되고, 흩어져 있던 자료들이 한곳에 모이니 업무 효율이 놀랍게 향상되었습니다.

노션의 활용 범위는 점차 확대되어 이제는 우리 학교 온라인 교무실과 전문적학습공동체 연구 자료실로도 활용되고 있습니다. 교사들 간의 자료 공유와 협업이 더욱 수월해졌고, 실시간으로 의견을 나누는 것도 한결 편리해졌습니다. 개인적으로는 일기부터 연구 노트까지 다양한 용도로 노션을 활용하면서, 일상적인 기록과 정리가 훨씬 수월해졌음을 실감하고 있습니다.

저는 지금까지 200회에 가까운 연수를 통해 노션 활용 경험을 나누어 왔습니다. 특히 교육 현장에 꼭 필요한 내용만을 선별하여 실제 학교 사례 중심으로 설명하려 노력했고, 많은 선생님들께서 "어려울 것 같았던 노션을 쉽게 이해할 수 있었다", "수업 준비가 훨씬 수월해졌다", "학생 관리가 한결 편해졌다", "업무 시간이 크게 줄었다"는 따뜻한 후기를 전해주셨습니다. 프레젠테이션이나 한글워드프로세서, 엑셀처럼 노션도 곧 교육 현장의 필수 도구가 되리라 믿습니다.

이 책은 제가 노션을 활용하며 경험한 모든 것들과 연수를 통해 선생님들과 나누었던 소중한 질문들, 그리고 그 해답을 담았습니다. 기초적인 사용법부터 수업 관리, 학생 관리, 업무 자동화까지, 교사에게 실질적으로 도움이 되는 내용을 중심으로 구성했습니다. 특히 많은 선생님들이 어려워하시는 부분들을 연수 경험을 통해 파악하여 더욱 쉽게 설명하려 노력했고, 학교 현장에서 자주 마주치는 상황들을 예시로 들어 설명했기에, 노션을 처음 접하시는 분들도 어렵지 않게 따라 하실 수

들어가는 글

있을 것입니다. 또한 노션은 현재 많은 기업에서도 필수 업무 도구로 활용되고 있어, 우리가 수업에서 노션을 활용하는 것은 학생들에게 미래 실무 역량을 키워주는 의미 있는 경험이 되기도 합니다.

저는 현재 https://enotion.kr/ 웹사이트와 카카오톡 오픈채팅방 '노션 선생님'을 통해 많은 선생님들과 노션에 대한 이야기를 나누고 있습니다. 이 책을 읽으시면서 궁금한 점이 생기시거나 더 깊이 있는 내용을 나누고 싶으신 분들은 언제든 방문해 주시기 바랍니다.

바쁜 교직 생활 속에서 새로운 도구를 배우는 것이 망설여질 수 있습니다. 하지만 노션을 익히는 시간은 결코 아깝지 않을 것입니다. 업무는 더욱 효율적으로 바뀌고, 시간도 절약되고, 스트레스도 줄어들 테니까요. 이 책이 여러분의 교육 활동에 실질적인 도움이 되기를 진심으로 기대합니다.

저마다의 깊이를 더하며

2024년 12월
저자 임세범 드림

저자가 운영하는 독자와의 소통 공간

저자는 웹사이트와 오픈채팅방을 통해 많은 선생님들과 노션에 대해 이야기를 나누고 있습니다. 이 책을 읽으시면서 궁금한 점이 생기시거나 더 깊이 있는 내용을 나누고 싶으신 분들은 언제든 방문해 주시기 바랍니다.

- 웹사이트 : https://www.enotion.kr/
- 카카오톡 오픈채팅방 : '노션 선생님'

독자 지원 센터

[도서자료·정오표]

이 책의 실습에 필요한 책 소스 파일 다운로드, 정오표, Q&A 방법, 긴급 공지 사항 같은 안내 사항은 PC 기준으로 안내드리면 앤써북 공식 카페의 [종합 자료실]에서 [도서별 전용 게시판]을 이용하시면 됩니다. 앤써북 네이버 카페에서 [종합 자료실] 아이콘(❶)을 클릭한 후 종합자료실 게시글에 설명된 표에서 212번 목록 우측 도서별 전용 게시판 링크 주소(❷)를 클릭하거나 아래 QR 코드로 바로가기 합니다. 도서 전용 게시판에서 설명하는 절차로 책소스 파일 다운로드, 정오표, 필독사항 등을 안내 받을 수 있습니다.

▶ 앤써북 공식 네이버 카페 종합자료실 https://cafe.naver.com/answerbook/5858
▶ 도서 전용게시판 바로가기 https://cafe.naver.com/answerbook/7401

독자 지원 센터

[앤써북 공식 체험단]

앤써북에서 출간되는 도서와 키트 등 신간 책을 비롯하여 연관 상품을 체험해 볼 수 있습니다. 체험단은 수시로 모집하기 때문에 앤써북 카페 공식 체험단 게시판에 접속한 후 "즐겨찾기" 버튼(❶)을 눌러 [채널 구독하기] 버튼(❷)을 눌러 즐겨찾기 설정해 놓거나, 새글 구독을 우측으로 드래그하여 ON으로 설정해 놓으면 새로운 체험단 모집 글(❸)을 메일로 자동 받아보실 수 있습니다.

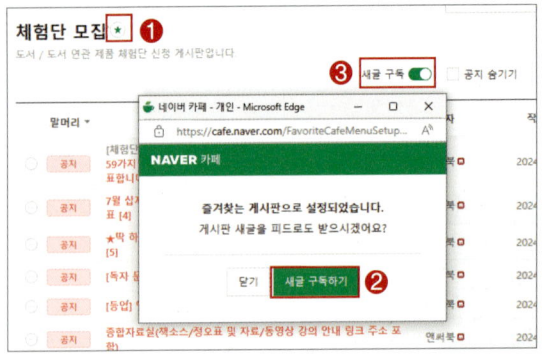

➡ 앤써북 카페 공식 체험단 게시판 https://cafe.naver.com/answerbook/menu/150

체험단 바로가기 QR코드

[저자 강의 안내]

앤써북에서 출간된 책 관련 주제의 온·오프라인 강의는 특강, 유료 강의 형태로 진행됩니다. 강의 관련해서는 아래 게시판을 통해서 확인해주세요. "앤써북 저자 강의 안내 게시판"을 통해서 앤써북 저자들이 진행하는 다양한 온·오프라인 강의를 확인할 수 있습니다.

➡ 앤써북 강의 안내 게시판 https://cafe.naver.com/answerbook/menu/144

저자 강의 안내 게시판 바로가기 QR코드

Contents
목차

 **바로 써먹는 노션 실전 기초**

01 **처음 만나는 노션** • 14
　노션(Notion)이란? • 14
　노션(Notion)의 장점과 교실 속 활용 사례 • 17
　10분 만에 익히고 활용하는 노션 기본기 • 19

02 **요금제, 협업** • 27
　요금제 선택하기 • 27
　협업을 위한 권한 관리 • 28

03 **디지털 수업을 위한 홈페이지 만들기** • 35
　스마트기기에서 편리하게 노션 홈페이지 접근하기 • 35
　하위 페이지로 자료실 만들기 • 36
　사진 및 영상 저장공간 하위 페이지 만들기 • 38
　자주 찾는 에듀테크 바로가기 만들기 • 41
　수업 캘린더 만들기 • 41
　내 사이트에 무료 도메인 설정하기 • 43
　QR코드로 공유하기 • 45

04 **한 번쯤 익혀두면 편리한 워크스페이스와 페이지, 블록 사용법** • 46
　워크스페이스 다루기 • 46
　페이지 다루기 • 51
　블록 / 페이지 편집 • 55

05 **온라인 교무실/연구회로 협업하기** • 59
　온라인 교무실 / 연구회 만들기 • 59
　함께 편집할 게스트 추가하기 • 66
　초대받은 페이지에서 편집하기 • 67

06 **일상을 풍성하게 만드는 노션 템플릿 활용법** • 68
　노션 공식 템플릿 • 69
　유튜브나 블로그 등에서 템플릿 가져오기 • 70

Contents
목차

노션 데이터베이스 교사 업무에 활용하기

01 **노션의 꽃 데이터베이스** • 74
　　노션 데이터베이스란? • 74
　　다양한 데이터베이스 레이아웃 훑어보기 • 76
　　전체 페이지 데이터베이스와 인라인(보기) • 79

02 **언제 어디서나 빠른 메모장(INBOX)** • 82
　　표 데이터베이스로 빠른 메모장 만들기 • 83
　　컴퓨터에서 빠르게 메모하기 • 87
　　노션 웹 클리퍼로 자료 수집하기 • 89
　　휴대폰에서 빠르게 메모하기 • 92
　　휴대폰 앱의 공유 기능으로 자료 수집하기 • 96

03 **교사 업무 효율성 높이는 축적의 힘! 데이터베이스 구축하기** • 101
　　기존 자료 관리 방식의 한계와 문제점 • 101
　　노션 데이터베이스로 자료를 관리하면 좋은 이유 • 102
　　표 레이아웃으로 자료 데이터베이스(DB) 만들기 • 104
　　자료 데이타베이스에 새로운 자료 추가하기 • 107
　　검색 기능으로 폴더처럼 활용하기 • 108
　　노션 데이터베이스에 공문서 저장하고 공유하기 • 110
　　10초 만에 업무 자료 인수인계 끝내기 • 111

04 **노션으로 교사의 할 일 관리하기** • 113
　　보드 데이터베이스로 할 일 만들기 • 113
　　보드 데이터베이스로 할 일 관리하기 • 116
　　캘린더 레이아웃을 추가하여 할 일 관리하기 • 118
　　표 레이아웃을 추가하여 할 일 관리하기 • 120

05 **노션 일정 관리** • 122
　　캘린더 데이터베이스로 일정 만들기 • 122
　　캘린더 데이터베이스로 일정 관리 하기 • 124
　　날짜 속성으로 시간, 리마인더(알림) 설정하기 • 127

주 단위 캘린더 레이아웃을 추가하여 일정 관리하기 • 129
　　　표 레이아웃으로 일정 빨리 찾기 • 130
　　　노션 캘린더 앱에서 보기 • 131

06 스트레스를 줄이는 G.T.D 업무 흐름 • 134
　　　G.T.D(Getting Things Done) 업무흐름이란? • 134
　　　정리: 빠른 메모장(inbox)에서 자료, 할 일, 일정으로 • 137
　　　표 데이터베이스로 아이디어 나무 만들기 • 141

CHAPTER 03 노션으로 수업하기

01 노션으로 수업 준비하기 • 146
　　　기본 클래스 만들기 • 146
　　　주간학습 캘린더 만들기 • 148
　　　노션으로 수업 준비하기 • 152
　　　학생 초대하기 • 155
　　　학생들과 함께하는 노션 첫 수업시간 • 157

02 노션으로 수업활동 과제 게시판 만들고 활용하기 • 160
　　　사례: 다양한 노션 활용 수업 • 160
　　　과제가 있는 수업: 템플릿으로 만들기 • 162
　　　교사: 과제가 부여하기 • 166
　　　학생: 과제 제출, 댓글, 상호검토 • 168
　　　노션 과제 돌발상황 대처 • 170

03 학습지처럼 사용하는 노션 템플릿 • 172
　　　정해진 양식이 있는 과제 만들기 • 172
　　　선택 과제 • 174
　　　필터를 활용한 비공개 과제 만들기 • 175

04 노션으로 수업 준비 끝내기 • 179
　　　링크된 데이터베이스로 수업 준비 대시보드 만들기 • 180
　　　두 개의 링크된 데이터베이스로 기본 시간표 복사하기 • 187

Contents
목차

노션으로 학생 관리하기

01 데이터베이스 속성 • 192
　데이터베이스 속성이란? • 192
　다양한 데이터베이스 속성 훑어보기 • 193

02 학기 말이 편해지는 All in one 학생명렬표 • 197
　표 데이터베이스로 새로운 명렬표 만들기 • 197
　엑셀 파일 명렬표 데이터 가져오기 • 199
　양식: 새 학년 학부모 설문으로 명렬표 생성하기 • 201
　다양한 목적의 명렬표를 탭으로 추가하기 • 203
　레이아웃 사용자 지정으로 페이지의 속성을 그룹으로 보기 • 206
　링크된 데이터베이스로 평가 탭 분리하기 • 208

03 출결, 관찰상담기록 데이터 베이스를 명렬표와 연동하기 • 211
　링크된 데이터베이스로 평가 탭 분리하기 • 212
　관계형 속성: 관찰상담 데이터베이스와 명렬표 • 216
　롤업과 수식: 텍스트 속성에 기록한 상담내용 가져오기 • 219
　레이아웃 사용자 지정: 패널에서 출결, 관찰상담 보기 • 222

04 미제출 학생 꼼꼼한 관리: 수식으로 메시지 자동 생성, 자동 메일 • 224
　관계형 속성: 제출확인 데이터베이스와 명렬표 • 224
　수식으로 개별 메시지 자동 작성 • 230
　map 함수로 정교한 메시지 생성하기 • 232
　filter 함수로 필요한 내용만 선택하여 생성하기 • 236
　메시지를 이메일로 자동 발송하기 • 239

CHAPTER 05 노션으로 학교 업무 자동화하기

01 프로젝트로 업무 관리하기 • 250
프로젝트로 업무를 관리하면 좋은 점 • 250
자료와 할 일, 일정 연결하기 • 252
노션으로 예산관리하기 • 257
프로젝트 템플릿에 업무 페이지 하나로 모으기 • 262
프로젝트 업무에서 후기 작성의 중요성 • 268

02 반복되는 교사 업무 자동화하기 • 269
자동화 버튼으로 모든 학생에게 과제 부여하기 • 270
버튼: 할 일 미루기 • 272
자동화: 소요 시간 기록 • 277
자동화: 학부모 안내 메일 발송 • 281
템플릿: 할 일 반복 • 288

03 노션 AI: 수업과 업무를 빠르게 시작하기 • 291
본문에서 AI: 내 수업에 딱 필요한 글 만들기 • 292
본문에서 AI: 어떤 과목이든 문제 자동 출제하기 • 294
본문에서 AI: 수업과정안 작성하기 • 296
업무 문서 초안 작성 • 298
도식(시각화) 생성 • 299
텍스트 속성에서 AI: 학생의 과제 자동 피드백하기 • 300

04 노션 AI: 무엇이든 노션으로 연결하기 • 302
API 알아보기 • 302
Zapier: 구글캘린더에 추가된 일정을 노션에 추가하기 • 304
파이썬으로 블로그 새 글 자동 수집하기 • 309

이 장은 처음 노션을 시작하는 선생님들을 위한 기초적인 내용으로 시작합니다. 노션에 대한 소개와 회원 가입, 간단한 문서작성과 공유, 기본적인 사이트 작성과 협업까지. 쉽게 익힐 수 있으면서도 업무와 생활에 바로 적용할 수 있는 실전적인 내용으로 구성하였습니다.

N O T I O N

CHAPTER

01

바로 써먹는
노션 실전 기초

01 처음 만나는 노션

노션(Notion)이란?

과거에 저장해 둔 자료가 어디에 있는지 찾을 수가 없다.
메모해 두었지만, 메모조차 잊어버렸다.
받은 메시지를 처리하지 못하고 잊거나 놓쳐버렸다.
계속되는 메시지로 업무에 도무지 집중할 수가 없다.
잡다한 일이 너무 많아 생각이 정리되지 않는다.

교사에게 주어지는 업무는 날이 갈수록 늘어나고 있습니다. 과거와 달리 교과서만 가지고 수업하기 어렵고, 수업 준비에 필요한 시간이 늘었습니다. 인터넷에서 자료를 찾아 정리하는 데에만 한참 걸립니다. 수업만으로 끝나는 것이 아니라, 평가와 생활기록부 작성을 위해서는 수업 과정과 결과물도 잘 정리해두어야 합니다.
이런저런 회의에 참여하고, 동료 교사들과 협의도 하고, 학생들과 상담하며 고민과 진로에 관한 이야기도 나누어야 합니다.
교육청에서 하루가 멀다하고 전달되는 공문에는 해야 할 일들과 최종 보고 날짜가 적혀옵니다. 수업하고 평가하고 상담하고 온갖 업무들에 쫓기다 보면 어느새 보고서를 작성할 날이 다가옵니다. 그러다가 업무용 메신저를 보면 어느새 또 여러 건의 메시지들이 확인을 기다리고 있습니다. 이러다 보면 업무를 놓치기도 하고, 하고 싶었던 좋은 교육활동과 연구는 뒤로 미루어집니다.

어떻게 하면 업무 스트레스는 줄이면서도 빈틈없이 효율적으로 일할 수 있을까요?
흩어진 자료와 메모, 일정, 할 일 등을 모두 하나로 모아 관리하는 스마트 워크는 이에 대한 좋은 해결 방법이 될 수 있습니다.
스마트 워크는 디지털과 인터넷 기반의 일 처리를 말합니다. 요즘 디지털과 인터넷 없이 일하는 사람은 드물겠지만, 스마트 워크는 그 이상의 개념입니다.
스마트 워크는 단순히 디지털 도구를 사용하는 것에서 그치는 것이 아니라, 인터넷 기반으로 업무의 효율성을 높이는 것이 핵심입니다. 언제든 자료를 간편하게 저장하거나 필요한 내용을 찾아볼 수 있고, 순간순간 떠오른 아이디어나 받은 메시지도 손쉽게 기록할 수 있습니다.
스마트 워크는 기기를 가리지 않습니다. 안드로이드, IOS, 크롬, 웨일 등 운영체제의 다양성과 데스크탑, 노트북, 태블릿, 스마트폰 등 기기의 다양성에 대응할 수 있습니다. 즉, 온라인이라면 언제 어디서든 작업이 가능합니다.
전통적인 IT 서비스인 마이크로소프트 오피스나 한컴 오피스의 경우도 이미 클라우드를 기반으로 스마트 워크를 지원하고 있으며, 구글은 일찍부터 구글 워크스페이스를, 네이버는 네이버 오피스를 제공하고 있습니다.

그러나 지난 몇 년간 스마트 워크를 지향하는 사람들에게 가장 큰 관심을 받은 서비스는 단연 노션(Notion)입니다. 초기에는 단순한 메모 앱으로 인식되었으나, 현재는 문서작성, 협업, 아카이빙, 스프레드시트 등 다양한 오피스 기능을 통합하여 All-in-One 서비스로 발전했습니다. 과거의 경쟁 서비스였던 원노트나 에버노트와 비교해도 관심도에서 큰 격차를 보이며, 새로운 경쟁 서비스인 옵시디언이나 롬리서치와도 차별화됩니다.

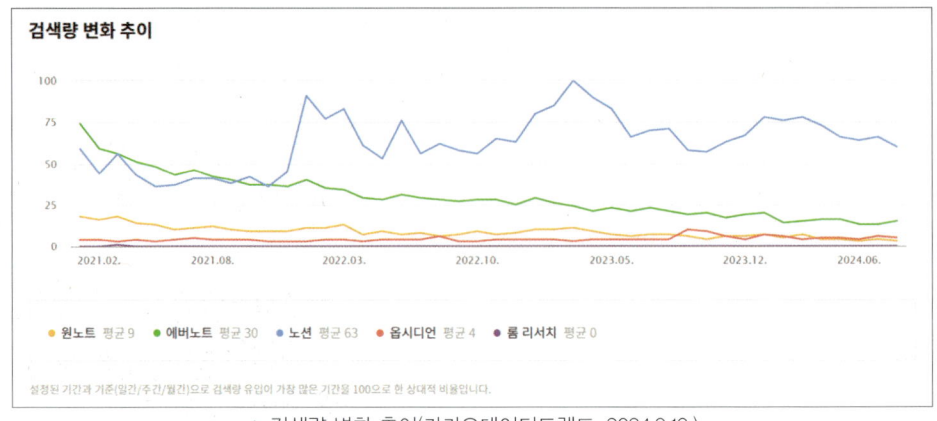

▲ 검색량 변화 추이(카카오데이터트렌드, 2024.9.19.)

노션의 인기와 성장 요인은 '쉽게 익힐 수 있음'과 '다양하게 활용 가능함'에 있습니다. 직관적인 인터페이스 덕분에 복잡한 기능을 배우지 않아도 기본적인 텍스트 입력과 페이지 구성이 가능하여 초보자도 부담 없이 사용할 수 있습니다. 또한, 메모, 자료 관리, 일정, 할 일 관리, 협업 등 다양한 업무를 하나의 플랫폼에서 처리할 수 있어 개인 업무는 물론 학교 업무와 수업까지도 관리할 수 있습니다.

▲ '노션' 키워드에 대한 소셜 빅데이터 분석(썸트렌드, 2024.9.19.)

노션(Notion)의 장점과 교실 속 활용 사례

노션(Notion)은 쉽고 편리한 웹 기반의 문서작성, 메모, 데이터베이스, 공유, 협업 도구입니다. 별도의 프로그램을 설치하거나 구입하지 않아도 웹브라우저에서 바로 무료로 사용할 수 있습니다.

노션을 활용하면 업무를 더욱 효율적으로 할 수 있습니다. 쉽게 자료를 만들고, 정리하고, 찾고, 공유할 수 있습니다. 노션은 한글(hwp)이나 워드(word)와 같은 방식으로 문서를 작성할 수 있습니다. 텍스트를 입력하고, 표와 이미지도 넣을 수 있습니다. 그러나, 노션은 웹기반의 문서이기 때문에 더 많은 것들을 할 수 있습니다. 하위 페이지를 추가하여 할 일 목록, 일정, 자료실, 사진첩을 만들거나 자주 사용하는 사이트 링크를 모아 놓을 수 있습니다. 구글 설문지나, 유튜브, 패들렛과 같은 다른 사이트들을 노션 페이지의 한 부분으로 넣어놓을 수도 있습니다. 노션으로 만든 페이지는 다른 선생님이나 학생들과 함께 동시에 편집할 수도 있습니다.

▲ 업무 안내 페이지 작성

▲ 협업하여 과제 페이지 동시 작성

여러 페이지를 모아 놓으면 노션은 나만의 생활 관리 도구가 되기도 하고, 학급 홈페이지, 온라인 교무실, 전문적 학습공동체를 위한 연구실 등 다양한 사이트가 될 수 있습니다.

이처럼 기록과 작업, 협업, 관리가 하나로 가능한 만능 문서 도구가 노션입니다.

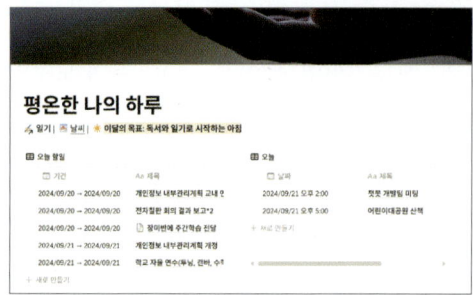
▲ 일상 대시보드

▲ 일기장(노션 공식 템플릿)

▲ 습관 관리(노션 공식 템플릿)

▲ 온라인 클래스

▲ 온라인 교무실

▲ 전문적 학급 공동체 연구실

10분 만에 익히고 활용하는 노션 기본기

노션(Notion)은 누구나 10분이면 가입부터 문서작성, 공유까지 기본적인 활용이 가능합니다. 노션 사용 경험이 전혀 없는 선생님도 가입부터 페이지 공유까지 함께 따라하며 익힐 수 있습니다. 노션은 웹브라우저로 접속하거나 애플리케이션(앱)을 설치해서 사용합니다. 단, 노션 홈페이지에 접속해서 회원 가입부터 해야 합니다.

실습 완성 미리보기
https://url.kr/2lggwn

회원 가입하기

01 검색 포털 사이트에서 '노션'을 검색하거나 웹브라우저 주소창에 노션 홈페이지 주소(https://notion.so)를 입력하여 접속한 후 회원 가입부터 합니다. 노션 홈페이지 화면에서 ❶ [로그인] 또는 [무료로 Notion 사용하기] 버튼을 눌러 회원 가입을 시작합니다.

02 ❷ 다음과 같은 화면이 나오면 [Google 계정으로 계속하고] 또는 [Apple로 계속하기] 버튼을 클릭하여 사용 중인 구글(Google) / 애플(Apple) 계정으로 로그인 후 인증과정을 거치면 회원 가입이 완료되며 바로 노션을 사용할 수 있습니다.

 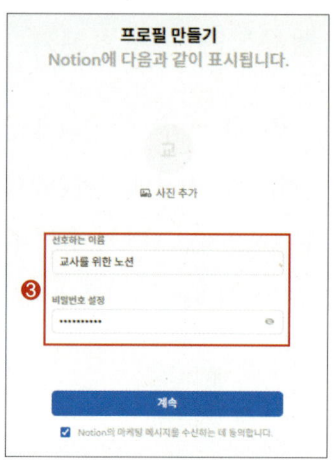

> **교사의 TIP** 노션은 웹브라우저와 앱을 통해 사용할 수 있습니다. https://www.notion.com/download 에서 Windows, iOS, Android용 앱을 다운로드 할 수 있습니다. 웹과 앱의 사용법은 동일하지만, 앱은 인터넷이 없는 환경에서도 편집이 가능하다는 차이가 있습니다.

첫 번째 워크스페이스 생성하기

03 로그인 후에는 워크스페이스 생성이 시작됩니다. '워크스페이스'는 노션 사용자의 작업 공간으로 C 드라이브나 D 드라이브처럼 하나의 독립된 저장 공간이라고 볼 수 있습니다. 워크스페이스 용도를 묻는 화면이 나오면 ❶ [업무], [개인용], [학교용] 중에 하나를 선택한 후에 ❷ 계속 버튼을 누르세요. 용도에 따라 예시 템플릿 제공에 차이가 있고, 그 외에는 동일합니다. 이어지는 메뉴에서는 ❸ 스스로를 선택합니다. 다른 사람과 함께를 선택한 경우, 팀 스페이스가 생성되며 이는 단체요금제의 별도 결제가 필요하므로 일반적으로 사용되지 않습니다. 마지막으로 필요한 ❹ 템플릿(예시자료)를 원하는 만큼 선택한 후에 ❺ 계속을 누르거나, 선택없이 ❻ 건너뛰기를 클릭하세요. 템플릿은 노션 사용중에 언제든 추가할 수 있으므로, 반드시 처음에 모두 선택할 필요는 없습니다. 회원 가입을 마치면 사용자를 위한 유용한 기능을 익힐 수 있는 목록이 포함된 시작하기 페이지가 열립니다. 내용을 살펴보고 하나씩 해결해 보면 노션을 좀 더 쉽게 익힐 수 있습니다.

경우에 따라 노션 데스크탑 앱이나 노션 캘린더, 노션 메일 추가에 대한 안내가 나타나기도 합니다. 데스크탑 앱은 노션 전용 브라우저로 속도가 빨라지고 단축키가 추가되지만 웹에서 실행하는 것과 큰 차이는 없으므로 설치를 하지 않으셔도 무방합니다.

노션 캘린더와 메일은 노션에서 운영하는 또 다른 서비스로 구글캘린더나 G메일을 사용하는 경우 노션과 연동하여 사용할 수 있습니다. 다만, 동기화 방식은 아니므로 추천드리지는 않습니다.

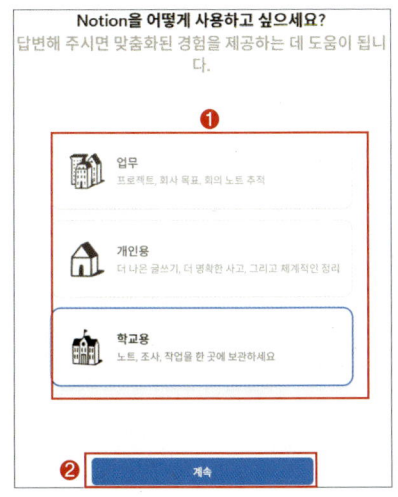

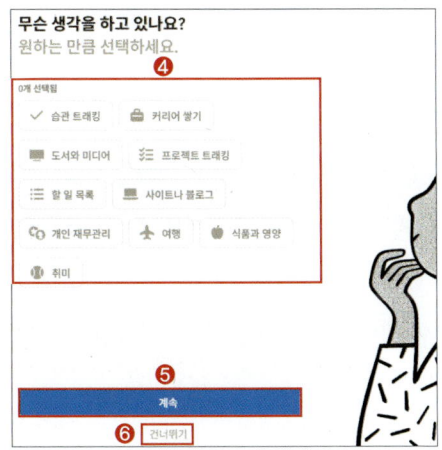

새로운 페이지 만들기

04 '선생님을 위한 노션 안내' 페이지를 만들어 보면서 노션의 기본 기능을 알아보겠습니다. 새로운 페이지를 만들기 위해 사이드바(노션 화면 왼쪽에 있는 회색 영역) 가장 위에 있는 ❶ [새 페이지 만들기] 버튼(✍)을 누릅니다. ❷ "새 페이지"화면 바탕 메시지를 클릭한 후

페이지 제목(실습에서는 "선생님을 위한 노션 안내")을 입력하고 Enter 를 누른 후 ❸간단한 안내 글(실습에서는 "노션은 선생님의 일상과 업무를 가볍게 하는 편리한 도구입니다.")를 입력합니다.

이미지 삽입하기

05 이미지 파일을 드래그-드롭 하거나, 복사(Ctrl + C)하여 붙이면(Ctrl + V)쉽게 이미지 파일을 추가할 수 있습니다. 실습에서는 ❶구글 등 검색 포털에서 '노션 로고'를 검색하여 원하는 이미지 파일을 다운로드 받은 후 ❷안내 글 아래에 드래그-드롭합니다. 마우스로 드래그-드롭하여 이미지를 삽입하는 경우 이미지가 들어갈 위치가 파란색 선으로 표시됩니다. 이미지는 여러 개를 동시에 드래그하거나 붙여넣을 수 있습니다.

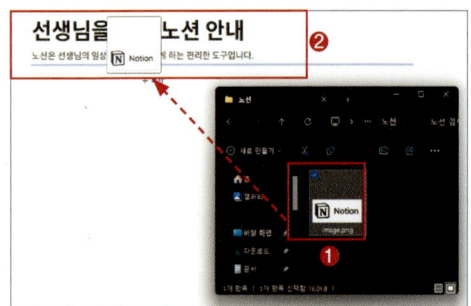

YouTube 영상 삽입하기

06 노션으로 자료를 만들 때 편리한 점 중의 하나는, 별도의 페이지를 열지 않아도 유튜브 영상을 재생할 수 있다는 점입니다.

유튜브에서 '교사 노션'을 검색하여 원하는 영상을 하나 선택해 보세요. 재생을 멈춘 후 시작하려는 시간으로 이동합니다. ❶화면을 오른쪽 버튼을 클릭하여 나타난 메뉴에서 ❷[현재 시간에 동영상 URL 복사]를 클릭합니다. 노션 페이지로 돌아가서 ❸영상을 삽입하려는 위치를 클릭하여 커서가 나타나면, 붙여넣기(Ctrl + V)하여 URL을 입력합니다. 선택 메뉴에서 ❹[임베드]를 선택합니다. 만약 임베드가 나타나지 않을 경우 다시 붙여넣기를 시도하세요. 임베드 후에는 노션 페이지에서 영상을 바로 재생할 수 있습니다. 광고 없이 원하는 시간에서 영상을 재생할 수 있기 때문에 수업 자료를 만들 때 유용하게 활용할 수 있습니다.

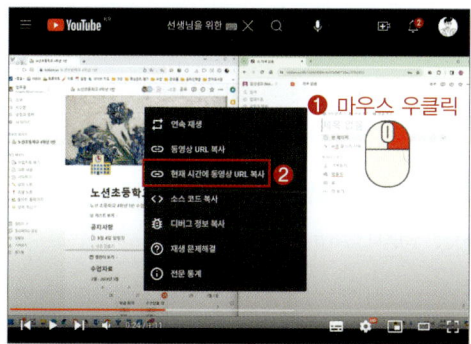
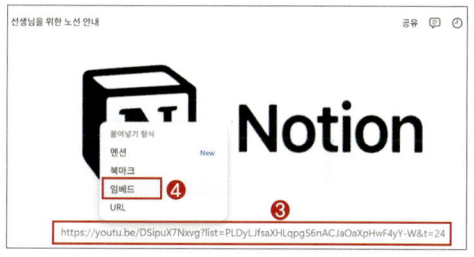

구글 설문지 삽입하기

07 구글 설문지도 유튜브와 마찬가지 방법으로 노션에 추가하여 설문 응답이 가능합니다. 구글에 접속하여 ❶도구 목록을 열고 ❷Forms(설문지)를 선택합니다. ❸빈 양식을 선택하여 새로운 설문지를 작성합니다.

 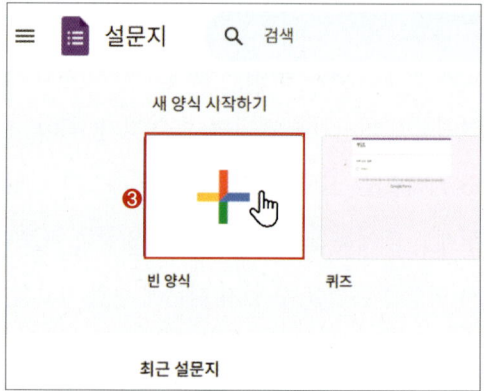

08 설문지 제목(실습에서는 노션 가입 여부 조사), 질문 항목(실습에서는 단답형 유형의 이름, 노션 이메일(계정))을 입력한 후 ❹[설정] 탭에서 ❺[응답 드롭(∨)] 버튼을 누른 후 ❻[교육청 및 신뢰할 수 있는 하위 조직의 사용자로 제한]을 비활성화 합니다.

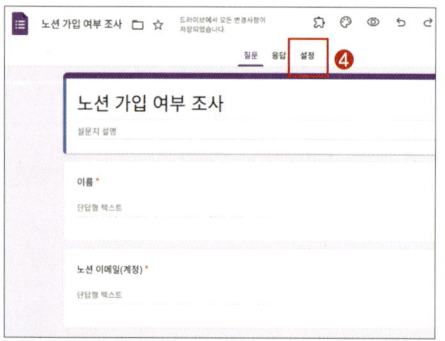 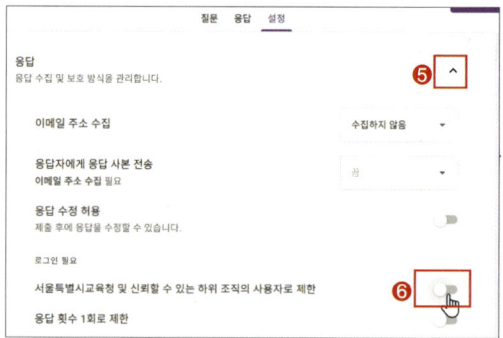

교사의 TIP '교육청 및 신뢰할 수 있는 하위 조직의 사용자로 제한'항목은 교육기관 단체 구글 계정에서는 기본 설정으로 나타나며, 일반 구글 계정에서는 나타나지 않습니다.

09 다시 ❼[질문] 탭으로 돌아와서 "~~/edit"로 끝나는 ❽URL 주소를 선택한 후 복사(Ctrl + C)합니다.

이제 이 ❾URL 주소를 노션 페이지에 붙이고(Ctrl + V) ❿[임베드]를 선택합니다.

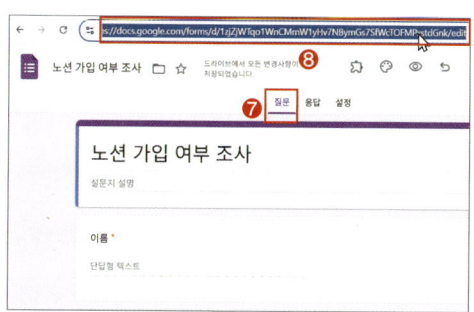 

10 구글 설문지 페이지는 ⓫좌우 드래그하여 크기를 조절할 수 있습니다. 노션 페이지에서 바로 응답이 가능하고, ⓬[원본] 버튼을 클릭하면 응답 결과도 확인할 수 있습니다.

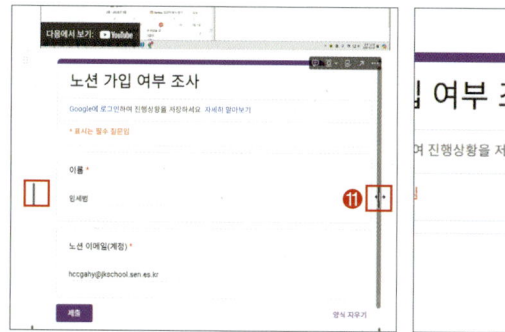 

URL로 공유하기

11 작성한 페이지는 다른 사람을 위해 URL로 공유할 수 있습니다. 페이지 우측 상단에 있는 ❶[공유]를 클릭합니다. ❷[게시] 탭을 선택하고, ❸아래에 있는 [게시] 버튼을 누릅니다. ❹[사이트 링크 복사(🔗)]를 누른 후 복사된 URL 링크를 메시지나 이메일을 통해 다른 사람에게 전달합니다.

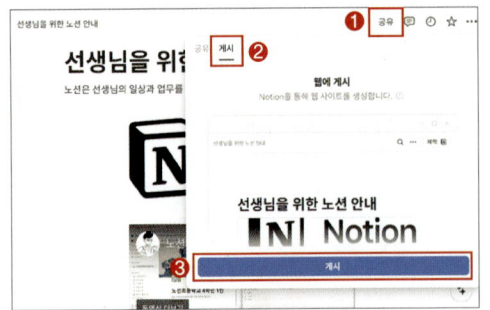 

12 ❺[게시 취소] 버튼을 클릭하면 공유는 취소되고, 페이지는 소유자만 볼 수 있습니다.

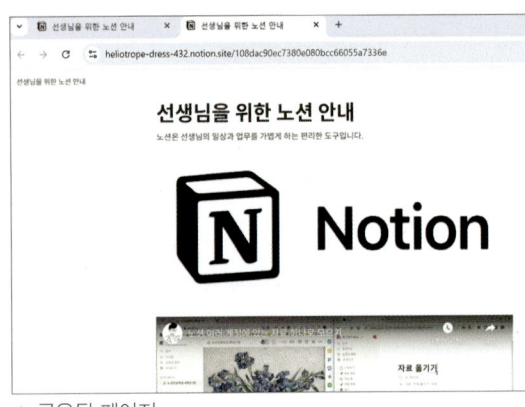 

▲ 공유된 페이지   ▲ 게시가 취소된 페이지

교사의 활용 노하우

실속 노션 활용 방법 소개

수업 자료, 학부모 안내자료, 교사 연수 및 교내 안내 페이지 등 다양한 페이지를 노션으로 작성해서 공유해 보세요. 문서 파일을 전달하는 것보다 더 편리하고, 모바일에서도 최적화된 디자인으로 볼 수 있습니다.

또 하나의 좋은 점은 오류나 실수가 있어도 언제든지 수정할 수 있다는 것입니다. URL 링크는 공유된 순간의 페이지가 아니라, 해당 페이지의 현재 내용을 전달합니다. 흔적 없이 실수를 만회할 수 있어서 마음이 편안합니다.

02 요금제, 협업

요금제 선택하기

노션은 **기본적으로 무료**로 사용할 수 있습니다. 페이지나 블록의 생성에 제한없이 원하는 대로 페이지를 구성할 수 있습니다. 그러나, 아쉽게도 첨부파일의 용량이 5메가바이트로 제한됩니다. 5메가바이트 이하의 파일은 개수제한 없이 올릴 수 있지만, 그 이상의 파일은 업로드가 제한되기 때문에 노션에 다양한 자료를 담으려고 할 때에 불편함이 있습니다.

플러스 요금제는 노션의 가장 기본이 되는 요금제로 노션의 활용도가 크게 올라갑니다. 첨부파일의 용량 제한이 사라져서 대용량 파일을 첨부할 수 있습니다. 고화질 이미지나 동영상 파일도 첨부하여 스트리밍이 가능합니다. 또한, 무료에서는 10명으로 제한되던 공동작업자(게스트)를 100명까지 추가할 수 있어서 온라인 교무실에서 사용자별 권한 관리가 가능합니다. 비용은 월 14,000원입니다.

비즈니스 요금제는 플러스 요금제에 생성형 AI가 추가됩니다. 노션과 챗GPT가 결합된 것처럼 노션 어느 곳에서나 챗봇과 대화하며 원하는 페이지를 검색, 수정, 편집을 자동화 할 수 있습니다. 별도로 생성형AI를 구매하지 않아도 챗GPT나 클로드의 기능을 모두 활용할 수 있고, 나의 노션 자료를 바탕으로 인공지능과 대화가 가능하기 때문에 생산성을 크게 올릴 수 있습니다. 비용은 월 30,000원입니다.

엔터프라이즈 요금제는 기업용 요금제로 보안 기능이 강화되었습니다. 그러나 일반적으로는 사용되지 않습니다.

정리하자면, 노션을 주로 문서 작성으로 사용하신다면 무료 요금제를, 자료 저장소나 협업 공간으로 사용하시려면 플러스 요금제를, 나의 자료를 바탕으로 생성형AI를 활용하시려면 비즈니스 요금제를 추천드립니다. 중간에 요금제를 업그레이드 하는 경우 차액만 지불되므로, 낮은 요금제에서 시작하셔도 좋습니다. 세부적인 내용은 [설정] -> [요금제 업그레이드]에서 확인할 수 있습니다.

	무료	플러스	비즈니스
요금	워크스페이스 당 월 0원	워크스페이스 당 월 14,000원	워크스페이스 당 월 30,000원
파일 업로드	최대 5MB	무제한	무제한
페이지 이력, 복원	7일	30일	90일
게스트 좌석	10	100	250
게스트 권한 유형	읽기, 댓글, 전체	읽기, 댓글, 전체편집, 내용편집	읽기, 댓글, 전체편집, 내용편집
생성형 AI	체험판	체험판	체험판
데이터베이스 차트	1개	무제한	무제한
자동화	버튼 블록	데이터베이스 자동화	데이터베이스 자동화
notion.site 도메인	1개	5개	5개

▲ 요금제별 주요 차이(2025년 10월 기준)

교사의 TIP 대학교 계정(ac.kr, edu)을 사용하는 경우 플러스 요금제를 무료로 사용할 수 있습니다. [설정]->[요금제 업그레이드] 페이지 하단에서 [교육 요금제 사용하기]를 클릭하세요.

협업을 위한 권한 관리

노션에서 다른 사람들과 협업하기 위해서는 적절한 권한을 부여하여야 합니다. 노션에서 협업을 위한 권한 부여 방식에는 크게 4가지로 멤버, 게스트, 링크가 있는 웹의 모든 사용자, 게시가 있습니다.

멤버

멤버는 노션의 워크스페이스를 공유하는 사용자입니다. 워크스페이스에서 공유되는 부분은 여러개의 팀스페이스로 구분되고, 초대받은 멤버는 그룹으로 편성되어 **팀스페이스**를 만들거나 참여하거나 다른 멤버를 초대할 수 있습니다. 이러한 상세한 권한 관리는 노션 기반으로 조직을 운영하는 데 효과적입니다. 워크스페이스를 만든 계정이 삭제되어도 멤버가 남아있는 한 워크스페이스는 유지됩니다. 그러나, 해당 워크스페이스의 유료 요금제 비용이 멤버마다 청구되기 때문에 학교 현장에서는 일반적으로 사용되지 않고 있습니다.
[설정] -> [워크스페이스-사람] -> [멤버]에서 멤버를 추가할 수 있습니다.

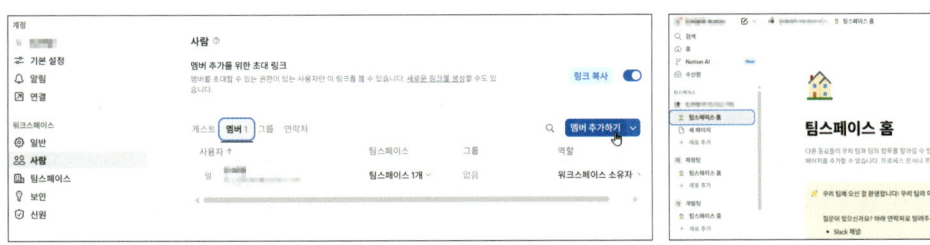

▲ 팀스페이스 구성 예시

게스트

게스트는 특정 페이지를 공유하는 사용자입니다. 계정별로 권한을 설정할 수 있어서 보안 수준이 높습니다. 공유된 페이지와 그 하위 페이지만 접근할 수 있으며 공유되지 않은 다른 페이지에는 접근할 수 없습니다. 개별 게스트의 권한은 읽기 허용, 댓글 허용, 편집 허용, 내용 편집 허용, 전체 허용으로 구분하여 설정할 수 있습니다. 게스트 설정에 대한 자세한 방법은 이어지는 섹션인 '05. 온라인 교무실/연구회로 협업하기'에서 다루겠습니다.

게스트 권한 유형	설명
읽기 허용	페이지(하위페이지 포함) 내용을 읽거나 파일을 다운 받을 수 있습니다.
댓글 허용	페이지 상단에 댓글을 달거나, 일부에 메모 또는 수정 제안을 할 수 있습니다.
편집 허용	페이지 내용을 수정할 수 있습니다.
내용 편집 허용 (데이터베이스 전용)	데이터베이스 페이지에서만 사용가능한 권한입니다. 데이터베이스의 개별 페이지 컨텐츠와 속성 내용을 편집할 수 있습니다. 그러나, 데이터베이스 설정은 수정할 수 없습니다.
전체 허용	페이지 소유자와 동일한 권한을 가집니다. 권한을 수정하거나 새로운 사용자를 초대할 수 있습니다.

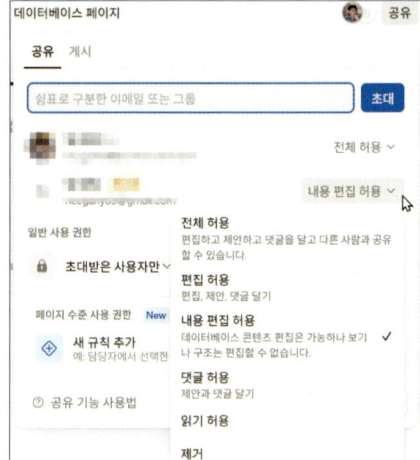

01 이메일 입력창 열기

공유하고자 하는 페이지 우측 상단에서 ❶공유를 클릭하고, ❷이메일 입력창을 클릭합니다.

02 초대하려는 노션 계정(이메일) 입력하기

❸입력창에 노션에 가입된 이메일 계정을 타이핑하거나 클립보드에서 붙여넣습니다. 동시에 여러 사용자의 계정을 입력할 수도 있습니다.

03 권한 설정하기

❹ 권한 선택 창을 열어 ❺ 필요한 권한을 선택하고, ❻ 초대 버튼을 클릭합니다

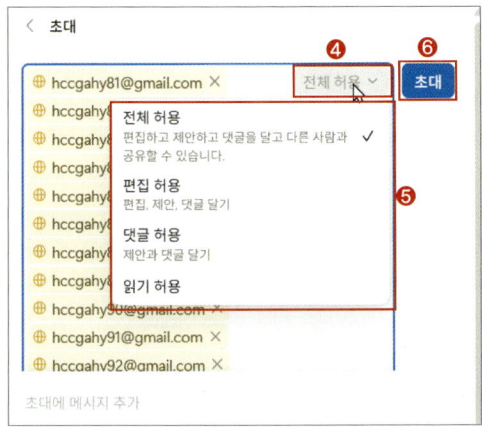

04 초대 확인하기(게스트)

초대받은 사용자는 ❼워크스페이스 목록을 열어 ❽ 게스트로 초대받은 워크스페이스에 접근할 수 있습니다.

> **교사의 TIP** 때에 따라서 게스트 워크스페이스가 나타나는 것이 지연될 수 있습니다. 이럴 때에는 공유한 페이지의 URL로 직접 접속하도록 전달하면 즉시 반영됩니다.

링크가 있는 웹의 모든 사용자

링크가 있는 웹의 모든 사용자는 브라우저 주소창에 보이는 URL을 통해 접근하는 노션 사용자에 대한 권한입니다. 즉 일일이 초대를 하지 않아도 URL만 있으면 접근이 가능한 형태입니다. 게스트에 비해 보안 수준은 낮다고 할 수 있지만, 참여자의 수의 제한이 없어서 무료 사용자도 자유롭게 협업이 가능합니다. 링크가 있는 웹의 모든 사용자에 대한 권한 유형은 읽기, 댓글, 편집 허용이 있습니다.

일반 사용 권한 유형	설명
읽기 허용	페이지(하위페이지 포함) 내용을 읽거나 파일을 다운 받을 수 있습니다.
댓글 허용	페이지 상단에 댓글을 달거나, 일부에 메모 또는 수정 제안을 할 수 있습니다. 노션 로그인이 필요합니다.
편집 허용	페이지 내용을 수정할 수 있습니다. 노션 로그인이 필요합니다.

02 일반 사용 권한 열기

페이지 우측 상단에서 ❶ 공유를 클릭하고 ❷ 일반 사용 권한에서 ❸ 링크가 있는 웹의 모든 사용자를 선택합니다.

02 권한 설정하기

❹ 권한목록을 클릭하여 ❺ 필요한 권한을 설정합니다.

03 링크로 공유하기

❻ 링크 복사를 클릭한 후, 클립보드에 복사된 URL주소를 필요한 사용자에게 전달합니다. 이 URL주소는 현재 공유하려는 노션 페이지의 웹브라우저 URL주소를 복사한 것과 같습니다.

교사의 활용 노하우

주의해야 될 사항

노션은 창을 닫거나 컴퓨터를 끄더라도 로그인 상태가 유지됩니다. 그러므로, 공용PC의 경우 반드시 로그아웃을 해야 자료의 유출을 막을 수 있습니다. 왼쪽 사이드바 가장 위에 있는 ❶ 워크스페이스 목록을 열어 ❷'로그아웃'을 클릭하세요.

내 PC가 아니라면, 처음부터 '시크릿 모드'를 사용하는 것을 권장합니다. 웹 브라우저를 실행할 때, 아이콘을 오른 클릭하면 크롬브라우저는 '새 시크릿 창', 엣지브라우저는 '새 InPrivate 창'을 선택할 수 있습니다. 브라우저 창을 닫기만 해도 모든 사용정보가 삭제되어 안전합니다.

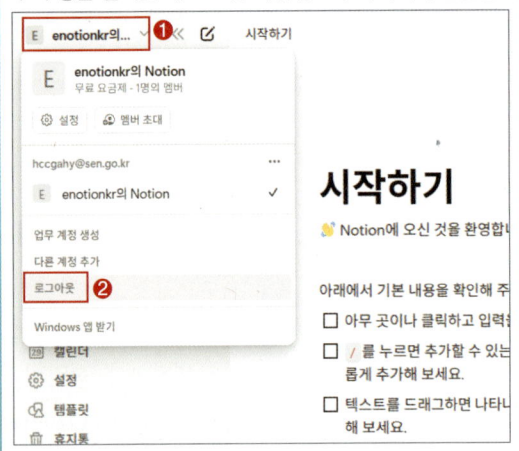
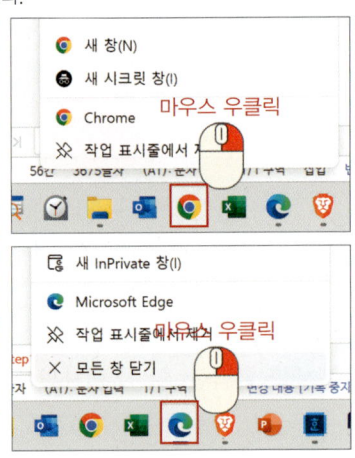

03 디지털 수업을 위한 홈페이지 만들기

실습 완성 미리보기
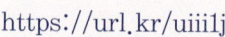

스마트기기에서 편리하게 노션 홈페이지 접근하기

노션을 활용하면 수업 홈페이지를 쉽게 만들 수 있습니다. 기존의 온라인 클래스는 메뉴가 고정되어 있고, 자주 방문하는 사이트를 등록하거나 수업 자료를 정렬하기 어렵습니다. 그러나, 노션을 이용하면 교사가 원하는 형태로 학급 또는 교과 수업을 위한 사이트를 쉽게 구축할 수 있습니다. 뿐만 아니라, 수업 자료와 행사 사진, 영상도 쉽게 업로드 할 수 있습니다.

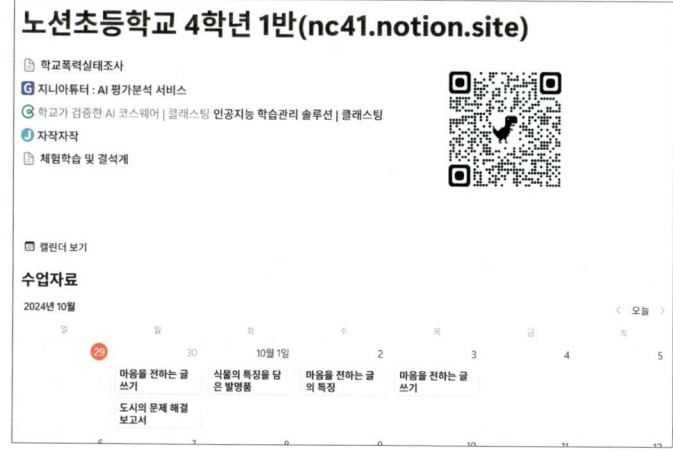

학생들은 교사가 설정한 짧은 URL 주소로 접속할 수 있습니다. 또는 QR코드를 출력하여 칠판 오른쪽에 붙여두면, 매번 URL을 안내할 필요 없이 편리하게 스마트기기의 카메라 앱으로 홈페이지에 접속할 수 있습니다.

하위 페이지로 자료실 만들기

노션은 페이지 내부에 하위 페이지를 추가할 수 있습니다. 하위 페이지를 이용하면, 웹사이트에서 흔히 보는 것처럼 홈페이지에서 관련 메뉴(페이지)를 클릭하여 해당하는 페이지로 이동할 수 있습니다.

하위 페이지 추가하기

01 ❶새 페이지를 만들어 선생님의 수업에 필요한 페이지 이름(실습에서는 노션초등학교 4학년 1반)을 입력하고 Enter 를 누릅니다. 노션 페이지는 마우스를 편집할 곳에 위치시키면 [+]와 [: :] 버튼이 나타납니다. [+] 버튼은 노션에 블록을 추가하는 버튼입니다. ❷[+] 버튼을 누르고 ❸[페이지]를 선택합니다.

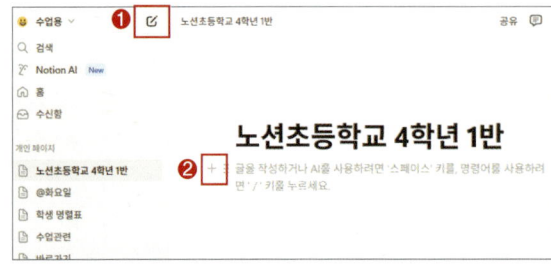 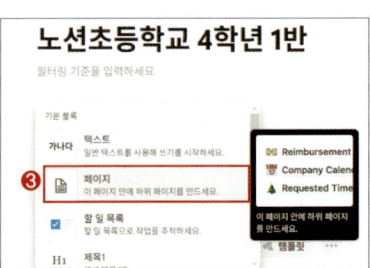

각종 양식 페이지 만들기

02 하위 페이지는 필요에 따라 구성할 수 있습니다. 이번에는 '결석계'나 '체험학습보고서'와 같은 파일을 넣어보겠습니다.

먼저, ❶제목에 '결석계, 체험학습보고서'로 입력합니다. 그리고, 필요한 파일(실습에서는 결석신고서와 교외체험학습신청서보고서 한글 파일)은 페이지 내용에 드래그하거나 복사하여 붙여 넣습니다. 노션은 파일을 용량 제한 없이 첨부할 수 있습니다. 파일은 여러 개를 동시에 업로드 하는 것이 가능합니다. 파일이 첨부되는 위치는 ❷파란 선으로 표시됩니다.

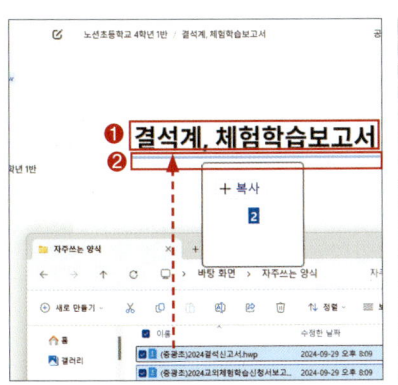
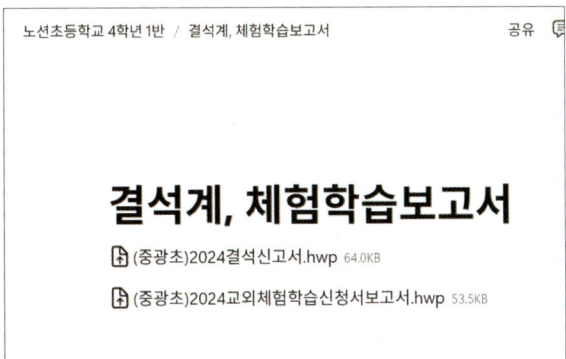

상위 페이지로 이동하기

03 노션에서 하위 페이지를 만들면 페이지 상단에 현재 위치 정보를 표시함과 동시에 상위 페이지로 이동이 가능한 버튼이 나타납니다.

❶상위 페이지를 클릭하여 이동합니다. 다른 방법으로는 사이드바의 페이지 목록에서 ❷상위 페이지를 클릭하여 이동할 수도 있습니다.

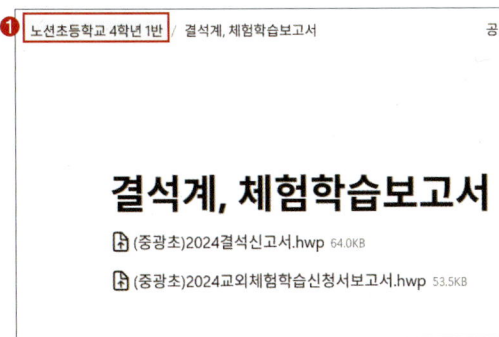

사진 및 영상 저장공간 하위 페이지 만들기

같은 방식으로 하위 페이지를 구성하여 사진 및 영상 저장공간을 만들 수 있습니다. 행사별로 페이지를 다르게 만들기 위해 여러 개의 하위 페이지를 만들어 보겠습니다. [+] 버튼을 누르는 것보다 단축 명령어 [/페이지]를 사용하면 더 편리하게 새로운 페이지를 추가할 수 있습니다.

사진 및 영상 '하위 페이지' 추가하기

01 새로운 페이지를 추가할 위치를 클릭하여 커서를 위치 시킨 후 ❶'/페이지'와 Enter 를 입력해 봅시다. 새로운 하위 페이지의 이름으로 ❷'사진 및 영상'을 입력하고 Enter 를 누릅니다. 이제 행사별로 사진이나 영상을 넣기 위해 ❸'/페이지'와 Enter 를 한 번 더 입력합니다. 페이지 제목으로는 ❹'4월 11일 과학체험의날'처럼 행사 이름을 입력하고 Enter 를 누릅니다.

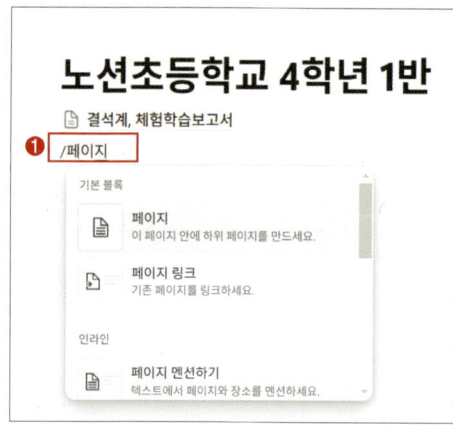
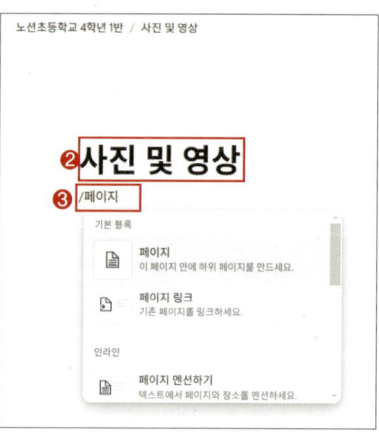
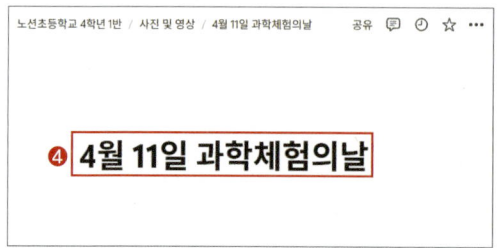

사진과 영상 업로드 하기

02 사진이나 영상은 드래그나 복사하여 붙여넣기로 쉽게 업로드할 수 있습니다. 파일 형식과 상관없이 동시에 여러 개를 업로드할 수 있고, 파일의 개수나 용량의 제한이 없기 때문에 기가바이트 이상의 행사나 발표 영상도 업로드가 가능합니다. 업로드된 영상은 스트리밍하여 재생할 수 있습니다. 다음은 과학체험 관련 5개 영상을 업로드하였습니다.

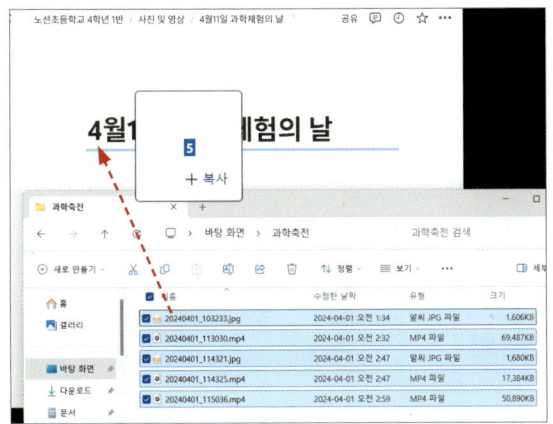 

03 같은 방식으로 다음과 같이 여러 페이지를 만들어 보세요.

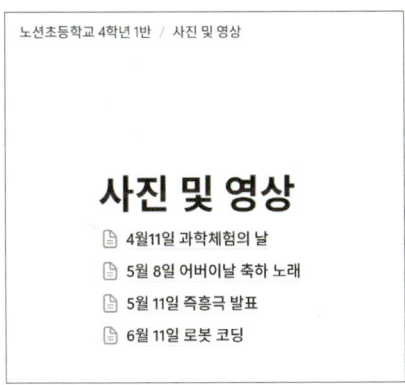

링크로 공유하기

04 사진이나 영상 자료의 전달이 필요할 때 [게시]를 이용하여 학교 홍보 담당자나 학부모에게 공유할 수 있습니다.

공유 링크를 만들려면 페이지 오른쪽 위에 있는 ❶[공유]를 클릭합니다. ❷[게시] 탭을 선택하고, 파란색 ❸[게시] 버튼을 누릅니다. 생성된 URL 오른쪽의 ❹[🔗] 버튼을 누르면 사이트 링크를 복사하여 원하는 안내문이나 메시지 등에 붙여넣을 수 있습니다.

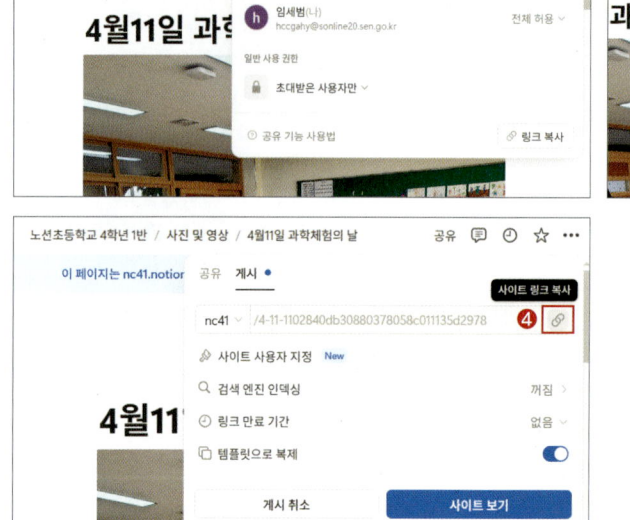

05 공유받은 사람은 사진이나 영상에서 ❺[추가 작업(...)] 버튼을 클릭한 후 ❻[다운로드]를 클릭하면 파일로 저장할 수 있습니다.

자주 찾는 에듀테크 바로가기 만들기

코스웨어처럼 수업 시간에 자주 사용하는 사이트의 바로가기를 페이지 상단에 추가해 두면 편리합니다.

01 다시 상위 페이지로 이동하여 바로가기를 넣을 위치를 클릭하여 커서를 위치시킵니다. ❶자주찾는 사이트의 링크를 복사하여 붙여 넣으면 [붙여넣기 형식]을 선택하는 메뉴가 나타납니다. ❷[멘션]을 클릭하면, 자동으로 사이트 이름과 함께 [바로가기] 버튼으로 생성됩니다. 같은 방식으로 필요한 사이트의 바로가기를 여러 가지 등록해 보세요.

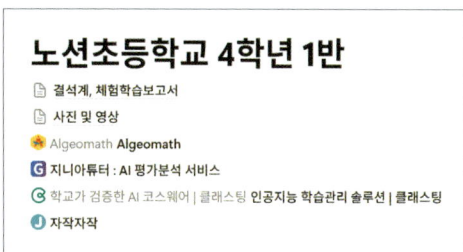

수업 캘린더 만들기

수업 자료는 여러 개의 하위 페이지로 만드는 것도 가능하지만, 캘린더를 사용하면 학생들이 보기 편리합니다.

캘린더는 달력 형태의 '상위 페이지'인데, 노션에서는 이처럼 특정 형태의 상위 페이지를 '데이터베이스'라고 합니다. 데이터베이스의 자세한 내용은 'Chapter 02. 노션 데이터베이스로 업무하기'에서 다루도록 하겠습니다.

캘린더 데이터베이스 추가하기

01 캘린더를 넣을 위치를 클릭하고 ❶'/캘린더'와 Enter 를 입력합니다. [새 보기] 메뉴에서 ❷[+ 새 캘린더]를 선택합니다.

02 ❸[제목 없음]이라고 표시된 부분을 클릭하여 캘린더 제목으로 '수업 자료'로 입력하겠습니다.

캘린더 데이터베이스에 페이지 추가하기

03 캘린더는 개별 날짜 칸에 마우스를 위치 시키면 나타나는 ❶항목 추가 버튼(+)을 클릭하여 하위 페이지를 추가할 수 있습니다. 하위 페이지의 내용을 입력하는 방법은 일반적인 페이지와 같습니다. 팝업 형태로 열린 하위 페이지는 Esc 버튼을 눌러 닫을 수 있습니다. 캘린더 오른쪽에는 ❷[<], ❸[오늘], ❹[>] 로 표시된 이동 버튼이 세 개가 있습니다. 각각 이전 달, 현재 달, 다음 달로 이동하는 버튼입니다.

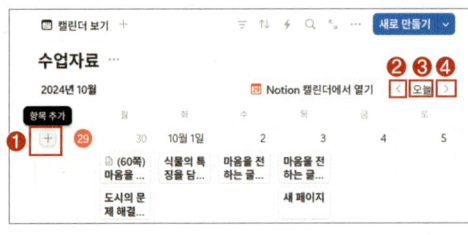
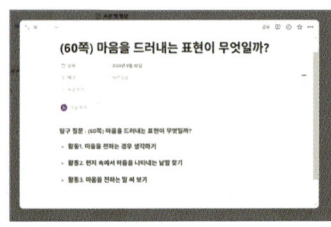

▲ 수업 내용 작성 사례(제목과 제목토글 블록 사용)

내 사이트에 무료 도메인 설정하기

노션 교육 요금제를 업그레이드 했다면 워크스페이스당 5개까지 원하는 도메인을 설정할 수 있습니다. 도메인은 https://****.notion.site 의 형태로 만들 수 있습니다. 짧은 도메인은 수업 사이트로 설정해도 학생들이 키보드로 입력가능한 정도의 길이라 편리하고, 교사 연구회나 연수자료 공유를 위한 사이트로 운영하는 때에도 공유가 편리합니다.
공유된 페이지에 속한 하위 페이지는 함께 공유되며, 다른 페이지 혹은 워크스페이스 전체가 공유되는 것은 아닙니다.

페이지 공유 게시와 복제 비활성화하기

01 노션 페이지에 도메인을 설정하기 위해서는 반드시 [공유-게시]가 되어야 합니다. 페이지 오른쪽 위에 있는 ❶[공유]를 클릭하고, ❷[게시] 탭을 선택하여 파란색 ❸[게시] 버튼을 누릅니다. 공유된 페이지는 기본적으로 복제가 허용됩니다. ❹[템플릿으로 복제]를 한 번 클릭하면, 복제는 비활성화 됩니다.

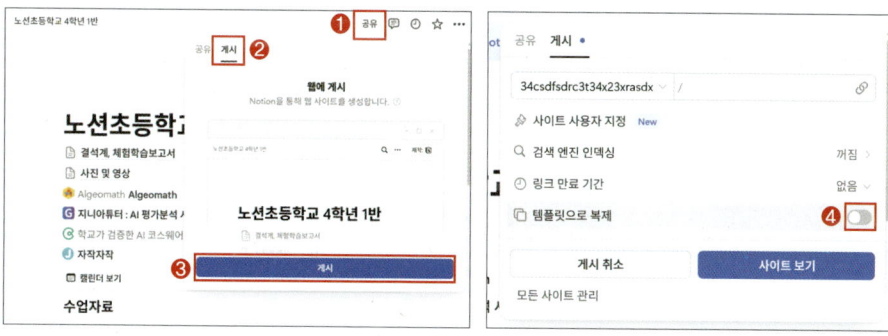

도메인 변경하기

02 모든 노션 워크스페이스는 기본 설정으로 무작위의 10~13글자의 고유의 도메인을 가지고 있습니다. 아래의 워크스페이스의 경우 '34csdfsdrc3t34x23xrasdx.notion.site'로 설정된 것을 확인할 수 있습니다.

원하는 도메인으로 바꾸려면, [게시] 탭 가장 아래에 있는 ❶[모든 사이트 관리] 버튼을 클릭하여 [사이트 설정] 메뉴로 이동합니다. 현재 [게시됨] 도메인 오른쪽의 ❷[설정(...)] 버튼을 클릭하여 ❸[∠ 업데이트]를 선택합니다.

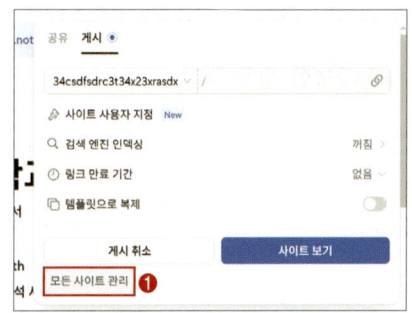 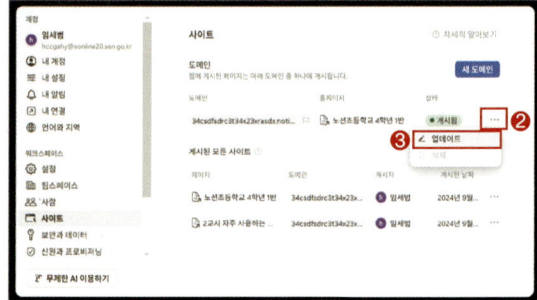

03 기존 도매인 업데이트 창이 열리면 ❹4글자 이상으로 원하는 도메인을 입력하고 [변경 사항 저장] 버튼을 클릭합니다. ❺웹 주소창에 '설정한도메인.notion.site'를 입력하여 접속할 수 있습니다.

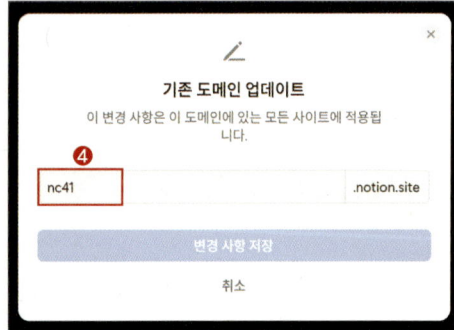 

QR코드로 공유하기

01 노션은 QR코드 생성기능을 제공하지 않지만, 크롬 브라우저에서 쉽게 QR코드를 생성할 수 있습니다.

먼저, 게시된 페이지에서 ❶[사이트 보기]를 클릭하여 공유한 페이지로 접속합니다. 브라우저 오른쪽 위에 있는 ❷[설정(:)]을 클릭하고, ❸[전송, 저장, 공유]에서 ❹[QR 코드 만들기]를 선택합니다.

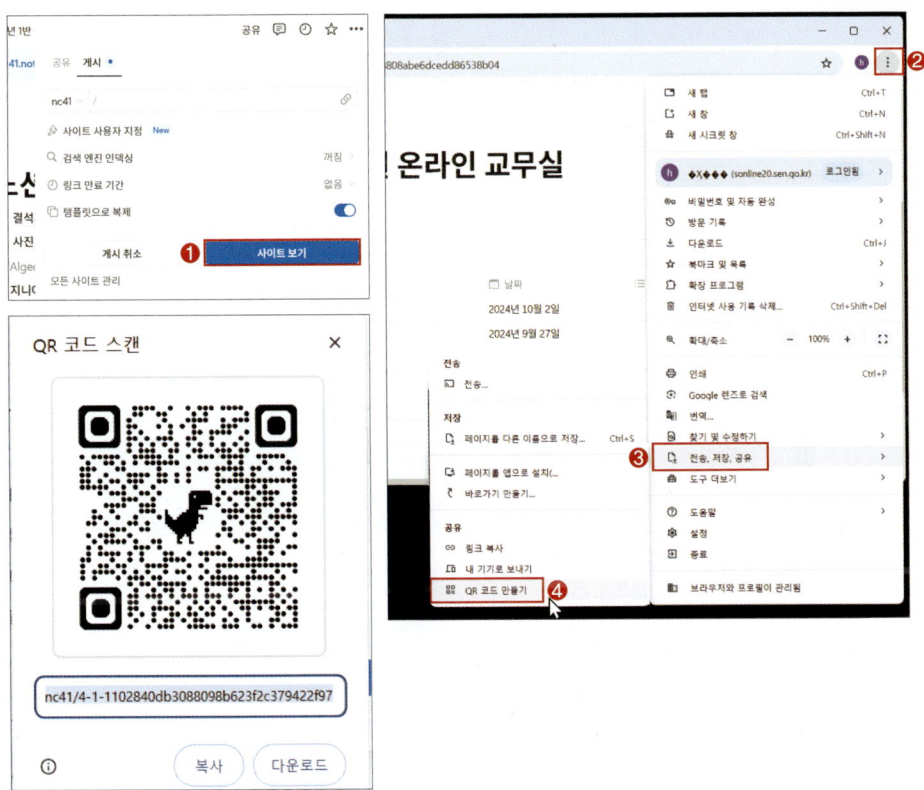

교사의 활용 노하우

노션 페이지 활용 노하우

이렇게 만들어진 페이지로 교사는 학생들에게 수업에 필요한 자료나 링크를 쉽게 공유할 수 있습니다. 한발 더 나아가 학생들이 노션으로 글을 쓰고 과제를 제출하도록 할 수도 있습니다. 이러한 내용은 Chapter 01의 '4-2. 페이지 다루기(51쪽)'와 Chapter 03의 '2. 노션으로 수업활동 과제 게시판 만들고 활용하기(160쪽)'에서 자세히 다루도록 하겠습니다.

04
한 번쯤 익혀두면 편리한 워크스페이스와 페이지, 블록 사용법

이번 장에서는 노션의 구성요소인 워크스페이스와 페이지, 블록에 대해 자세히 다룹니다. 노션은 기본적으로 보이는 대로 조작할 수 있는 직관적인 인터페이스를 가지고 있지만, 전체적인 설정과 사용 방법을 이해하면 더욱 편리하게 활용할 수 있습니다.

사이드바 아래 부분에 있는 [도움말]을 클릭하면 자세한 설명을 확인할 수 있으므로, 이 책에서는 선생님이 알아두시면 유용한 기능과 설정을 중심으로 소개하겠습니다.

워크스페이스 다루기

워크스페이스는 노션의 가장 상위 작업 단위입니다. 워크스페이스는 내부에 여러 개의 페이지를 가질 수 있습니다. 페이지의 내용을 블록이라고 합니다. 즉, 노션은 ❶워크스페이스 〉 ❷페이지 〉 ❸블록 구조로 구분할 수 있습니다. 블록은 텍스트나 표, 이미지도 있지만, 하위 페이지를 블록으로 가질 수도 있습니다.

워크스페이스는 가입과 동시에 하나가 생성되지만, 필요에 따라 추가할 수 있습니다. 워크스페이스는 서로 연동되지 않으므로, 개인용과 수업용 워크스페이스를 별도로 운영하면 수업 중에 교사의 개인 페이지가 노출될 일이 없어 안전합니다.

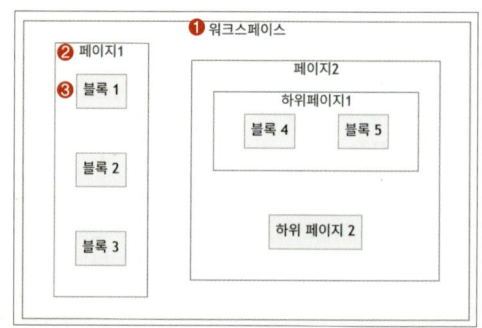

워크스페이스 추가하기

01 사이드바 가장 위쪽에 ❶[(사용자 이름)의 Notion]이라고 적혀있는 부분을 클릭합니다. 이 버튼은 워크스페이스 목록을 여는 버튼입니다. 목록 위에 표시된 자신의 계정정보 오른쪽에 있는 ❷[더보기(...)] 버튼을 클릭합니다. ❸[+ 워크스페이스 생성 또는 참여]를 클릭합니다. 이제 처음 노션에 가입할 때와 마찬가지로 워크스페이스의 종류를 선택할 수 있는 창이 나타납니다. 개인용이나 학교용 중에 하나를 골라 ❹[계속]을 클릭합니다.

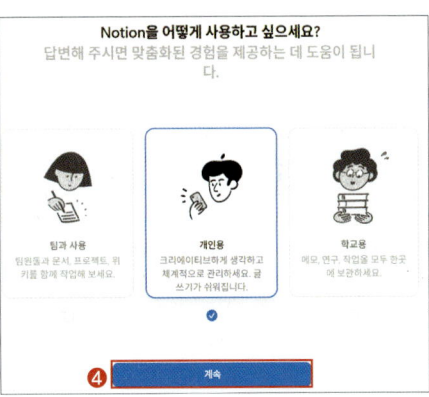

02 템플릿 추가는 ❺[건너뛰기]를 선택하면, 새로 생성된 워크스페이스가 열립니다. ❻워크스페이스 목록 버튼을 다시 클릭해 보면, ❼새로운 워크스페이스가 추가된 것을 확인할 수 있습니다.

Chapter 01 바로 써먹는 노션 실전 기초

워크스페이스 이름과 아이콘 설정

03 워크스페이스 이름은 기본적으로 [(사용자 이름)의 Notion]으로 설정되므로 구분하기 쉽도록 이름을 변경하겠습니다.

사이드바에서 [설정]을 클릭하여 메뉴를 살펴보면 위쪽 6개 메뉴는 [계정] 설정에 대한 것이고 나머지 아래쪽 9개 메뉴는 [워크스페이스]와 관련된 것임을 확인할 수 있습니다. 워크스페이스 메뉴에서 ❶[설정]을 클릭하고, ❷[이름]을 목적에 맞게 '개인용' 또는 '수업용' 등으로 입력합니다. ❸[아이콘]을 클릭하여 원하는 것으로 바꾸어 주고, ❹[변경]을 눌러 설정을 완료합니다.

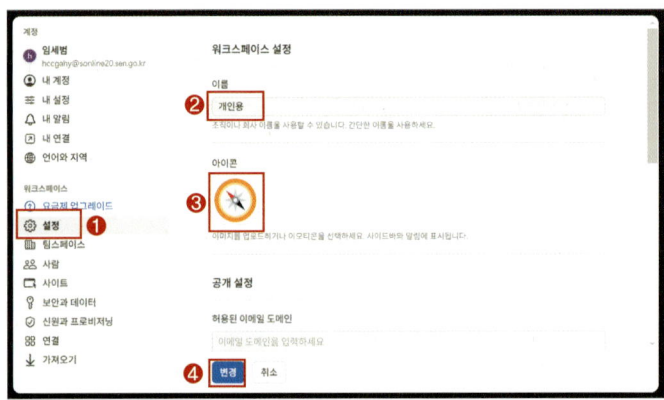

교육 요금제 업그레이드

04 새로운 워크스페이스도 [교육 요금제] 업그레이드를 하는 것이 좋습니다. 사이드바에서 [설정]을 열어 ❶[요금제 업그레이드] 메뉴에서 ❷[교육 요금제 사용하기]를 클릭하세요.

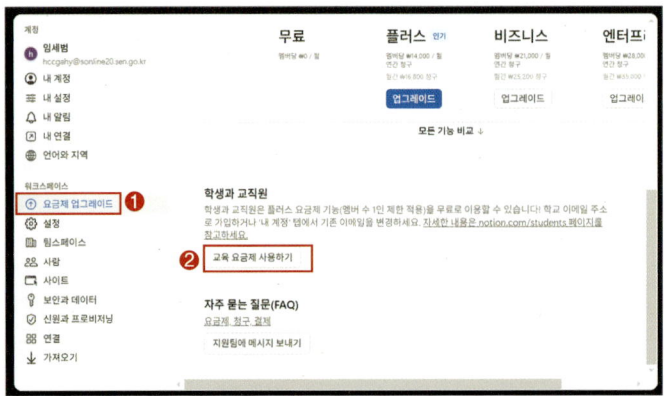

작업중인 워크스페이스 변경하기

05 워크스페이스는 사이드바 가장 위에 있는 워크스페이스 목록을 열어 다른 워크스페이스를 선택하면 변경할 수 있습니다.

워크스페이스 삭제하기

06 사용하지 않는 워크스페이스는 삭제할 수 있습니다. 워크스페이스 설정 페이지에서 스크롤을 아래로 내린 후 ❶[워크스페이스 삭제] 버튼을 클릭합니다. ❷[워크스페이스 영구 삭제] 버튼을 누르면 삭제한 워크스페이스 복구가 불가능하므로 주의합니다.

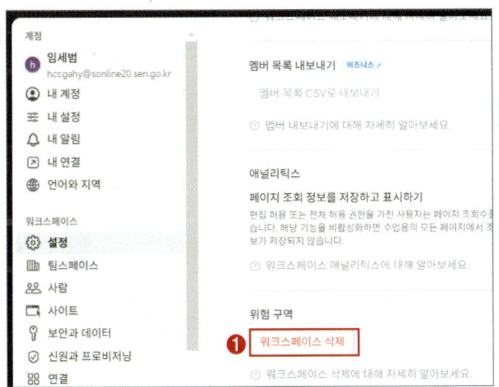
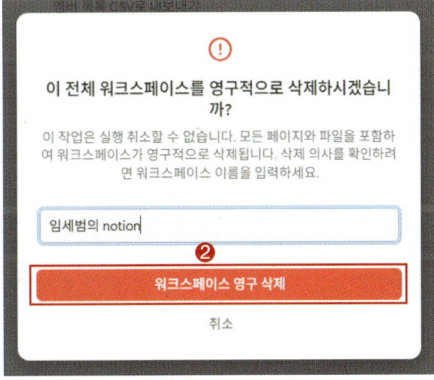

다른 워크스페이스로 페이지 옮기기

07 워크스페이스의 페이지는 다른 워크스페이스로 옮길 수 없습니다. 그러나 복제는 가능하므로, 복제한 후 불필요한 원본은 삭제하면 됩니다. 먼저 옮기려는 페이지를 ❶오른

쪽 버튼을 클릭하여 나타난 팝업메뉴에서 ❷[옮기기]를 선택합니다. 옮길 곳을 고르는 화면의 오른쪽 아래에서 ❸이동할 워크스페이스를 선택합니다.

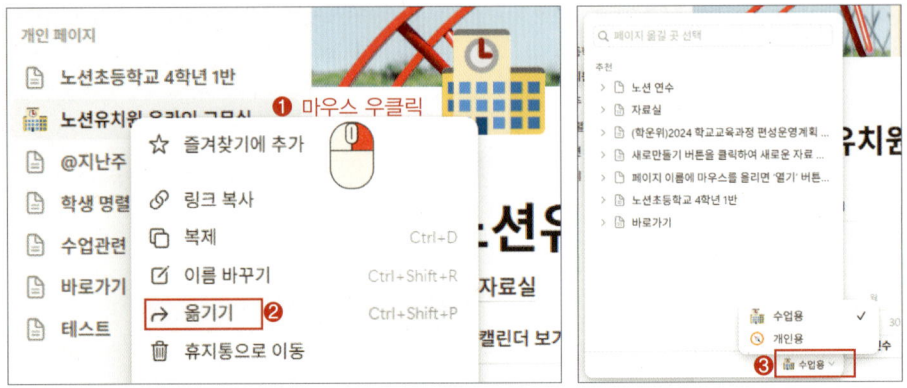

08 ❹[개인 페이지]를 클릭하고 ❺[복제하기]를 클릭하면 복제가 완료됩니다.

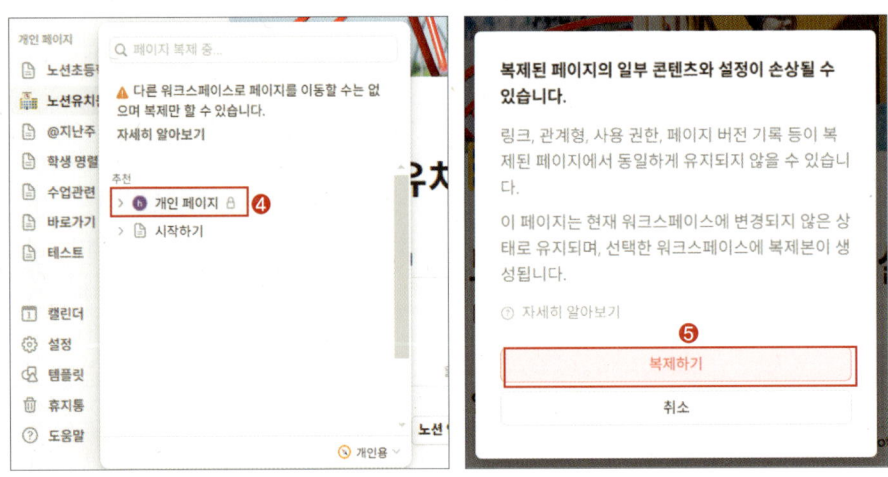

페이지 다루기

노션의 기본 편집 단위인 페이지의 너비 조정, 공유된 페이지의 편집과 복제, 페이지 복원을 살펴보겠습니다.

기본 설정 변경하기

01 페이지 편집창의 오른쪽 위에 있는 ❶[설정(...)] 버튼을 클릭하면 페이지의 세부적인 설정을 변경할 수 있습니다. ❷[전체 너비]를 활성화하면 페이지 왼쪽과 오른쪽 여백 없이 넓은 편집이 가능합니다.

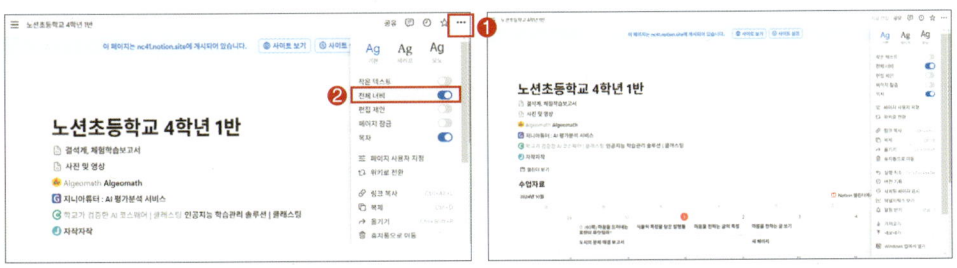

▲ 기본 너비　　　　　　　　　　　　　　　　▲ 전체 너비 활성화

02 ❸[내보내기]를 선택하면 페이지의 내용을 파일로 저장할 수 있습니다. PDF나 HTML 등으로 저장하면 노션 페이지의 내용을 파일로 확인할 수 있습니다. 그러나, [저장] 기능이 아니기 때문에 ❹[가져오기]를 하여도 원래 페이지의 형태가 복원되지는 않습니다.

 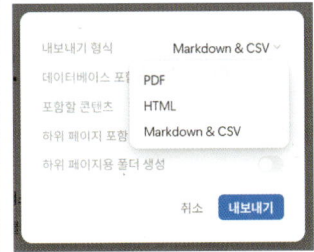

공유된 URL 링크에 편집 허용하기

03 노션 페이지를 다른 선생님들과 함께 작성하거나, 학생이 노션에 과제를 작성하도록 하는 가장 간단한 방법은 게시된 페이지에 편집을 허용하는 것입니다.

페이지에서 [공유] 버튼을 클릭하고, 게시 탭을 선택하여 [게시] 버튼을 클릭하여 공유를 활성화 합니다. 그리고 ❶ 🔗 (사이트 링크 복사)를 눌러 사이트 링크를 클립보드로 복사합니다. 다시 ❷공유 탭으로 돌아와서 ❸[링크가 있는 모든 사용자]를 클릭하여 ❹[읽기 허용]에서 [편집 허용]으로 변경합니다.

이제 사이트 링크를 전달하면 URL 주소를 받은 사용자는 해당 페이지를 편집할 수 있습니다.

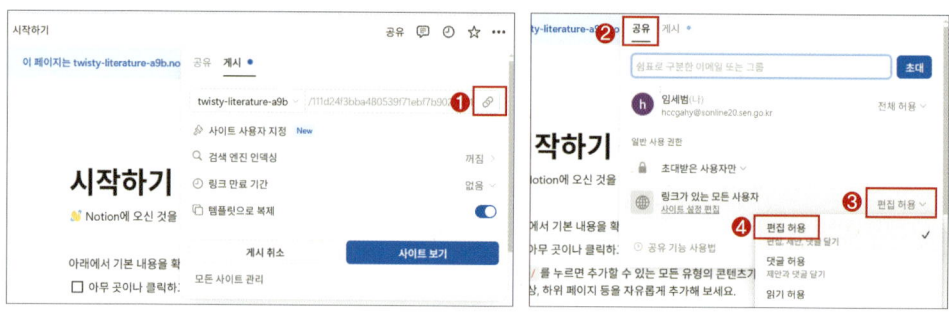

공유받은 페이지 편집하기

04 사이트 링크를 받은 사용자는 해당 URL로 접속하여 편집할 수 있습니다. 처음 화면은 [읽기 전용]이므로 오른쪽 위에 있는 펜 모양의 ❶[편집] 버튼을 클릭하고 ❷계속을 선택합니다. 편집 허용된 페이지는 동시에 여러 사람이 함께 동기화된 상태로 편집하는 것이 가능합니다. 그러나, 노션 로그인이 필요합니다.

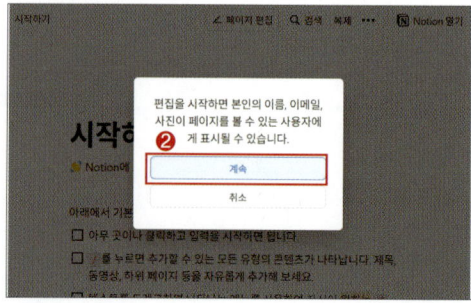

페이지 복제 허용 / 복제하기

05 게시된 페이지는 [템플릿으로 복제]가 기본으로 활성화되어 있어서 누구나 [복제]가 가능합니다. 내 워크스페이스로 공유받은 페이지를 가져오려면 오른쪽 위에 있는 ❶[복제] 버튼을 클릭합니다. 페이지를 공유할 때, 복제를 막으려면 ❷[템플릿으로 복제]를 비활성화 합니다.

▲ 공유받은 페이지 복제하기

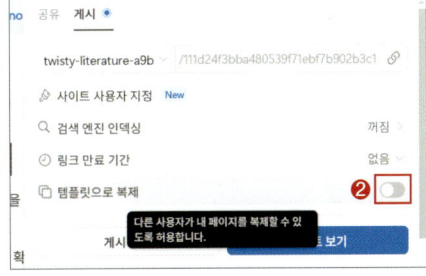
▲ 게시된 나의 페이지 복제 비활성화하기

페이지 작업 취소 / 복원

06 페이지를 편집 중에 실수가 있는 경우 실행취소(Ctrl + Z) 단축키를 입력하여 되돌릴 수 있습니다. 만약, 이전에 편집한 내용에 실수가 있는 경우, 업데이트 기록에서 복원이 가능합니다.

페이지를 과거로 복원하려면 페이지 오른쪽 위에 있는 ❶[ⓘ (업데이트)] 버튼을 클릭하고 해당하는 시간대의 편집 기록에 있는 ❷[ⓘ (이 업데이트 보기)] 버튼을 클릭합니다. ❸복원하고자 하는 버전을 목록에서 선택하여 ❹[복원] 버튼을 클릭하면 복원이 완료됩니다. 복원도 페이지 편집 기록으로 간주되므로, 복원하기 전으로 돌아가는 것도 같은 방법으로 가능합니다.

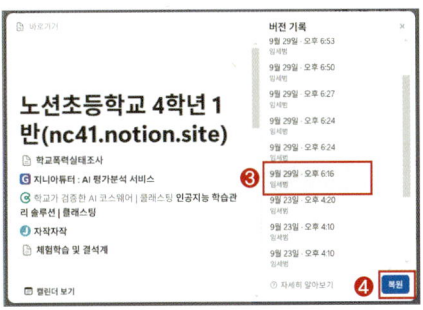

페이지 삭제 / 복원

07 페이지는 오른쪽 버튼 클릭하여 나타나는 팝업메뉴에서 ❶[휴지통으로 이동]을 클릭하여 삭제할 수 있습니다. 삭제된 페이지는 30일간 휴지통에 보관됩니다. 사이드바 아래쪽에 있는 ❷[휴지통]을 클릭하고 ❸삭제를 취소하려는 페이지를 검색하여 ❹[↺](복원)을 클릭하면 삭제된 페이지가 복원됩니다.

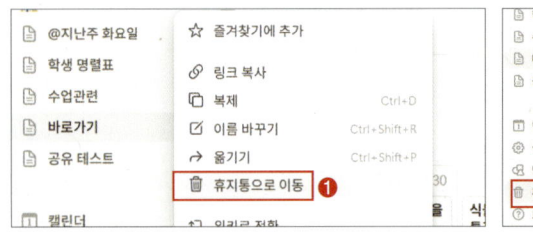
▲ 페이지 삭제

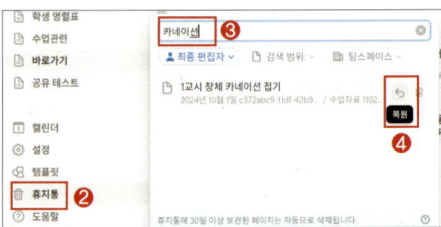
▲ 삭제한 페이지 복원

페이지 검색

08 워크스페이스 내에 있는 모든 페이지는 검색을 통해 쉽게 찾을 수 있습니다. 사이드바 위쪽에 있는 ❶[🔍 검색] 버튼을 클릭하고, ❷원하는 검색어를 입력합니다. 단축키 `Ctrl` + `K` 또는 `Ctrl` + `P` 를 사용하면 더욱 편리합니다.

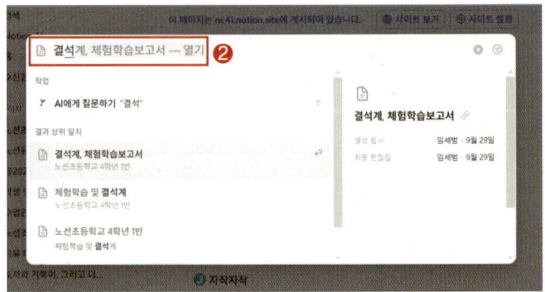

블록 / 페이지 편집

노션 페이지에 있는 모든 내용을 '블록'이라고 부릅니다. 그러므로 페이지의 내용을 편집하는 것은 블록을 추가하거나, 수정하거나, 삭제하는 방식으로 이루어집니다.

블록 추가

01 블록은 새 페이지 아래 ❶[+] 버튼을 클릭하고 목록에서 선택하여 추가할 수 있습니다. ❷블록의 이름을 알고 있는 경우에는 '/인용'처럼 명령어 형태로 입력할 수도 있습니다.

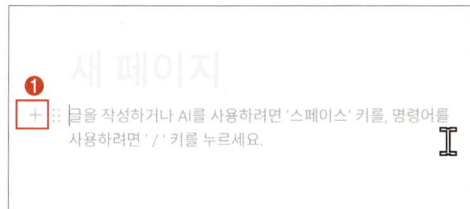 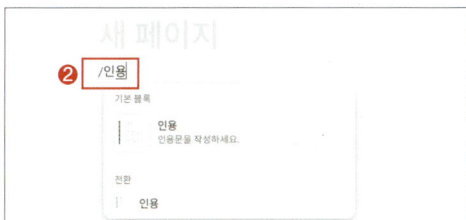

02 이미지나 데이터베이스처럼 사이에 커서가 나타나지 않는 위치에 블록을 추가하려는 경우에는 '/'명령어를 사용할 수 없으므로, ❸추가하려는 위치 바로 위의 블록에서 [+] 버튼을 클릭합니다.

블록 이동 / 이동하려는 곳에 복제

03 ❶마우스를 이동하여 블록 왼쪽에 나타나는 [블록 설정(⋮⋮)] 버튼을 드래그합니다. 이동할 위치는 파란색 선으로 확인할 수 있습니다. 이동하려는 곳으로 복제하려면 ❷ Alt 키를 누른 상태로 드래그합니다.

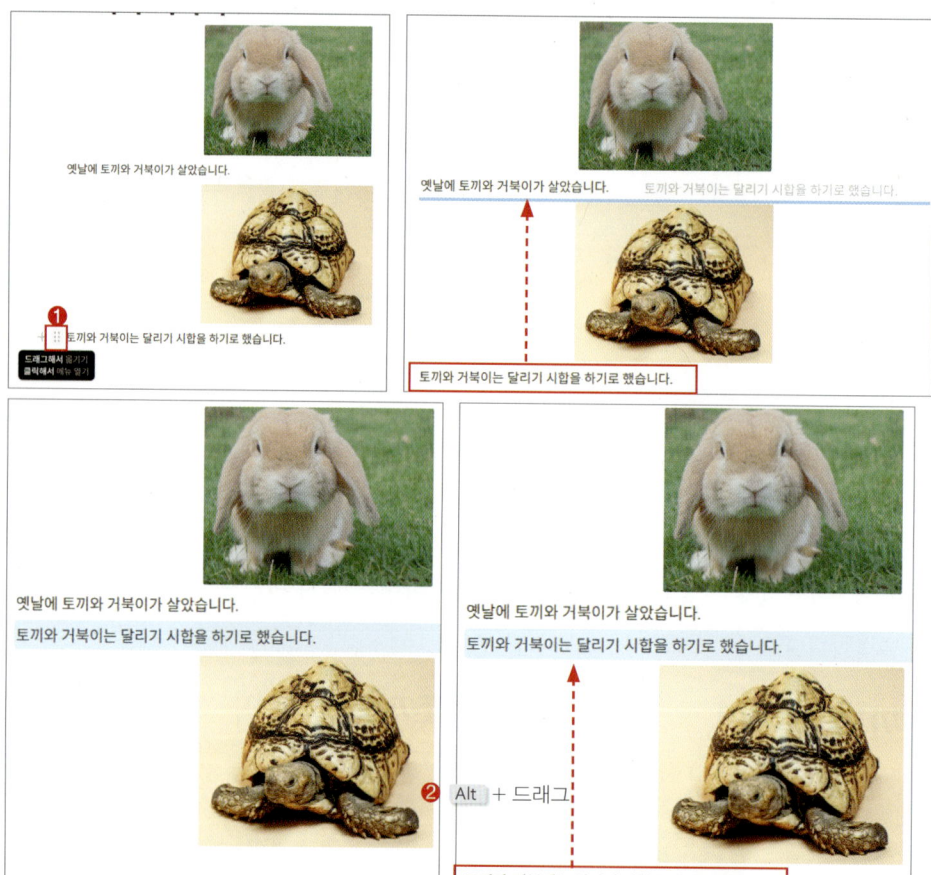

▲ 드래그하여 텍스트 블록을 이동한 결과   ▲ Alt + 드래그하여 텍스트 블록을 복사한 결과

블록 삭제 / 전환 / 색

04 ❶[블록 설정(∷)] 버튼을 클릭하면 블록을 ❷삭제하거나, 다른 블록으로 ❸바꾸거나, ❹색을 설정할 수 있습니다.

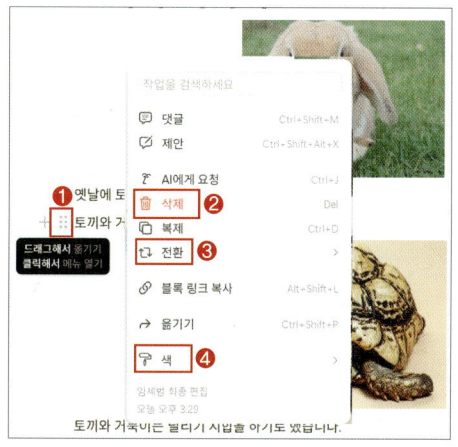

단 나누기(다단)

05 HWP 문서 편집과 유사하게 노션 페이지에서도 좌우로 단을 설정할 수 있습니다. 블록에서 [2개의 열] 등을 선택하거나, [블록 설정(∷)] 버튼을 드래그하여 단을 만들려는 위치로 이동시킵니다. 단이 생성되는 위치는 파란색 세로선으로 확인할 수 있습니다.

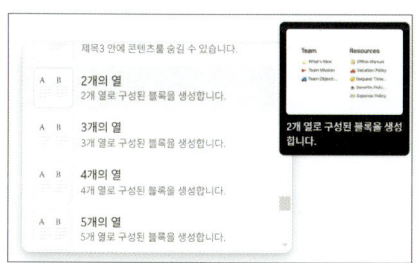 

06 단 나누기를 이용하면 노션 페이지를 더욱 다양하게 디자인할 수 있습니다. 텍스트와 이미지를 좌우로 배치하거나, 이미지를 가로로 나열하는 것도 가능합니다.

블록 여러 개 선택하기

07 여러 블록은 드래그하여 동시에 선택할 수 있습니다. 페이지 좌, 우 여백에서 드래그를 시작하면 실수로 다른 블록이 선택되는 일을 막을 수 있습니다. 선택된 블록들은 키보드를 입력하여 삭제(Del), 클립보드로 복사(Ctrl + C), 잘라내기(Ctrl + X) 등을 할 수 있습니다.

블록 단축 명령어

08 노션은 자주 사용하는 블록에 대한 단축 명령어를 지원합니다. 단축 명령어를 사용하는 방법은 단축 명령어를 입력한 후에 Space Bar 를 누르면 됩니다.

자주 사용되는 단축 명령어는 명령어 버튼 '/'을 누른 후 ❶오른쪽에서 확인 가능합니다.

예를 들어, 큰 제목(제목1)은 페이지에서 #을 입력한 후 Space Bar 를 누릅니다.

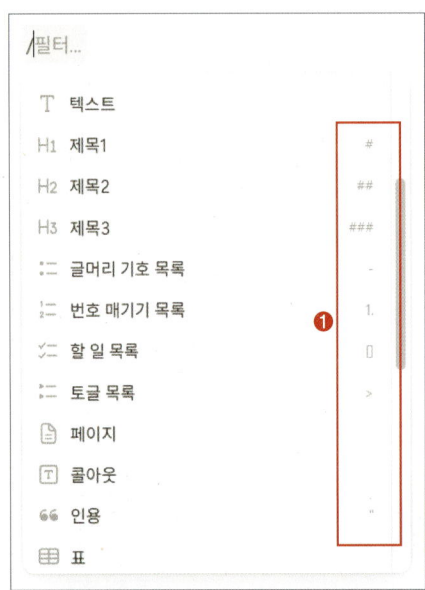

05
온라인 교무실/연구회로 협업하기

실습 완성 미리보기
https://url.kr/6xege1

노션으로 온라인 교무실이나 연구회 사이트를 운영하면, 공유 드라이브 없이도 쉽게 자료를 공유할 수 있습니다. 또한, 구글 사이트 도구보다 편리하게 변경 가능합니다. 노션은 문서 기반의 협업 툴이기 때문에 회의 내용을 바로 기록하여 공유하거나 각자 해당하는 부분을 함께 작성하며 의견을 모으기에도 편리합니다.

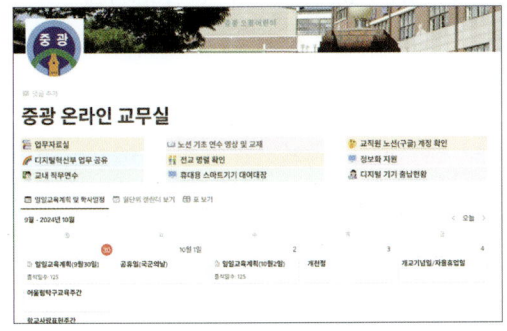 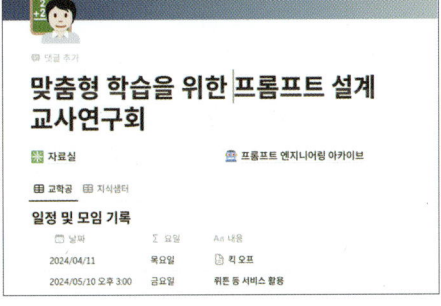

▲ 노션으로 만든 온라인 교무실 / 연구회 사례

온라인 교무실 / 연구회 만들기

아이콘 추가하기

01 새로운 페이지를 만들고, '노션 유치원 온라인 교무실'처럼 목적에 맞는 제목을 입력합니다.

마우스를 페이지 제목으로 이동합니다. [아이콘 추가], [커버 추가], [댓글 추가]의 세 개의 버튼이 나타나면, ❶[아이콘 추가]를 클릭합니다.

02 아이콘은 노션에서 기본 제공하는 이모지 또는 아이콘 중에 선택하거나, [사용자 지정] 탭에서 파일을 업로드 하는 것도 가능합니다. 예시에는 ❶'학교'를 검색하여 ❷아이콘을 추가하도록 하겠습니다.

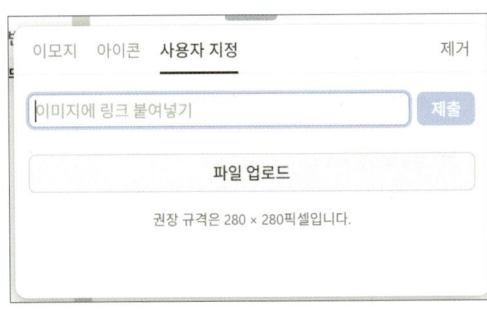 

▲ 업로드한 이미지를 아이콘으로 설정하기   ▲ 기본 제공 이미지를 선택하여 아이콘 설정하기

페이지 커버 추가하기

03 페이지 커버는 블로그에서 흔히 볼 수 있는 형태로 상단에 이미지가 띠처럼 나타나는 것입니다. ❶[커버 추가]를 클릭하여 커버를 활성화합니다. 마우스를 커버 위로 이동시키면 [커버 변경]과 [위치 변경] 버튼이 나타납니다. ❷[커버 변경]을 클릭하여 원하는 이미지로 변경합니다.

04 노션의 기본 [갤러리]에서 이미지를 선택하거나, 가지고 있는 이미지 파일을 [업로드]하거나, 인터넷 이미지 [링크]를 입력하는 것도 가능합니다. ❸[Unsplash] 탭에서는 이미지 무료 공유 사이트인 'Unsplash.com'과 연결되어 있어서 ❹영어로 검색하여 ❺원하는 이미지를 선택할 수 있습니다.

커버 변경이 완료되면 Esc 키를 입력하여 메뉴를 닫습니다. 커버는 이미지의 일부만 나타납니다. ❻[위치 변경]을 클릭한 후 이미지를 드래그하여 이미지가 보여질 위치를 선택합니다.

자료실 만들기

05 업무 자료를 업로드할 공간을 만들어 보겠습니다. 제목 아래쪽 본문을 클릭하여 커서를 위치시키고 ❶'/페이지'를 입력하여 하위 페이지를 추가합니다. ❷페이지 제목으로 '자료실'을 입력하겠습니다. 페이지 아래쪽 시작하기 메뉴에서 ❸[더보기(...)]를 클릭한 후 팝업 메뉴에서 ❹[표]를 선택합니다.

06 ❺[+ 새 표]를 클릭하면 페이지는 [표] 데이터베이스 형태로 설정됩니다. 노션의 데이터베이스는 특정 형태의 상위 페이지로 하위 페이지들을 편리하게 관리할 수 있습니다. 데이터베이스의 자세한 내용은 'Chapter 02. 노션 데이터베이스로 업무하기'에서 다루도록 하겠습니다.

자료실 데이터베이스 페이지에 페이지 추가하기

07 새로운 페이지를 추가하는 방법에는 두 가지가 있습니다.
- 첫 번째는 자료실 데이터베이스 페이지에 새로운 자료를 추가하여 오른쪽 위에 있는 ❶[새로 만들기]를 클릭하는 것입니다.
- 두 번째는 페이지 목록 아래에 있는 ❷[+ 새로 만들기]로 페이지를 추가한 뒤 페이지 이름에 마우스를 올리면 나타나는 ❸[열기] 버튼을 클릭하여 편집할 수 있습니다.
페이지를 닫을 때에는 Esc 키를 누릅니다.

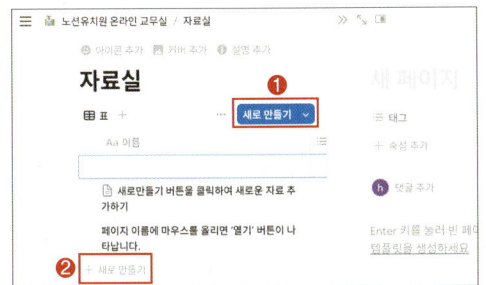

08 파일을 직접 드래그하면, 파일 이름으로 새로운 페이지가 만들어지고, 파일은 페이지 본문에 첨부파일로 자동으로 추가됩니다.

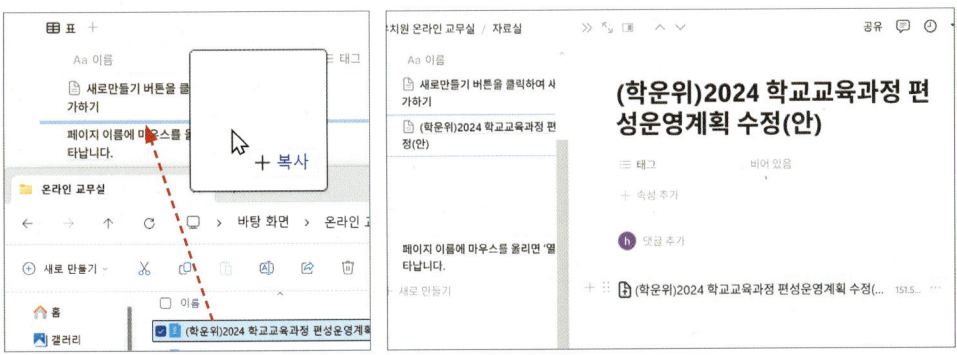

페이지 삭제하기

09 개별 페이지는 마우스로 오른쪽 버튼 클릭하여 ❶[삭제]를 선택할 수 있습니다. 여러 페이지를 한 번에 지울 때에는 페이지 머리부분에 있는 ❷[체크 박스]를 클릭하여 다중 선택 후에 Del 키를 입력하면 편리합니다.

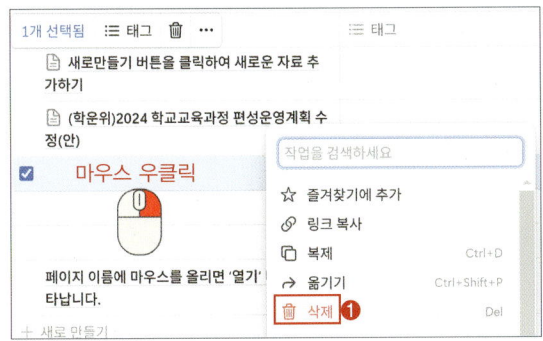

캘린더 추가하기

10 학사 일정이나 연구 일정을 입력할 수 있는 '캘린더'를 추가해 보도록 하겠습니다. 먼저, 상단의 위치 정보에서 상위 페이지 이름인 ❶[노션유치원 온라인 교무실]을 클릭하여 이동합니다. [자료실] 페이지 블록 아래를 클릭하여 커서를 위치시킨 후 ❷'/캘린더'와 Enter 를 입력합니다.

11 ❸[새 캘린더]를 클릭하고, ❹[제목 없음]에 캘린더 이름을 '일정'으로 입력합니다.

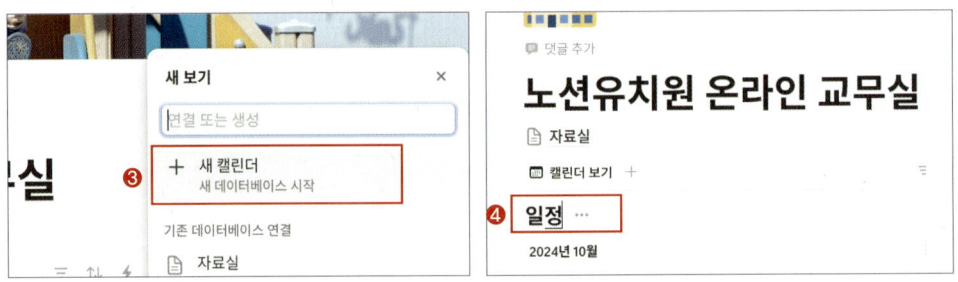

캘린더에 일정 추가하기

12 캘린더에 일정을 추가할 때에는 해당하는 날짜 칸에서 ❶[+] 버튼(항목 추가)을 클릭합니다. 페이지 입력 방법은 일반 페이지와 같습니다. 예시에서는 테스트 목적으로 ❷'노션 연수'라는 일정을 추가하였습니다. 입력이 끝나면 Esc 키를 눌러 원래 화면으로 돌아올 수 있습니다.

일정을 표로 보기

13 노션의 데이터베이스는 다양한 형태를 동시에 가질 수 있습니다. 마우스를 '캘린더 보기'로 이동시켜 ❶[+] 버튼(보기 추가)을 클릭하고 ❷[표]를 선택합니다.

14 이제 [캘린더 보기] 오른쪽의 ❸[표]를 클릭하여 표 형태의 데이터베이스로 일정을 확인할 수 있습니다. ❹[날짜] 속성을 클릭하여 시간순이나 역순으로 ❺정렬할 수 있습니다.

함께 편집할 게스트 추가하기

온라인 교무실이나 교사 연구회를 다른 선생님들과 함께 사용할 수 있습니다. 초대된 사용자는 추가, 편집, 삭제를 자유롭게 할 수 있습니다.

이메일을 클립보드로 복사하기

01 미리 저장해놓은 이메일을 클립보드로 복사(Ctrl + C)합니다. 엑셀, 메모장, 등 어떤 형태여도 무관합니다. 중간에 이메일이 아닌 내용이 섞여 있어도 무관합니다.

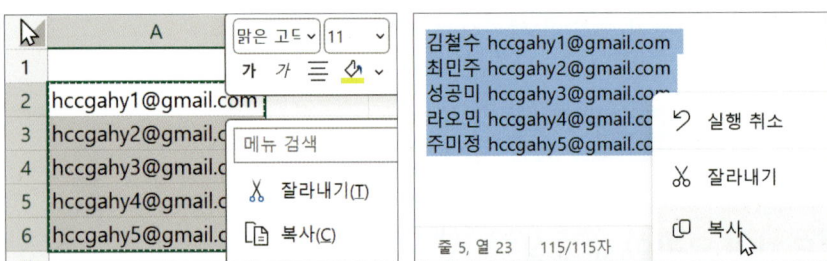

게스트 추가하기

02 페이지의 ❶[공유] 메뉴를 열어, ❷[쉼표로 구분한 이메일 또는 그룹] 칸을 클릭합니다. 클립보드에 복사한 내용을 붙여(Ctrl + V) 넣고, ❸[전체 허용] 권한을 클릭하여 ❹[편집 허용]으로 변경합니다. 마지막으로 ❺[초대]를 눌러 게스트 추가를 완료합니다.

게스트 삭제

03 전출이나 탈퇴로 인해 게스트를 제거해야 경우에는 페이지의 [공유] 메뉴를 열어 해당 게스트의 권한을 선택한 후 [제거]할 수 있습니다. 또는 워크스페이스 설정에서 일괄 제거하는 것도 가능합니다.

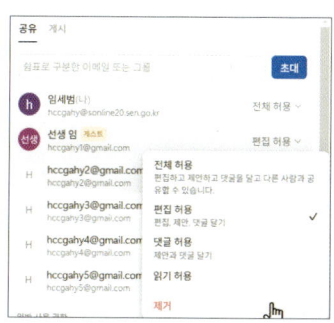

초대받은 페이지에서 편집하기

게스트로 추가된 사용자는 워크스페이스 목록에서 초대받은 워크스페이스로 이동할 수 있습니다. '게스트'로 표시되어 있기 때문에 자신의 워크스페이스와 구분할 수 있습니다. 편집 권한은 초대받은 페이지와 하위 페이지에 해당하며, 워크스페이스 내에 초대받지 않은 페이지는 볼 수 없습니다. 불필요한 초대일 경우에는 초대받은 페이지를 오른쪽 버튼을 클릭하여 [나가기]할 수 있습니다.

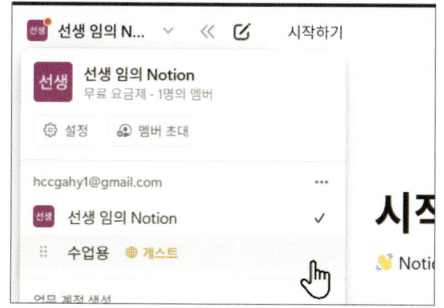

06 일상을 풍성하게 만드는 노션 템플릿 활용법

업무에서는 페이지를 여는 속도를 빠르게 하기 위해 노션의 기본 기능을 중심으로 사용하는 데 비해, 일상에서 사용되는 노션은 디자인이나 구성들이 매우 다양합니다. 마치 다이어리를 꾸미듯이 다양한 장식 이미지와 아이콘, 시계나 날씨, 임베드 등을 사용하여 페이지를 아름답게 디자인하는 사용자들이 많습니다.

감각이 뛰어난 크리에이터처럼 노션 페이지를 만들기는 쉽지 않지만, 많은 크리에이터들이 노션 페이지를 [템플릿] 기능을 이용해서 무료로 공유하고 있습니다.

이번 단원에서는 직접 노션 페이지를 작성하지 않고, 일상에서 노션을 활용하는 데 도움이 되는 템플릿을 찾아 활용하는 방법에 대해 알아보겠습니다.

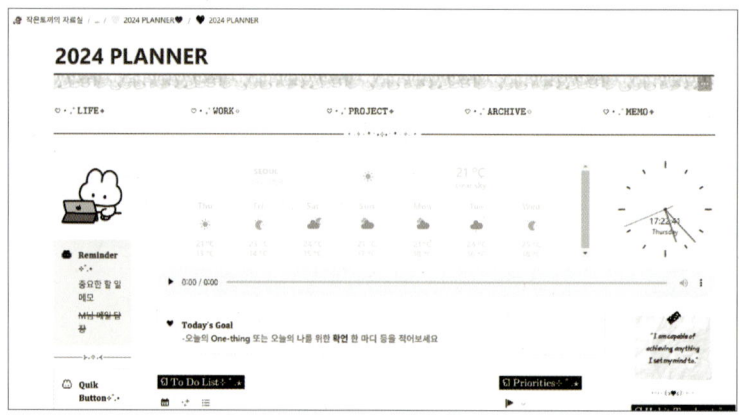

▲ 출처: 디지털 크리에이터 Mini, https://www.youtube.com/@mini0_0

노션 공식 템플릿

노션은 사용자들이 만든 유용한 페이지들을 서로 복제하며 공유할 수 있는 메뉴을 제공하고 있습니다. 대부분 무료로 제공되지만, 전문적인 노션 디자이너들이 제작하여 판매하는 경우도 있습니다.

01 노션의 공식 템플릿 페이지는 사이드바 아래쪽의 ❶[템플릿]을 클릭하여 접속할 수 있습니다. ❷[라이프]를 선택합니다.

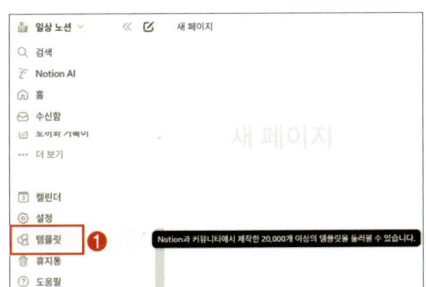 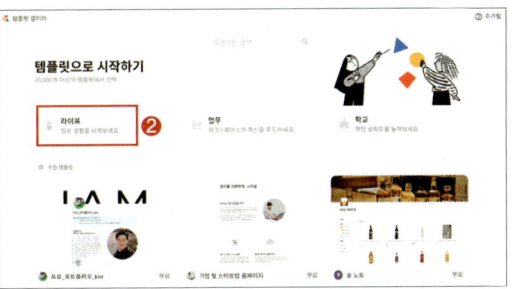

02 [라이프]를 선택하고 ❸일상에서 사용하기 좋은 일기장, 독서노트, 습관 트래커, 가계부 등 원하는 페이지를 선택하세요. ❹[내 워크스페이스에 추가]를 클릭하면, 바로 사용할 수 있습니다.

유튜브나 블로그 등에서 템플릿 가져오기

유튜브나 블로그, 사이트 등에서는 더욱 다양한 노션 템플릿을 만날 수 있습니다. 처음 일상에서 노션을 사용하는 분들은 대시보드를 추천합니다.

01 유튜브에서 ❶'노션 대시보드'를 검색하시면 영상 하단에 있는 설명이나, 첫 번째 댓글에 복제할 수 있는 ❷링크가 있습니다.

02 링크를 열면 페이지 오른쪽 위에서 ❸[복제]를 클릭하시고, ❹복제한 페이지를 추가할 워크스페이스를 선택한 후 ❺[개인 페이지에 추가]를 클릭합니다.

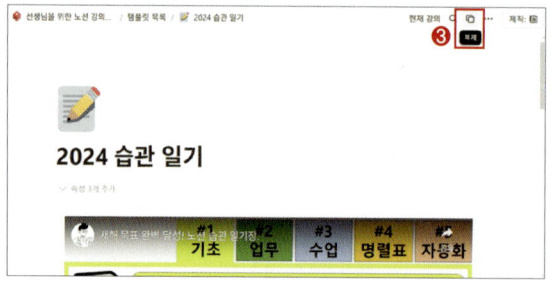 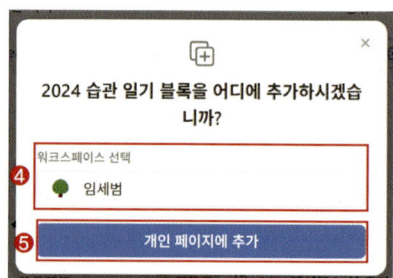

03 포털 사이트나 인스타그램 등에서도 '노션 템플릿'을 검색하시면 다양한 노션 템플릿을 무료로 복제할 수 있습니다.

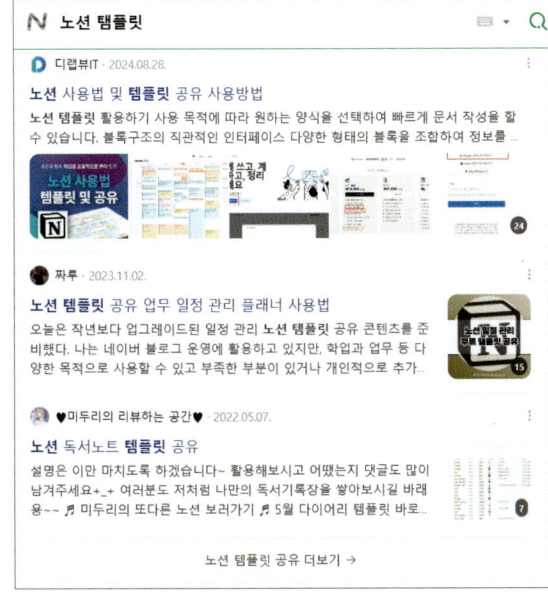
▲ 네이버 '노션 템플릿' 검색 결과(2024.10.03.)

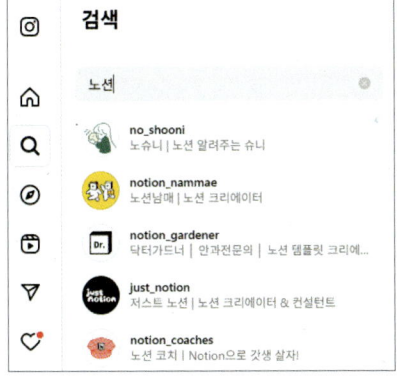
▲ 인스타그램 '노션' 검색 결과(2024.10.03.)

이 장에서는 노션 데이터베이스의 기본 개념부터 실제 업무에 활용하는 다양한 방법까지 자세히 살펴보겠습니다. 노션의 핵심 기능인 데이터베이스를 활용하면 업무 효율을 크게 향상시킬 수 있습니다. 먼저, PC와 모바일 앱에서 손쉽게 관리할 수 있는 메모장을 간단히 만드는 방법을 알아봅니다. 이후에는 업무 자료 관리 페이지 생성과 활용, 할 일 및 일정 관리를 노션으로 통합, 아이디어를 체계적으로 수집하고 활용하는 방법까지 단계별로 소개할 예정입니다. 이 과정을 통해 노션 데이터베이스의 기능을 이해하고, 이를 실제 업무에 적용할 수 있는 실용적인 활용법을 습득하게 될 것입니다

N O T I O N

CHAPTER
02

노션 데이터베이스 교사 업무에 활용하기

01 노션의 꽃 데이터베이스

노션 데이터베이스란?

노션은 다양한 자료를 효율적으로 관리할 수 있는 데이터베이스 기능을 제공합니다. 기본 페이지와는 달리, 데이터베이스의 하위 페이지들은 각기 다른 속성을 가질 수 있다는 점에서 차별화됩니다.

▲ 기본 페이지 ▲ 데이터베이스의 하위 페이지

기본 하위 페이지가 제목만 있는 반면에 데이터베이스의 하위 페이지들은 속성을 가지므로 정렬이나 분류, 검색, 필터링이 가능합니다.

▲ 기본 페이지 내의 하위 페이지   ▲ '인공지능AI' 필터와 생성 일시 내림차순 정렬이 적용된 데이터베이스 표

속성은 사용자가 원하는 대로 새로 만들거나 수정, 삭제할 수 있으며, 제목을 포함하여 20가지 종류의 속성을 다양한 방식으로 추가할 수 있어서 활용도가 높습니다. 예를 들어, [선택] 속성을 학생 명렬표에서는 성별 선택에 사용할 수도 있고, 업무에서는 업무 종류를 선택하는 데에 사용할 수도 있을 것입니다.

Chapter 02 노션 데이터베이스 교사 업무에 활용하기 75

다양한 데이터베이스 레이아웃 훑어보기

노션의 데이터베이스는 표, 보드, 갤러리, 리스트, 캘린더, 타임라인까지 6가지의 레이아웃(보기)이 있습니다. 기본적으로 하나의 레이아웃을 설정하지만, 표 레이아웃과 캘린더 레이아웃을 동시에 사용하는 것처럼, 여러 레이아웃을 함께 사용할 수도 있습니다.

표

표 레이아웃은 마치 엑셀과 같은 스프레드시트의 형태를 가지고 있습니다. 간단한 수식도 가능하므로 노션에서는 페이지 안에 내용을 넣지 않고, 간단히 엑셀 대용으로 사용하기도 합니다. 속성을 쉽게 편집할 수 있는 장점 때문에 노션에서 가장 많이 사용하는 레이아웃입니다.

보드

보드 레이아웃은 하위 페이지들을 카드 형태로 여러 열에 구분하여 표시하는 방식입니다. 할일을 관리하거나, Padlet 처럼 주제별로 수업 과제를 제출하는 데 사용하면 효과적입니다.

갤러리

갤러리 레이아웃은 페이지 내에 있는 이미지를 바둑판 형식으로 보여줍니다. 사진첩으로 사용하여도 좋고, 이미지가 없으면 실시간 페이지 내용이 표시되므로 수업 과제 페이지로 사용하여도 편리합니다.

리스트

리스트 레이아웃은 웹사이트에서 자주 볼 수 있는 게시판 형태로 페이지를 열고 읽기 쉽습니다.

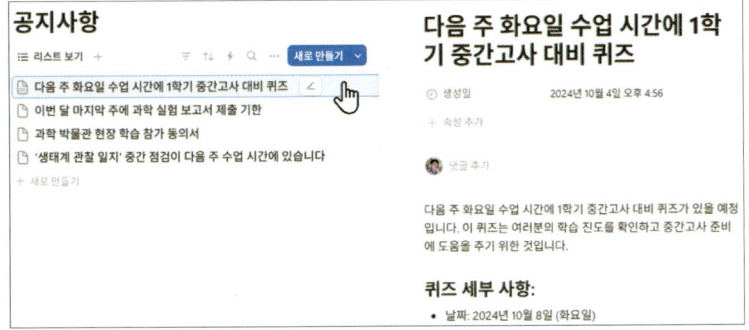

캘린더

캘린더 레이아웃은 달력 형태로 일정을 관리하기에 편리합니다. 보드 레이아웃의 할 일 페이지에 추가하여 달력 형태로 보는 것도 좋습니다. 한 번에 보여지는 내용은 한 달 혹은 일주일 단위를 선택할 수 있습니다.

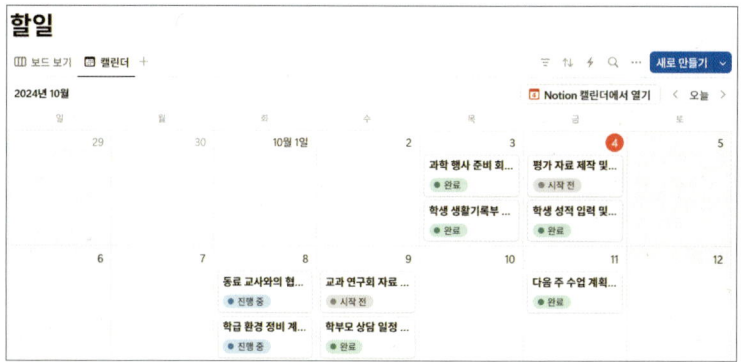

타임라인

타임라인 레이아웃은 프로젝트나 업무의 진행 상황을 시간 순서대로 시각화하여 보여주는 데 효과적입니다. 각 작업의 시작일과 종료일을 설정하면 간트 차트와 유사한 형태로 표시됩니다. 이를 통해 프로젝트의 전체 일정과 각 작업 간의 관계를 한눈에 파악할 수 있습니다.

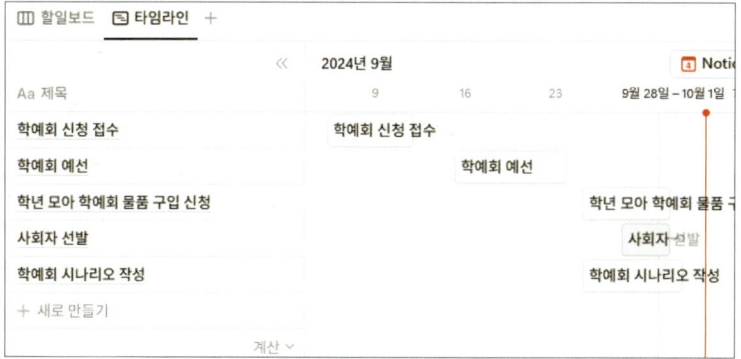

전체 페이지 데이터베이스와 인라인(보기)

노션 페이지를 만드는 방법에는 전체 페이지와 인라인이라는 두 가지 방법이 있습니다. 노션에서 처음 데이터베이스를 만드는 경우, 두 방법의 차이점을 알지 못해 당황할 수 있습니다. 그러나, 차이와 활용 방법을 이해하면, 노션을 더욱 유용하게 사용할 수 있습니다.

전체 페이지 데이터베이스

01 전체 페이지 데이터베이스는 페이지를 데이터베이스 형태의 상위 페이지로 만드는 방식입니다. 자료가 많아도 로딩 속도가 빠르고, 드래그와 같은 방법으로 새로운 자료를 추가하기 편리합니다.

먼저, 새로운 페이지를 만들고 페이지 아래쪽의 [시작하기]에서 ❶[표]를 선택하거나 ❷[더보기(...)]에서 다른 데이터베이스 레이아웃을 선택할 수도 있습니다. ❸[+ 새 표]를 선택하면 새로운 전체 페이지 데이터베이스가 만들어집니다.

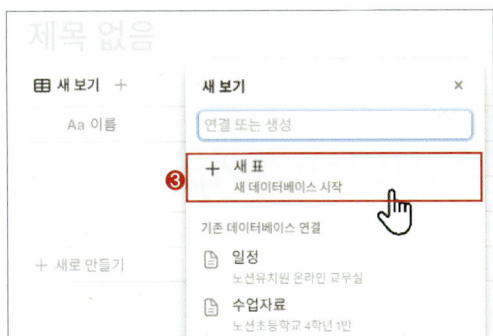

02 전체 페이지 데이터베이스는 데이터베이스의 하위 페이지 목록만 보여지므로 ❹하단 영역을 클릭해도 텍스트나 이미지와 같은 블록을 추가할 수 없습니다. 사이드바에서 페이지의 ❺토글을 열어보면 하위 페이지가 나타나지 않고 설정된 레이아웃인 [표]가 보여지는

※ 토글이란 삼각형 모양의 버튼으로 목록을 열고 닫을 때 사용합니다.

것을 확인할 수 있습니다. 이처럼 전체 페이지 데이터베이스는 다른 내용(블록)과 섞이지 않기 때문에, 깔끔하고 집중도를 높일 수 있습니다.

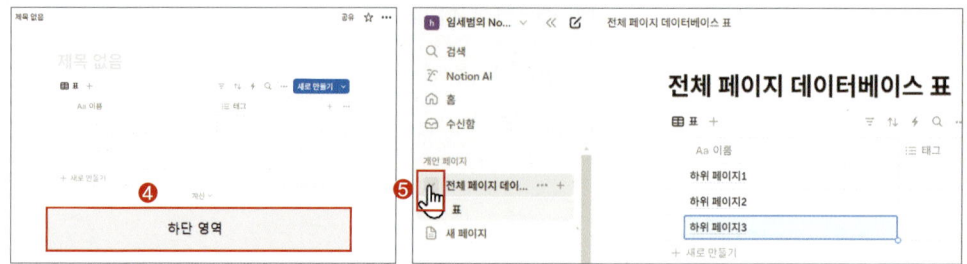

인라인 데이터베이스(보기)

03 인라인(in-Line) 데이터베이스(보기)는 기본 페이지에 데이터베이스 형태의 블록을 추가하는 방식입니다. 앱이나 서비스를 개발하는 것처럼 페이지를 자유롭게 구성할 수 있습니다.

새로운 페이지를 만들고 내용에 ❶'/보기'를 입력하고, ❷[원하는 레이아웃]을 클릭합니다. 그리고 ❸[+ 새 표(새 데이터베이스 시작)]를 선택하면 새로운 인라인 데이터베이스가 만들어 집니다.

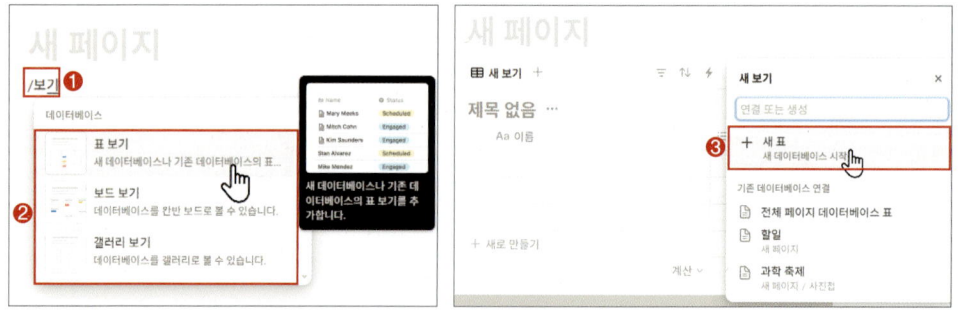

04 인라인 데이터베이스는 블록 형태로 만들어지므로, 위아래로 다른 블록들을 자유롭게 추가할 수 있습니다. 사이드바에서 페이지의 ❹토글을 열어보면 인라인 데이터베이스가 현재 페이지의 하위 페이지로 나타나는 것을 볼 수 있습니다.

05 그러므로, 인라인 데이터베이스도 ❺[전체 페이지로 열기]를 클릭하거나, ❻페이지 목록에서 해당하는 [인라인 데이터베이스]를 클릭하면, 전체 페이지 형태로 보는 것도 가능합니다.

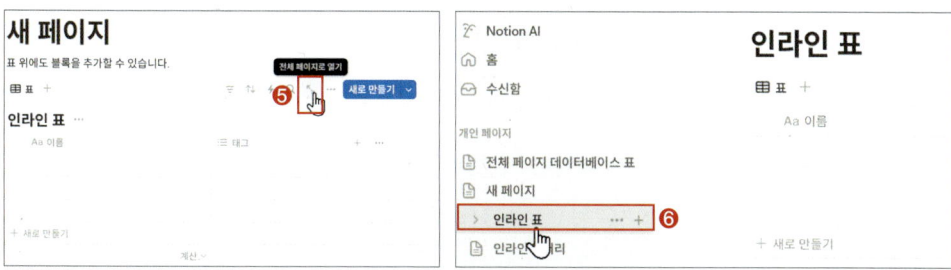

06 인라인 데이터베이스 표는 다른 블록들과 함께 배치해서 사용할 수 있으므로, 관련있는 내용들을 한곳에 모아 일종의 대시보드와 같은 형태를 만들기에 좋습니다.

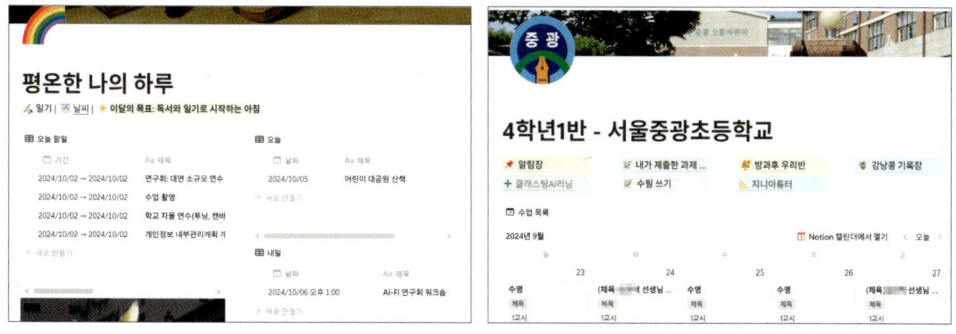

▲ 인라인 데이터베이스를 활용한 일상 대시보드 사례   ▲ 인라인 데이터베이스를 활용한 학습 사이트 사례

02 언제 어디서나 빠른 메모장(INBOX)

실습 완성 미리보기
https://url.kr/vyef4l

업무의 효율성을 높이는 좋은 방법은 기록 위치를 하나로 통합하는 것입니다. 탁상 달력, 휴대폰 메모, 나에게 보낸 메시지, 메일함, 엑셀 파일, 한글 문서 등 여러 곳에 나의 기록이 흩어져 있다면 필요할 때 찾기 어렵고, 예상치 못한 시간이 소모됩니다.

그러나, 모든 기록을 노션으로 관리한다면, 필요할 때 언제 어디서나 즉시 내용을 확인할 수 있을 뿐만 아니라, 메모, 일정, 할 일, 아이디어, 자료 등을 체계적으로 관리할 수 있습니다. 상세한 업무 관리 방법은 'Chapter 02-6. 스트레스를 줄이는 G.T.D 업무 흐름'에서 자세하게 다룰 예정입니다. 그 전에 업무관리에 필요한 페이지들을 하나씩 만들어 보겠습니다.

먼저, 이번 장에서는 메모가 흩어지지 않고 하나로 쉽게 관리되는 빠른 메모장(INBOX)을 만들고, 빠르고 편리하게 활용하는 방법에 대해 살펴봅니다. 빠른 메모장은 윈도우 PC나 휴대폰에서 신속하게 메모를 작성할 수 있으며, 웹이나 다른 앱의 내용 및 이미지를 쉽게 스크랩할 수도 있습니다.

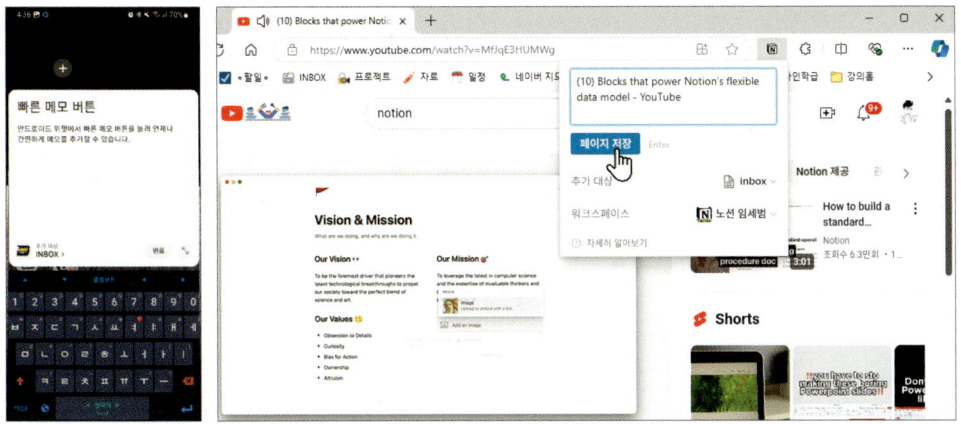

▲ 모바일 노션 앱 메모 위젯 ▲ 웹브라우저에서 사용 가능한 노션 웹 클리퍼

표 데이터베이스로 빠른 메모장 만들기

표 데이터베이스를 활용하면 간단하게 '빠른 메모장'을 만들 수 있습니다. 메모장의 이름은 한글, 영어 무엇이든 자유롭게 정해도 무관하지만, 사례에서는 GTD 개념에서 사용하는 용어인 'inbox'로 설정하겠습니다.

전체 페이지로 '새 표 데이터베이스'를 만들기

01 ❶새 페이지를 만들어 제목을 'inbox'로 입력하고, ❷[표] 데이터베이스 레이아웃을 적용합니다. ❸[새 표]를 클릭합니다.

02 빠른 메모장을 쉽게 열기 위해 ❹드래그하여 페이지 목록 가장 위로 이동하면 편리합니다.

 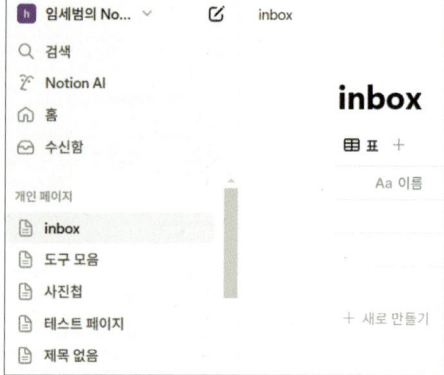

속성 추가하기

03 메모를 관리하기 위한 속성을 추가합니다. 언제 메모를 작성했는지 확인하기 위한 [생성일시]와 메모 확인 여부를 확인하기 위한 [체크박스]를 추가하겠습니다.

먼저, 불필요한 [태그] 속성은 삭제하겠습니다. 제목 행에서 ❶[태그] 속성을 클릭하고 나타난 메뉴에서 ❷[속성 삭제]를 선택합니다.

그리고 ❸제목행의 [+(속성 추가)]를 누릅니다.

 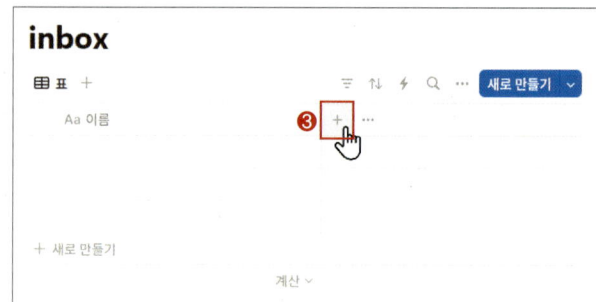

04 속성 목록에서 스크롤을 아래로 내려 ❹[생성 일시]를 선택하면 새로운 속성이 추가됩니다. 추가가 완료되면 Esc 키를 입력하거나 ❺[닫기] 버튼을 클릭하여 메뉴를 닫습니다.

05 같은 방법으로 ❻[체크박스]를 추가합니다.

06 제목 행에서 ❼각 칸의 구분선을 드래그하면 칸의 너비와 위치를 조정할 수 있습니다. 예시에서는 체크박스의 너비는 최소한으로 하고, 체크박스, 이름, 생성 일시 순으로 배치하였습니다.

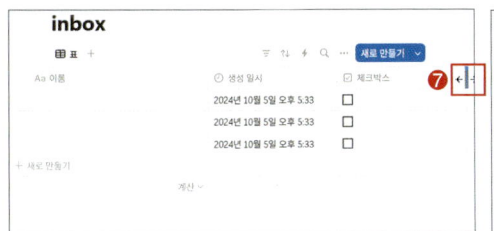 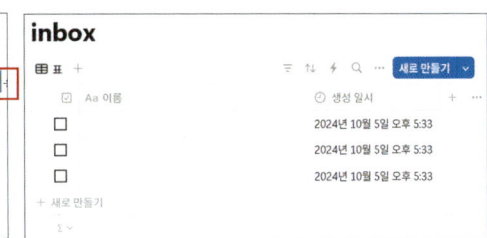

필터를 추가하여 확인한 메모 숨기기

07 필터를 적용하면 조건에 맞는 페이지만 볼 수 있습니다. 제목행에서 ❶[☑ (체크박스)]를 클릭하고, 메뉴에서 ❷[필터]를 선택합니다. ❸[체크 표시되지 않음]으로 설정합니다.

08 ❹[체크박스]를 클릭하여 메모를 확인하면, 체크된 메모는 숨김처리 됩니다. 실수로 체크하여 메모가 사라진 경우에는 실행 취소(Ctrl + Z)하거나, 필터를 변경하면, 체크한 메모를 다시 확인할 수 있습니다.

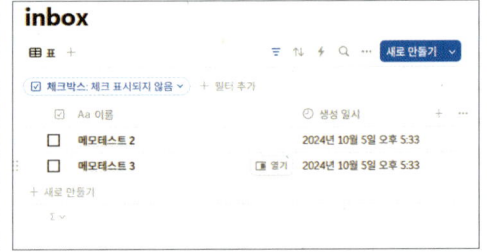

생성 일시 오름차순으로 정렬하기

09 메모는 순서대로 읽을 수 있도록 생성 일시를 기준으로 오름차순으로 정렬해 보겠습니다. 제목행에서 ❶[생성 일시]를 클릭하고, ❷[오름차순]을 선택합니다.

컴퓨터에서 빠르게 메모하기

전화 내용, 당장 처리하지 않아도 되는 메시지, 문득 떠오른 나중에 해야 할 일들을 모두 inbox(빠른 메모장)에 기록해 보세요. 현재 진행하는 작업이 완료된 후에 메모 목록에서 순서대로 처리하면 멀티태스킹을 피하고, 현재의 일에 몰입할 수 있습니다.

> **교사의 활용 노하우**
>
> **빠른 메모장 활용의 장점**
>
> **1. 머릿속을 비움:** 갑자기 떠오른 할 일을 머릿속에 담아두면 작업 중에 계속 신경이 쓰이게 됩니다. 이러한 생각을 메모장(Inbox)에 바로 적어두어, 머릿속에서 비워내면 현재의 작업에만 집중할 수 있습니다.
>
> **2. 정리할 필요 없음:** 메모한 순간에는 정리하거나 실행 계획을 세울 필요가 없습니다. 단순히 "이런 생각이 있었다." 혹은 "이 할 일을 나중에 해야 한다."는 정도로만 적어두면 됩니다. 이렇게 함으로써 빠르게 메모를 작성한 후, 곧바로 원래 작업으로 돌아갈 수 있습니다.
>
> **3. 작업 방해 최소화:** 메모를 아주 간단하고 빠르게 적어두고 나중에 정리하는 것을 권장합니다. 즉, 메모를 작성하는 데 1분도 채 걸리지 않게 해야 현재 작업을 중단하지 않고도 생각을 비워낼 수 있습니다.

다른 페이지에서 inbox에 메모하기

01 노션에서 다른 페이지를 작업중일 때에도 사이드바에서 inbox 페이지의 ❶[+(하위 페이지 추가)] 버튼을 클릭하면 즉시 메모가 가능합니다. 메모 후에는 Esc 키를 누르거나 ❷어두운 영역을 클릭하여 원래 화면으로 돌아올 수 있습니다.

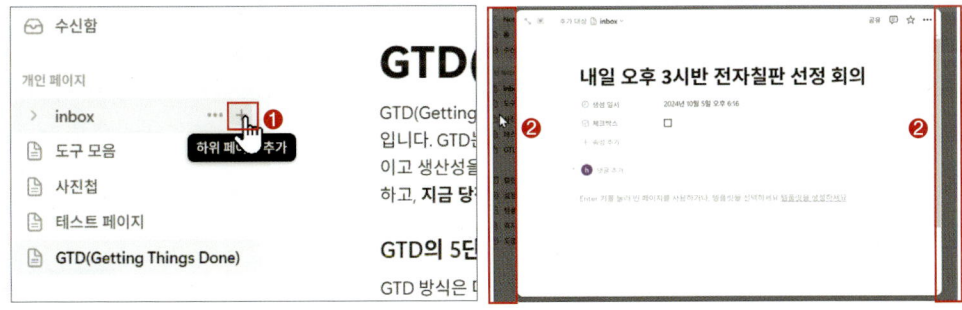

메시지를 빠른 메모장에 기록하기

02 메시지는 빠르게 읽고, 긴급하지 않다면 클립보드로 복사하여(Ctrl + C), inbox 에 붙여(Ctrl + V) 넣습니다.

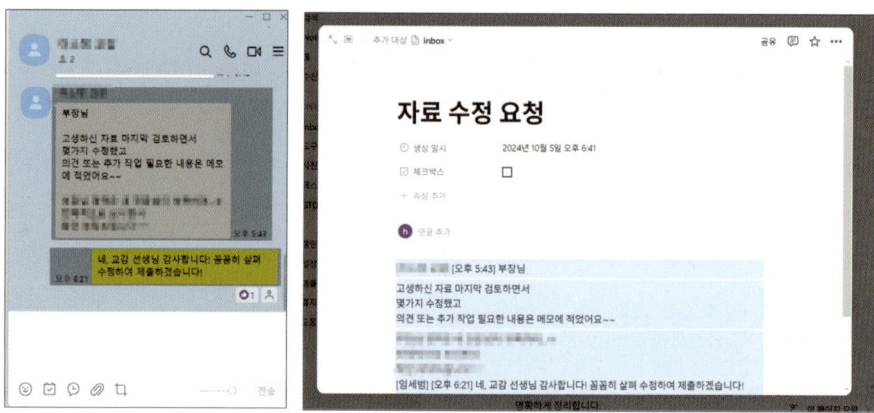

03 첨부파일이 있다면 페이지 내용 상단으로 드래그하여 추가할 수 있습니다.

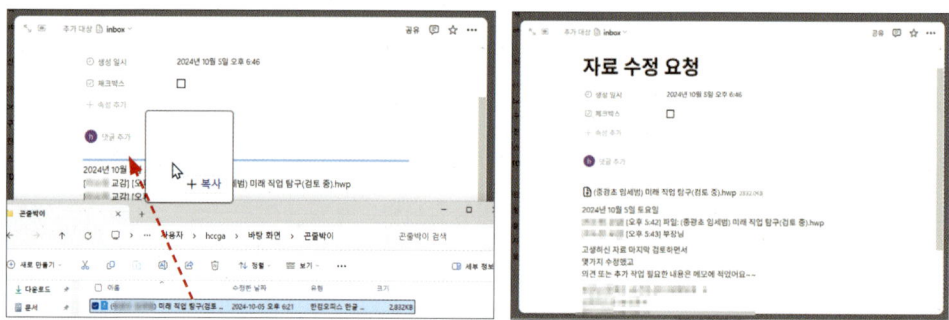

파일 즉시 저장하기

04 파일을 즉시 저장하려는 경우에는 inbox 페이지를 열어 파일을 페이지 목록으로 드래 그합니다.

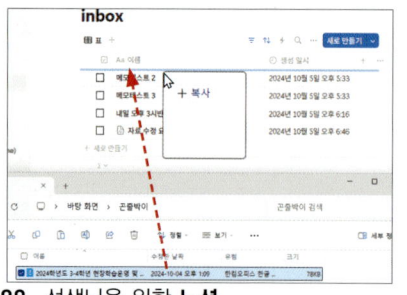

화면을 캡처하여 저장하기

05 윈도우 화면 캡처 단축키(윈도우 + Shift + S)를 누른 후 드래그하여 화면 일부를 클립보드에 복사하고, inbox의 하위 페이지에 붙여넣을(Ctrl + V) 수도 있습니다.

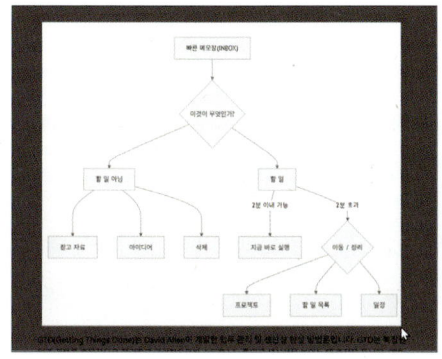 

노션 웹 클리퍼로 자료 수집하기

노션 웹 클리퍼는 웹브라우저에서 보고 있는 페이지를 노션 데이터베이스에 저장하는 기능을 제공하는 크롬 확장 프로그램입니다. 크로미움(Chromium) 기반의 브라우저인 크롬, 엣지, 웨일, 브레이브 등 거의 모든 브라우저에서 사용 가능합니다.

노션 웹 클리퍼 설치하기

01 검색 포털에서 '크롬웹스토어'를 검색하여 ❶'Chrome 웹 스토어' 사이트로 접속합니다. 크롬 웹 스토어에서 ❷'notion'을 검색합니다.

02 ❶[Notion Web Clipper]를 선택하고, ❷[Chrome에 추가]를 클릭하여 설치합니다.

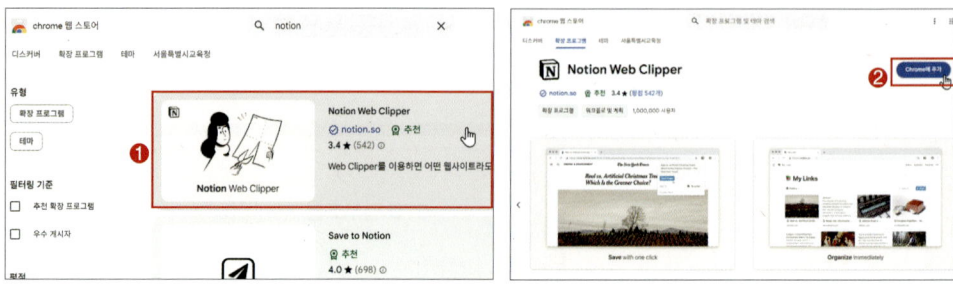

03 확장 프로그램을 추가하면 브라우저 오른쪽 위에 [확장 프로그램] 버튼이 나타납니다. ❶[확장 프로그램 추가] 버튼을 누른 후 퍼즐 모양의 ❷확장 프로그램 목록을 열어 누름핀 모양의 ❸[고정] 버튼을 클릭합니다.

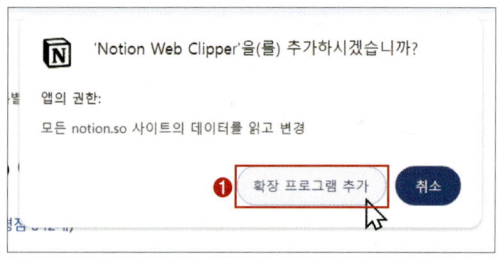 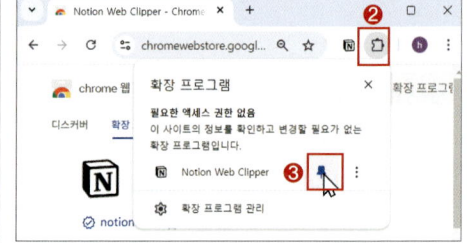

노션 웹 클리퍼로 뉴스 기사 스크랩하기

04 노션 웹 클리퍼를 처음 사용할 때에는 저장 위치를 지정하여 주어야 합니다. 인터넷에서 뉴스 기사를 하나 선택하여 접속합니다. 그리고 브라우저 오른쪽 위에 있는 ❶[노션 웹 클리퍼] 버튼을 클릭합니다. ❷[워크스페이스]를 클릭 후 ❸inbox(빠른 메모장) 페이지가 있는 워크스페이스를 선택합니다.

05 같은 방법으로 ❶[추가 대상]을 ❷[inbox(빠른 메모장)]으로 선택합니다.

06 ❶[페이지 저장]을 클릭하면, inbox에 새로운 페이지로 뉴스 사이트가 추가됩니다. 데이터베이스에서는 새로운 속성으로 원본 뉴스 사이트의 바로가기 URL이 생성됩니다. ❷URL 주소를 클릭하면 웹브라우저 창이 열리고 뉴스 기사 사이트로 접속할 수 있습니다.

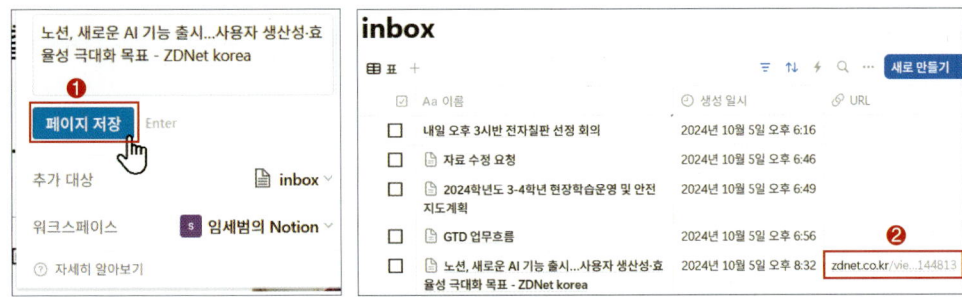

07 저장된 뉴스 페이지를 ❸열어보면, 뉴스 내용도 페이지의 내용으로 저장된 것을 확인할 수 있습니다.

노션 웹 클리퍼로 유튜브 영상 스크랩하기

08 같은 방법으로 유튜브 영상을 스크랩합니다. 유튜브 영상을 하나 열어서 ❶[노션 웹 클리버] 버튼을 누르고, ❷[페이지 저장]을 클릭합니다. 워크스페이스와 추가 대상은 최근 입력값이 저장되어 있으므로 매번 입력하지 않아도 됩니다. inbox로 이동하여 페이지를 열어보면, 해당 유튜브 영상의 URL이 입력되어 있고, 페이지 내용에는 유튜브 영상이 임베드되어 바로 재생이 가능합니다.

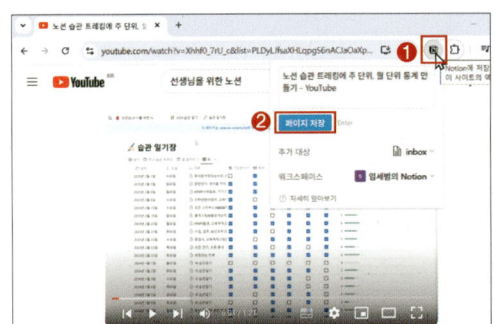 

블로그 및 기타 사이트 스크랩하기

09 노션 웹 클리퍼는 어떤 인터넷 사이트에서도 사용할 수 있습니다. 다만, 사이트 설정에 따라 제목과 URL만 저장되고 본문 내용은 기록되지 않을 수도 있습니다.

> **교사의 TIP** 스크랩한 페이지 중에서 유용한 것은 [자료 DB] 페이지로 이동시켜, 필요할 때 빠르게 찾아 활용하거나 축적을 통해 새로운 인사이트를 얻는데 활용할 수 있습니다. 이에 대한 자세한 방법은 'Chapter 02-6. 스트레스를 줄이는 G.T.D 업무 흐름'에서 안내하겠습니다.

휴대폰에서 빠르게 메모하기

노션의 모바일 앱을 사용하면 언제 어디서나 빠르고 간편하게 메모할 수 있습니다. 회의 중이거나 길을 걷다가 떠오른 생각도 즉시 노션 앱으로 메모하고, 휴대폰이나 컴퓨터로 확인할 수 있습니다.

아이폰 사용자용
앱 설치하고 위젯 추가하기

01 앱스토어에서 노션을 검색하여 앱을 설치하고, 실행 후 로그인합니다. 아이폰의 홈 화면에서 빈 곳을 길게 눌러 [홈 화면 편집 모드]로 전환합니다. 화면 오른쪽 위에 보이는 ❶[+](위젯 추가) 버튼을 터치합니다. 위젯 목록에서 ❷[문서(Notion 페이지)]를 선택합니다.

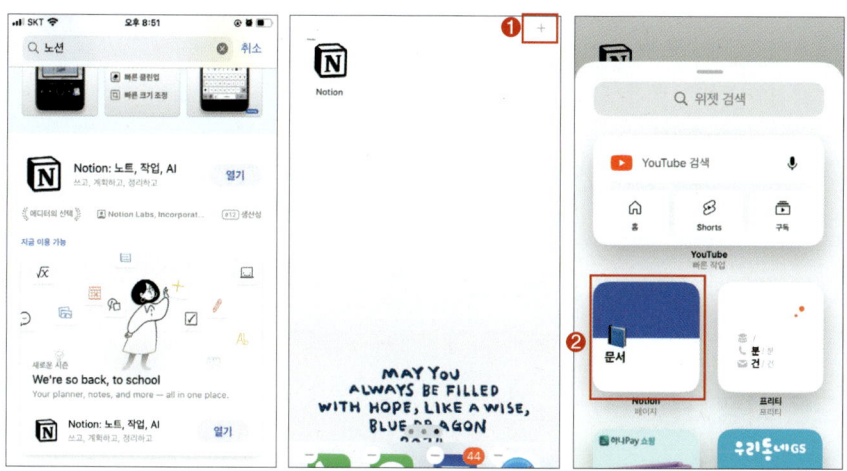

문서 위젯의 대상을 inbox로 설정하기

02 홈 화면에 위젯이 추가되면, ❶위젯을 길게 눌러 inbox 페이지가 있는 ❷워크스페이스를 선택하고 ❸페이지도 inbox 페이지로 설정합니다.

문서 위젯에서 메모하기

03 위젯을 눌러 inbox 데이터베이스를 열고, 오른쪽 위에 있는 ❶[+](페이지 추가) 버튼을 누르면 메모를 할 수 있습니다. 또한 컴퓨터에서도 확인할 수 있습니다.

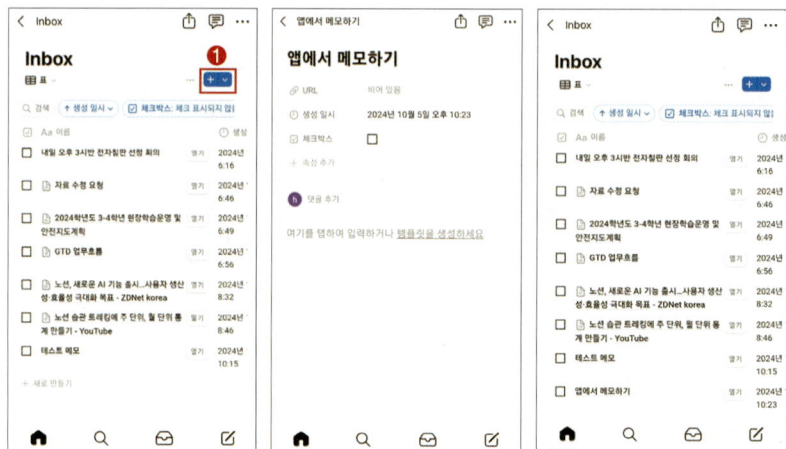

안드로이드폰 사용자용

앱 설치하고 위젯 추가 하기

01 플레이스토어에서 노션을 검색하여 앱을 설치하고, 실행 후 로그인합니다.
안드로이드 휴대폰의 홈 화면에서 빈 곳을 길게 눌러 [홈 화면 편집 모드]로 전환합니다.

화면 아래 위에 보이는 ❶[위젯 추가] 버튼을 터치합니다. 위젯 목록에서 Notion을 찾아 ❷[+ 빠른 메모]를 길게 눌러 홈 화면에 추가합니다.

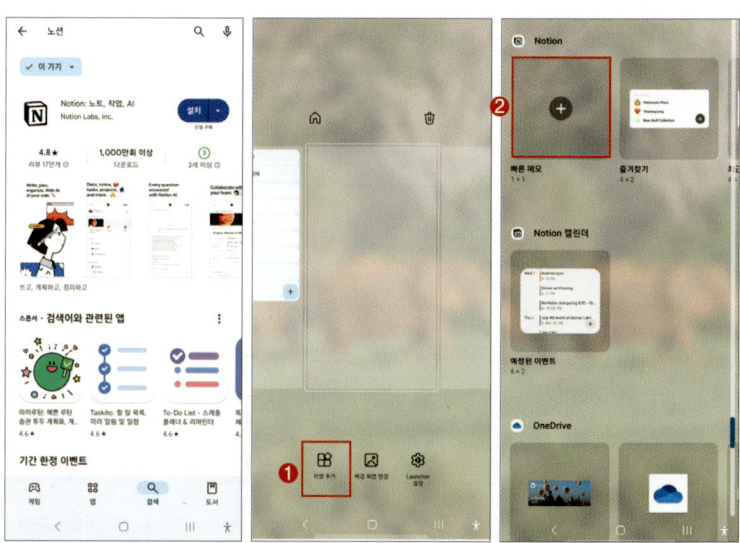

메모 저장 위치를 inbox(빠른 메모장)으로 설정하기

02 위젯이 추가되면, ❶[+](빠른 메모 위젯)을 눌러 메모할 수 있습니다. 처음 메모 시에는 메모 위치를 설정해주어야 합니다. ❷[추가 대상]을 눌러 inbox 페이지가 위치한 워크스페이스를 선택하고, 페이지도 inbox 페이지로 선택합니다.

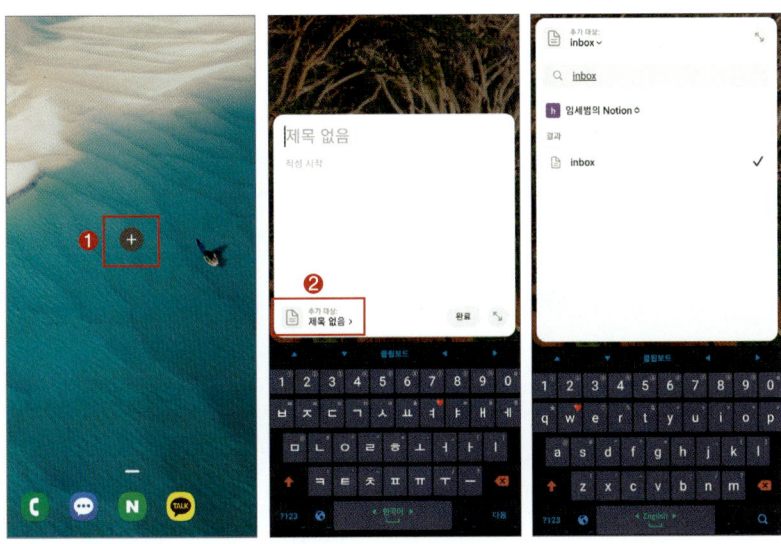

빠른 메모 위젯으로 메모하기

03 이제 메모의 제목과 내용을 입력하고 ❶[완료]를 누르면, 메모가 완료됩니다. 노션 앱을 실행하여 inbox 데이터베이스를 열면 하위 페이지 목록에서 쉽게 메모를 확인할 수 있습니다. 또한 컴퓨터에서도 확인 가능합니다.

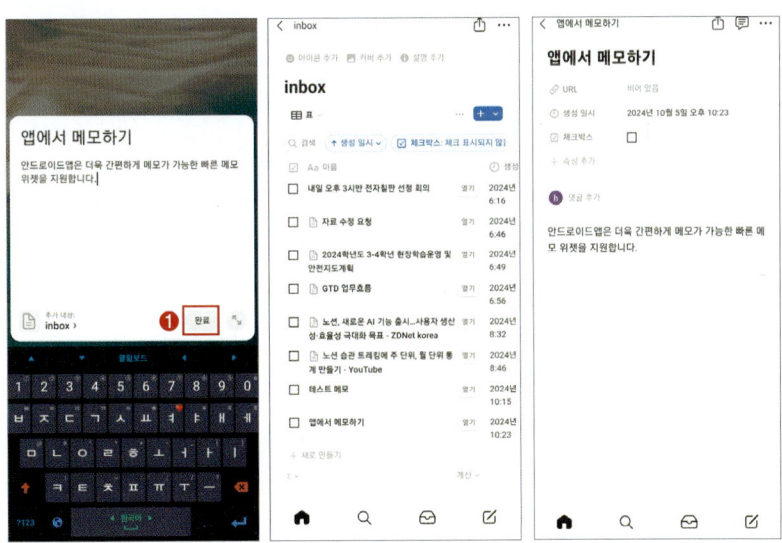

휴대폰 앱의 공유 기능으로 자료 수집하기

휴대폰의 공유 기능을 사용하면 현재 보고 있는 웹사이트, 메시지, 이미지, 영상 등을 쉽게 노션 페이지에 저장할 수 있습니다.
이 방법은 아이폰과 안드로이드폰 모두 동일하게 적용됩니다.

블로그나 뉴스 스크랩하기

01 먼저 스크랩하려는 블로그나 뉴스 페이지를 열어 화면 아래에 있는 ❶[공유] 버튼을 누릅니다. 이제, 공유할 앱으로 노션을 선택합니다. 노션을 설치하고 한 번도 공유를 하지 않은 경우에는 ❷[...(더보기)]를 눌러 ❸노션 앱을 선택합니다. 이후에는 노션 앱이 목록에 바로 나타납니다.

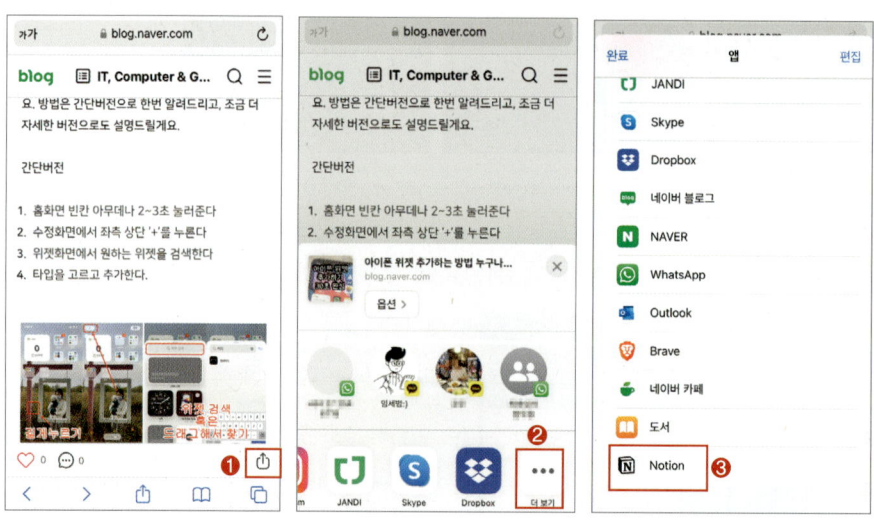

02 ❶[하위 페이지로 추가할 위치]가 inbox 페이지로 지정되어 있는지 확인하고 ❷[저장] 버튼을 누르면 저장 완료 메시지가 팝업으로 나타납니다. inbox 페이지로 이동하면 저장된 페이지를 확인할 수 있습니다.

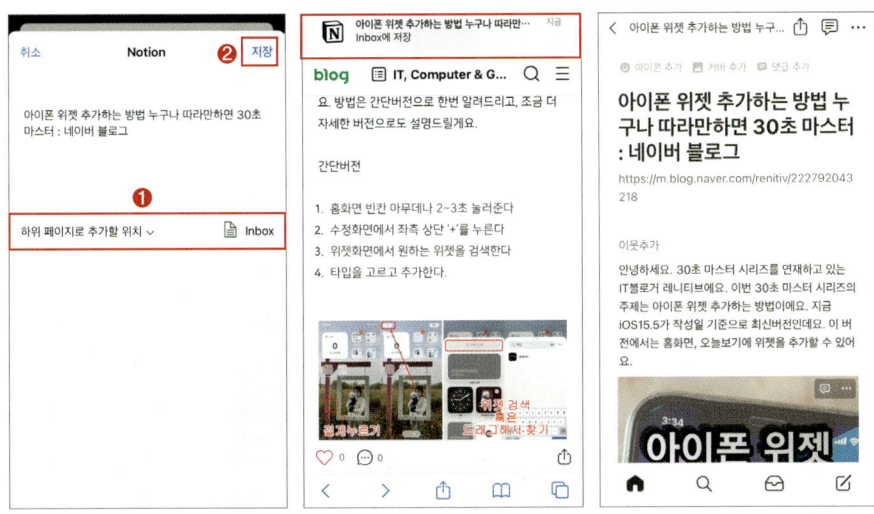

유튜브 영상 스크랩하기

03 유튜브 영상을 스크랩하는 방법도 동일합니다. 스크랩하려는 유튜브 영상으로 접속하여 ❶[공유] 버튼을 누릅니다. 공유할 앱 목록에서 ❷노션을 선택하고 ❸[완료]를 누릅니다.

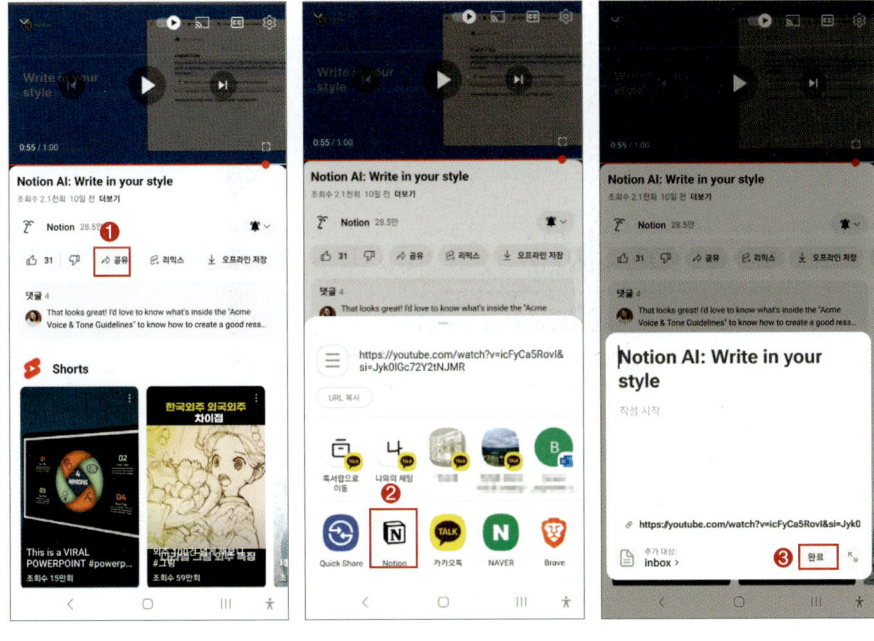

04 상단에 '추가함' 메시지가 나타나면 저장이 완료된 것입니다. 노션 앱을 실행하여 Inbox 데이터베이스를 열어보면, 페이지가 추가된 것을 확인할 수 있습니다. 추가된 페이지를 열면 제목에는 영상의 제목이 표시되고, URL 속성에는 해당 영상의 URL 링크가 입력됩니다. 또한, 페이지 내용에는 바로 재생할 수 있는 유튜브 영상 임베드가 포함되어 있습니다.

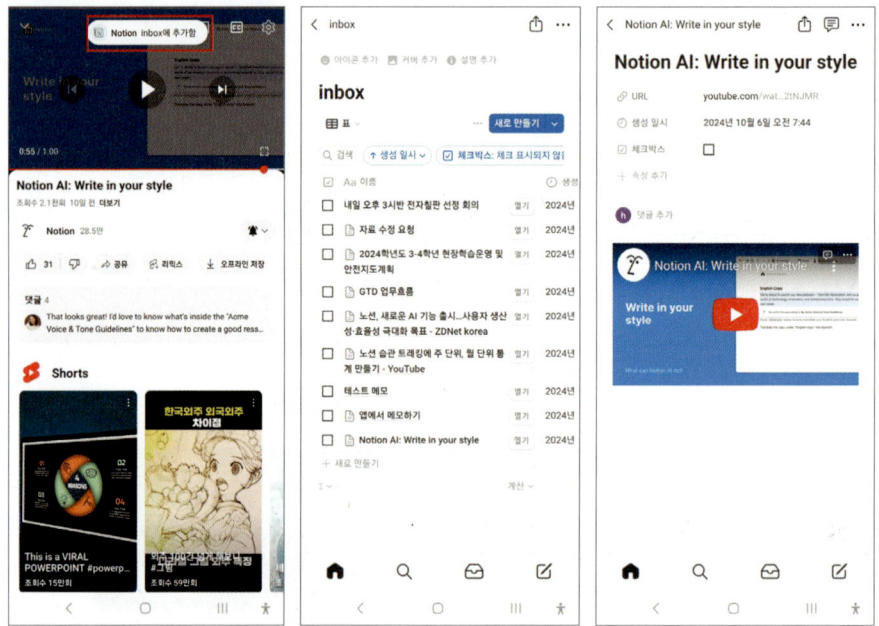

화면 캡처하여 바로 노션으로 보내기

05 화면 캡처에서 공유기능을 사용하면 어떤 내용이든 쉽게 노션에 메모할 수 있습니다. 먼저, 화면을 캡처하고 아래쪽에 나타난 메뉴에서 ❶[공유] 버튼을 누른 후 공유할 앱 목록에서 ❷노션을 선택합니다. 짧게 제목을 입력하고 ❸[완료]를 누르면 저장이 완료됩니다.

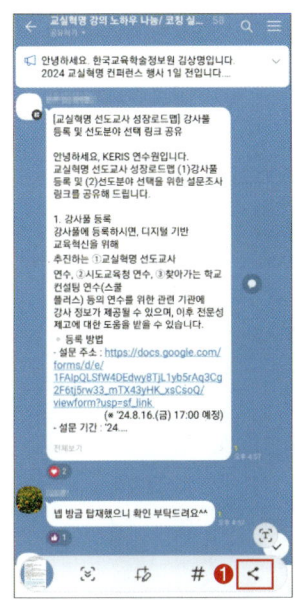  

휴대폰에 저장된 사진과 영상을 노션으로 보내기

06 휴대폰에 저장된 사진이나 영상도 간단하게 노션에 저장할 수 있습니다.

먼저, 사진앱을 실행하고 노션에 저장하려는 사진이나 영상을 길게 누릅니다. ❶함께 보내려는 사진이나 영상을 모두 선택하고 ❷[공유]를 누릅니다. ❸앱 목록에서 노션을 선택합니다.

07 ❹간단히 제목을 입력하고 ❺[완료]를 누르면 저장이 완료됩니다. 저장된 이미지와 영상은 새로운 페이지에 내용으로 추가되고 영상의 경우 바로 재생도 가능합니다.

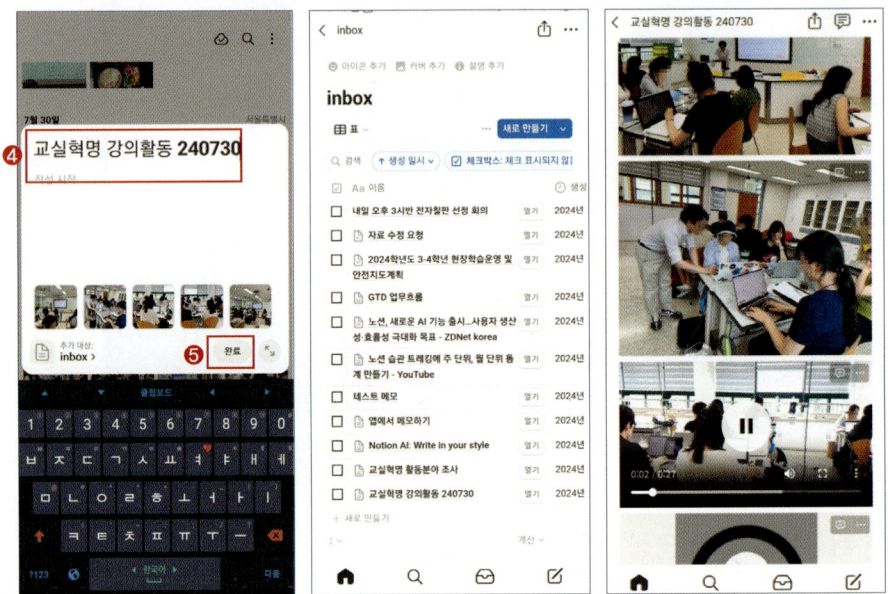

03 교사 업무 효율성 높이는 축적의 힘! 데이터베이스 구축하기

기존 자료 관리 방식의 한계와 문제점

교사의 업무는 행정 자료 정리, 학생 관리, 평가 자료 준비, 학부모 소통 등 다양한 작업을 포함합니다. 이러한 업무를 효율적으로 수행하려면 기존 자료의 체계적인 축적과 활용이 필수적입니다. 과거에는 문서를 복사해 서류철에 보관하고, 인수인계 시에는 방대한 서류를 일일이 전달하는 방식이 일반적이었습니다.

이후 디지털화가 진행되면서 USB나 클라우드 저장소를 활용해 자료를 정리하게 되었지만, 물리적 저장매체의 손상 위험과 클라우드 상에서 자료를 일일이 찾아야 하는 번거로움은 여전히 문제로 남아 있습니다.

▲ 서류철(출처: unsplash)

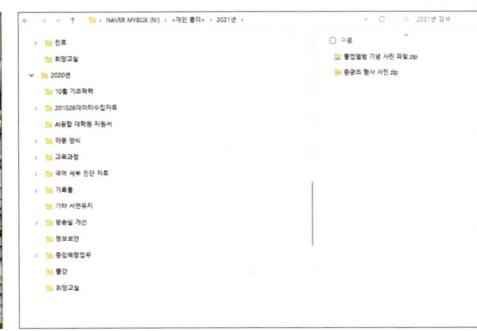
▲ 윈도우의 파일 시스템

최근에는 메모 앱을 사용하여 자료를 정리하는 교사도 늘어나고 있지만, 에버노트와 원노트 같은 메모 앱들은 자료를 체계적으로 분류하고 관리하는 데 있어 한계가 있습니다.

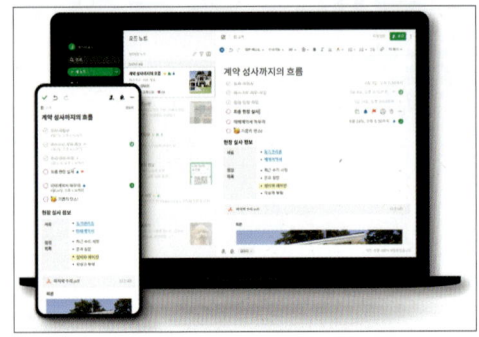
▲ 에버노트(출처 : 에버노트 홈페이지)

▲ 원노트

노션 데이터베이스로 자료를 관리하면 좋은 이유

노션의 데이터베이스 기능은 교사들이 다양한 업무 자료를 체계적으로 관리하는 데 큰 도움을 줍니다. 각 자료에 '자료명', '작성 일시', '업무 분류' 등의 속성을 부여하여 원하는 자료를 손쉽게 검색하고 분류할 수 있어, 자료 활용도를 크게 높일 수 있습니다. 또한, 단순히 자료를 보관하는 것에서 그치지 않고, 업무 분장별, 또는 특정 사업별로 자료를 정리하여 필요할 때마다 쉽게 접근할 수 있습니다.

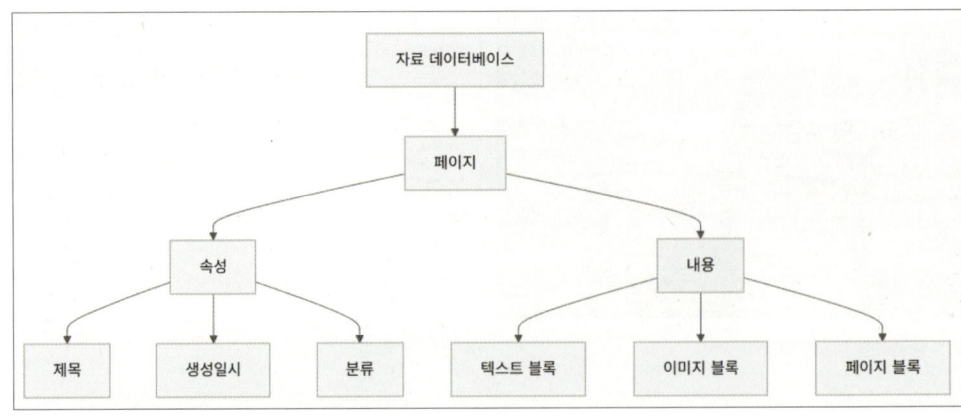
▲ 노션 자료 데이터베이스의 구조

그렇다면 기존의 자료 관리 방법과 비교해, 노션을 사용하면 어떤 점에서 더 유리할까요? 노션이 가진 다섯 가지 장점을 소개합니다.

첫째, 시각적으로 명확한 자료 확인

노션은 텍스트, 표, 체크리스트 등을 자유롭게 배치할 수 있어 각종 업무 자료를 정리하기에 적합합니다. 예를 들어, 공문 처리 내역, 학급 운영 계획서, 행사 일정 등을 한눈에 파악할 수 있도록 정리할 수 있습니다.

둘째, 빠른 검색 기능

노션의 강력한 검색 기능을 통해 필요한 정보를 빠르게 찾아낼 수 있습니다. 과거의 업무 진행 상황이나 특정 행사에 대한 자료를 검색할 때 유용하며, 기존의 폴더 구조보다 훨씬 직관적이고 빠르게 원하는 정보를 확인할 수 있습니다.

셋째, 유연한 정렬 및 분류

노션은 단순한 제목순이나 시간순 정렬을 넘어, 사용자가 설정한 다양한 속성에 따라 자료를 정렬할 수 있습니다. 예를 들어, 행사, 업무분장, 진행 상태 등 원하는 속성을 추가해 종류별, 시간순, 생성 순서 등으로 정렬이 가능합니다. 또한, 이러한 속성을 기준으로 탭, 보드, 그룹화 등의 방식으로 분류하여 체계적으로 자료를 관리할 수 있습니다.

넷째, 손쉬운 자료 공유

노션은 특정 페이지를 링크 형태로 공유할 수 있어, 상대방이 노션 사용자가 아니더라도 웹 페이지 형태로 내용을 확인할 수 있습니다. 만약 상대방이 노션 사용자라면, 편집 권한을 부여하여 공동작업이 가능하며, 댓글 기능을 통해 의견을 나눌 수도 있습니다.

다섯째, 간편한 인수인계

노션에서는 필요한 자료만 선택하여 쉽게 인수인계 자료를 생성할 수 있습니다. 해당 페이지를 상대방과 공유하면, 상대방은 이를 자신의 워크스페이스로 가져가 자유롭게 편집하고 활용할 수 있습니다. 이로 인해 인수인계 과정이 간소화되고, 정보 누락 없이 신속하게 업무를 이어갈 수 있습니다.

노션 데이터베이스를 통해 교사들은 다양한 행정 업무와 관리 자료를 체계적으로 정리하고, 필요할 때마다 빠르게 활용할 수 있습니다. 기존의 메모 앱이나 폴더 정리 방식에 비해 속성 기반 데이터 관리가 가능하므로, 자료의 관리와 활용의 효율성이 크게 향상됩니다. 이를 통해 자료 관리의 부담을 줄이고, 본연의 교육 업무에 집중할 수 있게 됩니다.

노션 데이터베이스는 교사들의 행정 업무를 효율적으로 정리하고, 필요한 정보를 빠르게 찾으며, 협업과 인수인계 과정에서 발생하는 문제를 최소화하는 데 매우 효과적인 도구입니다.

표 레이아웃으로 자료 데이터베이스(DB) 만들기

표는 자료를 관리하기에 가장 효율적인 데이터베이스 레이아웃입니다. 기본적인 표 형태에 몇 가지 속성만 추가하면 간단하게 자료 DB 페이지를 만들 수 있습니다.

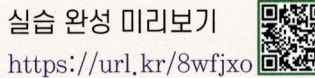

실습 완성 미리보기
https://url.kr/8wfjxo

새로운 표 데이터베이스 페이지 만들기

01 새 페이지를 만들고, 페이지 이름은 '업무 자료'라고 입력했습니다. 하단의 시작하기에서 레이아웃으로 ❶[표]를 선택하고, ❷[+ 새 표]를 클릭합니다.

[태그] 속성 이름을 '업무분류'로 바꾸기

02 제목행에서 ❶[태그] 속성을 클릭하고 메뉴에서 ❷[속성 편집]을 클릭해 보면 유형이 [다중 선택]으로 나타납니다. 다중 선택은 여러 선택지를 입력할 수 있는 속성입니다. 분류를 위해 사용하기에 좋은 속성이므로 ❸속성의 이름만 [업무분류]로 수정해 사용하겠습니다. 입력 후에는 Esc 키를 눌러 속성 편집에서 빠져나옵니다.

[생성 일시] 속성 추가하기

03 [생성 일시] 속성은 언제 자료를 입력했는지 확인하기 위해 필요합니다. 제목행에서 ❶[+](속성 추가)를 클릭하고, 목록 아래쪽으로 스크롤을 내려 ❷[생성 일시]를 선택합니다. 입력 후에는 Esc 키를 눌러 속성 편집에서 빠져나옵니다.

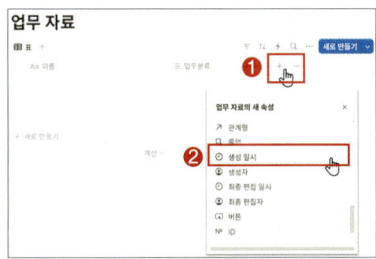 

[최종 편집 일시] 속성 추가하기

04 [최종 편집 일시] 속성은 최근에 문서를 편집한 일시를 나타냅니다. 제목행에서 ❶[+](속성 추가)를 클릭하여 ❷[최종 편집 일시]를 추가합니다. 입력 후에는 Esc 키를 눌러 속성 편집에서 빠져나옵니다.

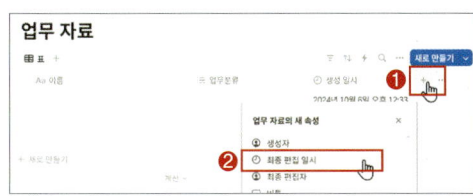 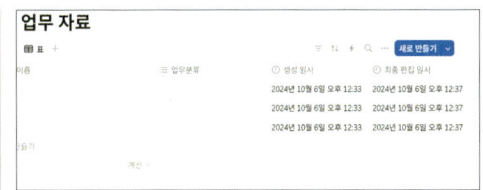

[최종 편집 일시] 기준으로 내림차순 정렬하기

05 업무 자료는 최근에 작업 중인 자료를 먼저 보게 되는 경우가 많으므로 [최종 편집 일시]를 기준으로 내림차순 정렬하면 자료를 찾기 편리합니다. 제목행에서 ❶[최종 편집 일시] 속성을 클릭한 후 ❷[내림차순]을 선택합니다.

페이지 위치 조정하기

06 사이드바에서 [업무 자료] 페이지를 드래그하여 위로 이동시키면 접근하기에 더 편리합니다.

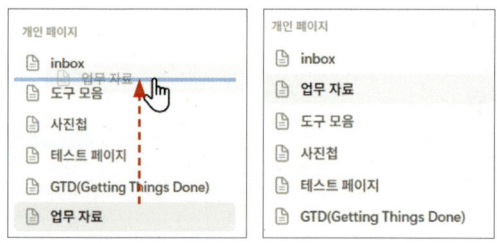

자료 데이터베이스에 새로운 자료 추가하기

업무 자료 페이지에 자료를 추가할 때에는 새로 만들거나, inbox(빠른 메모장)에 있는 파일을 이동시킬 수 있습니다. 또, 파일을 직접 드래그하여 업로드하는 것도 가능합니다.

새로운 만들기로 자료 추가하기

01 페이지 오른쪽 위에 있는 ❶[새로 만들기] 버튼을 클릭하여, ❷제목과 ❸업무분류를 입력하고, ❹내용을 작성합니다.

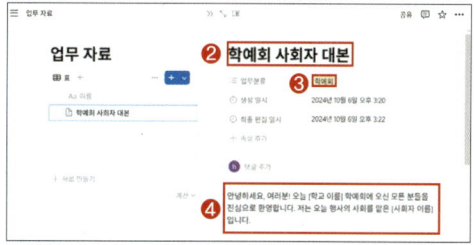

inbox 데이터베이스에서 업무자료 데이터베이스로 이동하기

02 사이드바에서 inbox 데이터베이스 페이지를 선택합니다. 메모 중에서 업무 자료로 이동할 페이지의 왼쪽 부분에 나타나는 ❶[블록 설정(⋮⋮)] 버튼을 드래그하여 사이드바에 있는 [업무 자료] 페이지로 이동시킵니다. 사이드바에서 업무자료 데이터베이스 페이지를 다시 선택합니다. 이동한 페이지에 비어있는 ❷업무분류 속성 칸을 클릭하여 적절한 분류 키워드를 입력합니다.

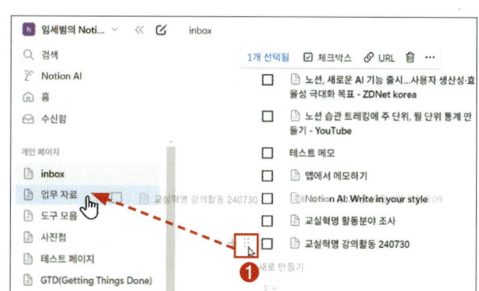
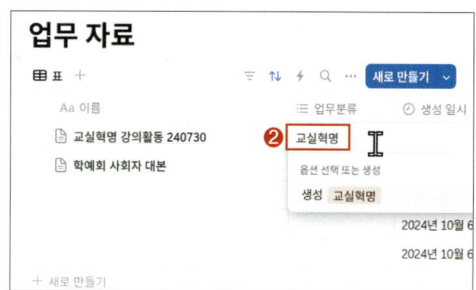

파일을 직접 드래그 하기

03 파일을 탐색기에서 드래그하면, 파일 이름으로 페이지가 생성됩니다. 이후 적절한 업무분류를 입력해 줍니다.

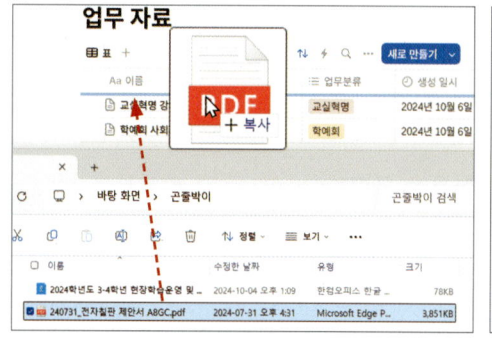
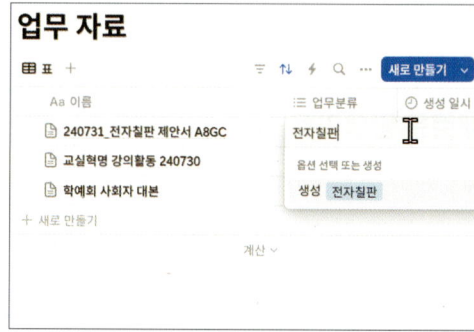

검색 기능으로 폴더처럼 활용하기

노션에서는 별도의 폴더를 만들 필요 없이, 검색 기능을 통해 관련된 자료만 선택적으로 볼 수 있습니다. 또한 검색 상태에서 추가, 삭제, 편집 등이 가능합니다.

검색 키워드 설정하기

01 페이지 오른쪽 위에 있는 ❶[🔍](검색)을 클릭하고 ❷검색하려는 단어를 입력합니다. 검색된 페이지는 ❸[열기]를 눌러 편집할 수 있습니다.

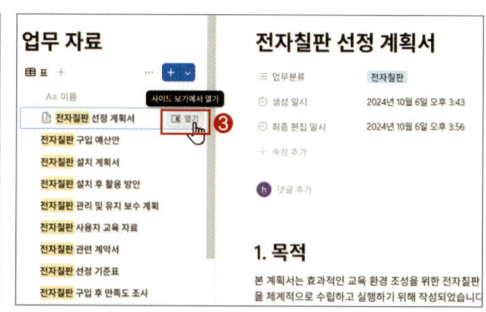

일괄 편집하기

02 제목행 가장 왼쪽에 있는 ❶[전체선택 체크박스]를 클릭하면 검색 결과를 한 번에 선택할 수 있습니다. 그리고 원하는 속성을 일괄 편집하거나, 삭제하는 것이 가능합니다.

검색 취소하기

03 검색이 끝난 후에는 다시 ❶[🔍](검색)을 열어 ❷[X](취소)를 클릭합니다. 그러면 검색이 취소되고 원래의 목록으로 돌아올 수 있습니다.

노션 데이터베이스에 공문서 저장하고 공유하기

다른 업무에 참고하거나, 다른 사람과 공유하기 위해 노션의 데이터베이스를 활용하면 편리합니다.

공문에서 중요한 부분 캡처하기

01 K-에듀파인에 접속하여 저장하려는 공문을 열고 본문에서 중요하다고 생각하는 부분을 캡처합니다. 키보드로 캡처 단축키인 [윈도우 + Shift + S]를 누르고 마우스로 필요한 부분을 드래그하면 화면이 캡처되어 클립보드에 저장됩니다.

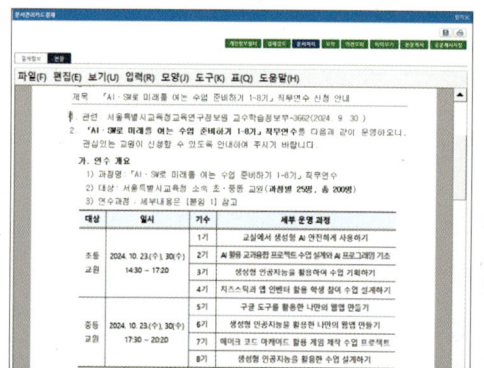
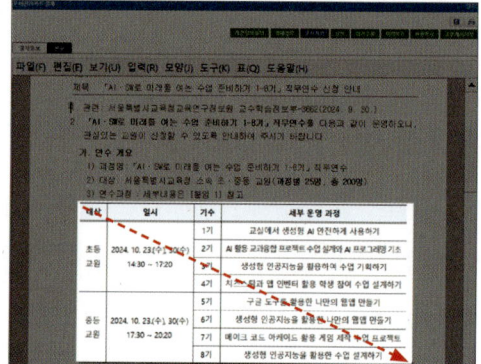

PDF 파일로 자료 데이터베이스에 저장하기

02 오른쪽 위에 있는 ❶[저장] 버튼을 눌러서 본문과 첨부파일을 ❷배포(PDF 형식)으로 바탕화면 등에 [새 폴더]로 저장합니다. 하나의 페이지에 모으기 위해, 저장된 파일 중에서 ❸본문(PDF) 파일만 드래그하여 노션 업무자료 데이터베이스에에 넣습니다.

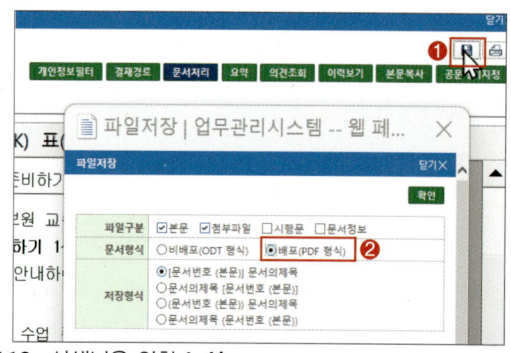

03 생성된 페이지를 열어서 나머지 첨부파일도 드래그합니다. 이때에는 여러 파일을 동시에 드래그하여도 좋습니다. 마지막으로 업무분류를 입력하고 첨부파일 아래에 캡처한 공문 일부를 붙입니다(Ctrl + V). 바로 확인할 내용을 캡처하여 넣어두면 나중에 자료를 열었을 때 중요 부분을 빠르게 확인할 수 있고, 다른 사람에게 공유하는 경우 핵심을 빠르게 전달할 수 있습니다.

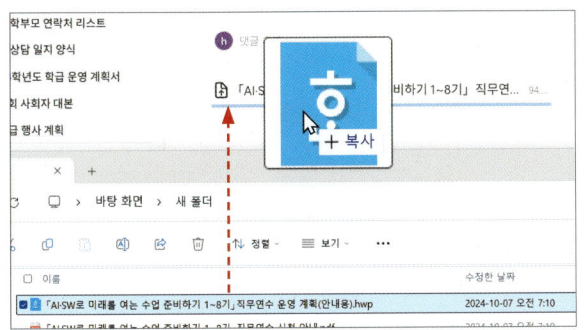
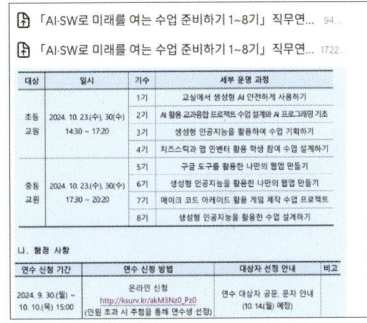

10초 만에 업무 자료 인수인계 끝내기

맡은 업무 자료를 노션에 모아두면, 학년말에 업무가 변경되었을 때 다음 업무 담당자에게 간편하게 자료를 전달할 수 있습니다.

빈 업무 데이터베이스 만들기

01 사이드바에서 ❶[업무 자료] 페이지를 오른쪽 버튼으로 클릭하고, 메뉴에서 ❷[복제]를 선택합니다. 그리고 ❸[콘텐츠 제외 복제]를 클릭합니다. 그러면, 업무자료 데이터베이스와 형태는 같지만, 내용이 없는 빈 데이터베이스 페이지가 만들어 집니다. 인수인계 페이지의 제목을 알맞게 입력합니다.

전달하려는 자료(페이지) 복제하기

02 업무 자료 데이터베이스에서 업무 분류를 넣어 ❶[검색]한 후 ❷[전체 선택] 버튼을 체크합니다. Alt 키를 누른 상태로 선택된 페이지 중 하나의 ❸[블록 설정(∷)] 버튼을 드래그하여 사이드바에 있는 [업무 자료] 페이지로 복사합니다. Alt 키를 누르지 않으면 이동이 되므로 주의합니다. (만약, 실수로 이동했을 경우에는 Ctrl + Z 를 눌러 실행 취소합니다.)

공유 링크 전달하기

03 인수인계 페이지를 열어보면 선택한 페이지들이 복제되어 있습니다. 이제 [게시]하고 공유 링크를 복사하여 다음 업무 담당자에게 메신저로 전달합니다.

04 노션으로 교사의 할 일 관리하기

실습 완성 미리보기
https://url.kr/l115rm

보드 데이터베이스로 할 일 만들기

노션 데이터베이스에서 제공하는 [보드] 레이아웃을 활용하면, 할 일을 쉽게 관리할 수 있습니다. 또한, 할 일 관리를 위한 별도의 앱이나 서비스를 사용하는 것보다 편리합니다. 보드, 캘린더, 표 등 원하는 형태의 레이아웃을 추가할 수 있고, 원하는 순서로 정렬하거나 필요한 자료만 필터를 걸어 보는 것도 클릭 한 두 번으로 가능합니다.

새로운 보드 데이터베이스 페이지 만들기

01 새 페이지를 만들고, 페이지 이름은 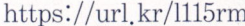'할 일'로 입력했습니다. 하단의 시작하기에서 [더보기(...)]를 클릭하고 ❸[보드]를 선택한 후, ❹[+ 새 보드]로 시작합니다.

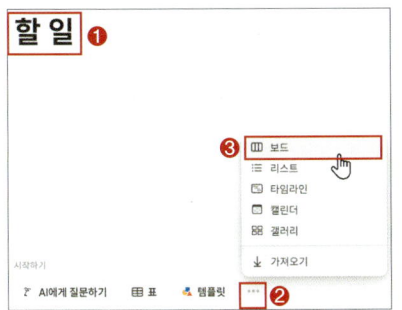
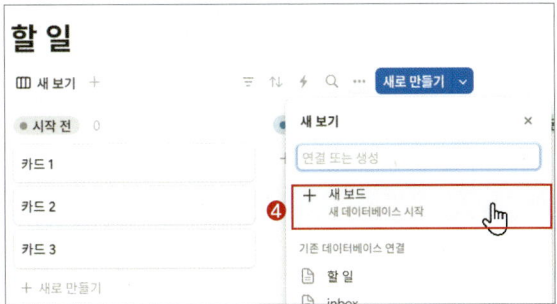

필요한 속성 설정하기

02 사용하지 않는 담당자 속성은 삭제하고, 언제부터 언제까지 해야하는 일인지 표시할 수 있도록 [날짜] 속성을 추가하겠습니다. 여러 단계가 있는 업무 프로젝트를 위해 [선택] 속성도 추가합니다.

먼저, 페이지 오른쪽에 있는 ❶보기 [설정(…)] 메뉴를 누르고 ❷[속성]을 클릭합니다. 사용하지 않을 ❸[담당자] 속성을 클릭합니다.

03 ❹[속성 삭제]를 클릭하고 ❺[삭제]를 선택합니다.

 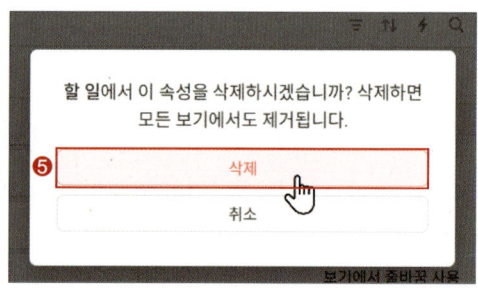

04 이제, 할 일 기한을 입력할 속성을 추가해 보겠습니다. 속성 메뉴에서 ❶[+ 새 속성]을 누르고, ❷[날짜] 속성을 선택하여 추가합니다.

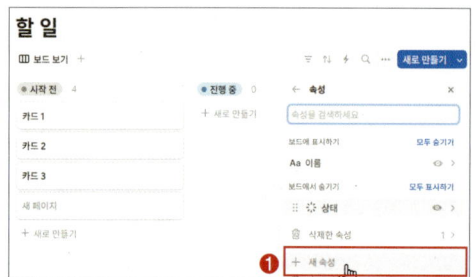 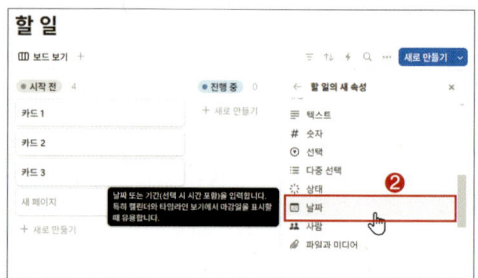

05 ❸ 속성의 이름으로 '기한'을 입력합니다. 이제 Esc 키를 눌러 메뉴를 닫으면 속성 설정이 완료되었습니다.

06 같은 방법으로 [선택] 속성을 추가하고, 속성의 이름을 '프로젝트'로 입력합니다.

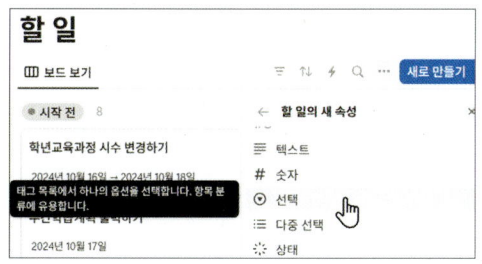

할 일 페이지를 목록에서 상단으로 이동시키기

07 새로운 페이지는 목록 가장 아래에 있으므로, 사용하기 편리하도록 페이지 목록에서 [할 일]을 상단으로 드래그하여 이동시켜두면 편리합니다.

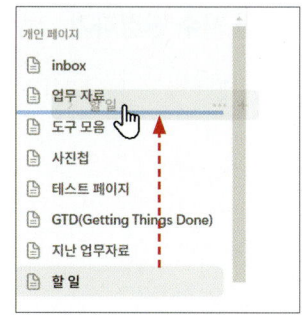
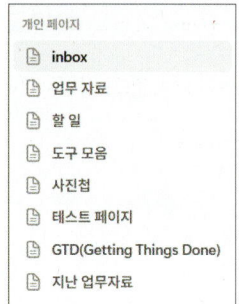

보드 데이터베이스로 할 일 관리하기

이제 완성된 [할 일] 데이터베이스 페이지를 사용해 보겠습니다. 사용방법은 단순하고 직관적입니다.

새로운 할 일(하위 페이지) 추가하기

01 페이지 오른쪽에 있는 ❶[새로 만들기]를 클릭하면 새로운 페이지가 서랍형태로 열립니다. 페이지 제목에 할 일이 무엇인지 ❷입력합니다.

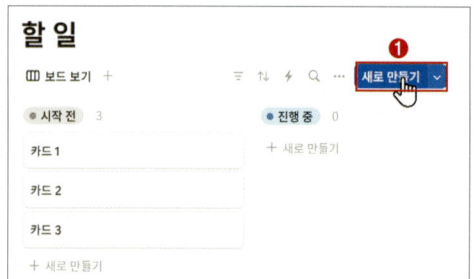 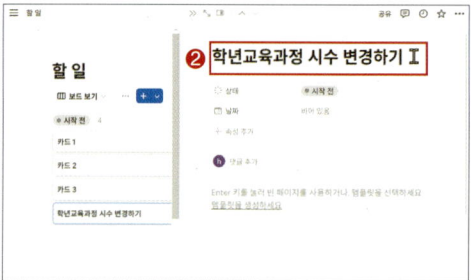

날짜(하루) 입력하기

02 페이지의 날짜 속성에서 ❶[비어 있음]을 클릭하여 ❷날짜를 선택하고 Esc 키를 누르면 날짜 입력이 완료됩니다.

기간으로 날짜 입력하기

03 기간으로 날짜를 입력하려는 경우에는 기한 속성에서 ❶[종료일]을 활성화한 후 ❷끝 날짜를 선택하고 Esc 키를 눌러 메뉴를 닫습니다. 이렇게 날짜가 입력된 할 일 페이지는 데이터베이스에서 날짜가 나타나게 됩니다.

할 일 삭제하기

04 불필요한 할 일(하위 페이지)은 ❶오른쪽 버튼을 클릭한 후 ❷[삭제]를 선택하면 선택된 페이지가 삭제됩니다. 다음과 같이 페이지 목록 밖에서 드래그를 시작하면, 여러 페이지를 동시에 선택한 후 한 번에 삭제하는 것도 가능합니다.

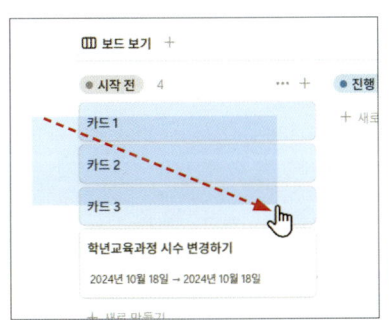 

할 일 [상태] 변경하기

할 일 페이지의 상태는 다른 상태 열로 드래그하거나 페이지를 열어 속성값을 변경하여 변경할 수 있습니다.

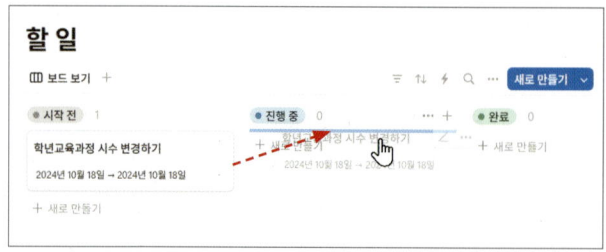

캘린더 레이아웃을 추가하여 할 일 관리하기

할일 데이터베이스에 캘린더 레이아웃을 추가하면 전체적인 일정을 살피거나 날짜를 변경하기에 편리합니다.

캘린더 레이아웃 추가하기

01 [보드 보기] 옆에 있는 ❶[보기 추가(+)] 버튼을 클릭하고 ❷캘린더를 선택합니다. 페이지 제목 아래에 [캘린더] 레이아웃으로 볼 수 있는 ❸[캘린더] 탭이 추가된 것을 확인할 수 있습니다.

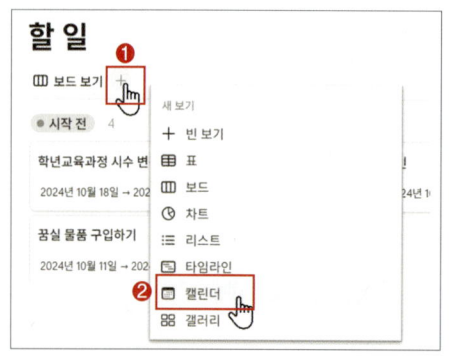
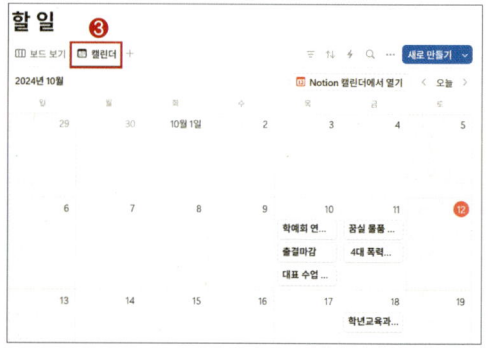

캘린더 보기에서 상태 속성 표시하기

02 캘린더 보기에서도 상태와 같은 하위 페이지의 속성을 표시할 수 있습니다. 데이터베이스 페이지의 ❶보기 [설정(...)]을 클릭하고, ❷[속성] 메뉴를 엽니다. 상태 속성의 ❸눈 모양을 클릭하여 활성화 합니다.

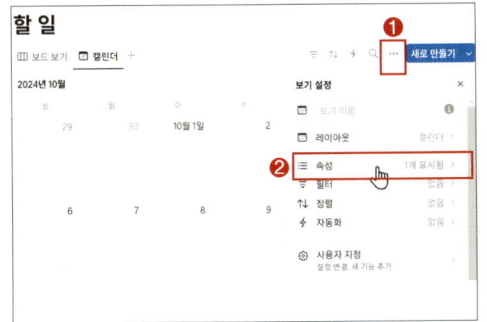 

03 Esc 키를 눌러 메뉴를 빠져나오면, 캘린더 보기에서도 상태를 볼 수 있습니다.

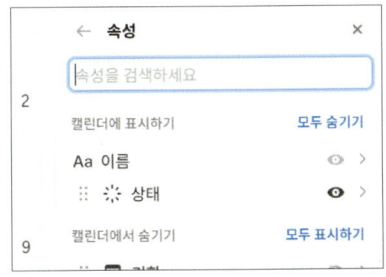 

캘린더 보기에서 날짜 변경하기

04 캘린더 레이아웃에서는 드래그하는 것만으로도 페이지의 날짜를 쉽게 변경할 수 있습니다.

05 또, 페이지의 좌우 테두리를 늘리면 시작일과 종료일을 자동으로 설정할 수 있습니다.

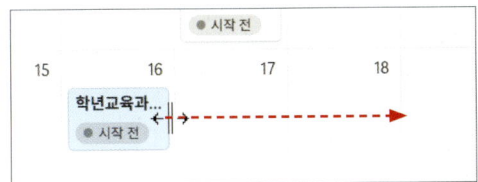 

Chapter 02 **노션 데이터베이스 교사 업무에 활용하기** 119

반복되는 할 일 복제하기

06 반복되는 할 일은 Alt 키를 누른 상태로 드래그하여 쉽게 복제할 수 있습니다. 예를 들어, 매주 목요일마다 [주간학습계획 출력하기]를 등록한다면 Alt +드래그를 반복해서 여러 번의 반복되는 할 일도 추가할 수 있습니다.

표 레이아웃을 추가하여 할 일 관리하기

캘린더 레이아웃을 추가하는 것과 같은 방법으로 표 레이아웃을 추가하면, 할 일의 속성을 한 눈에 볼 수 있어 편리합니다.

표 레이아웃 추가하기

01 [보드 보기] 옆에 있는 ❶[보기 추가(+)] 버튼을 클릭하고 ❷[표]를 선택합니다. 이제 페이지 제목 아래에 [표] 레이아웃으로 볼 수 있는 탭이 추가되었습니다.

02 추가된 탭을 선택하고, 제목행에서 각 속성 칸의 순서나 너비를 자신이 보기 편한 배치로 수정합니다.

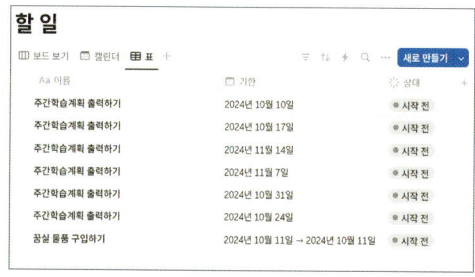
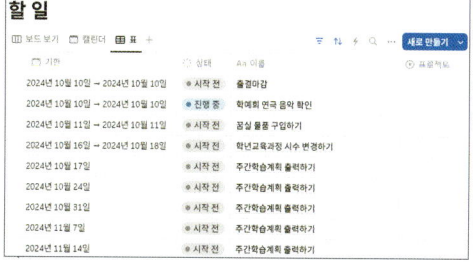

빠른 날짜부터 보기(정렬)

03 데이터베이스 페이지 오른쪽 위에 있는 ❶[정렬]을 클릭하고 ❷[기한(날짜 속성)]을 클릭하면, 빠른 날짜부터 정렬하여 볼 수 있습니다.

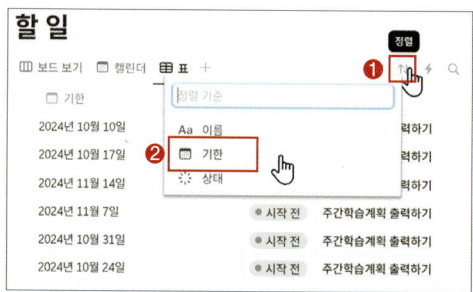
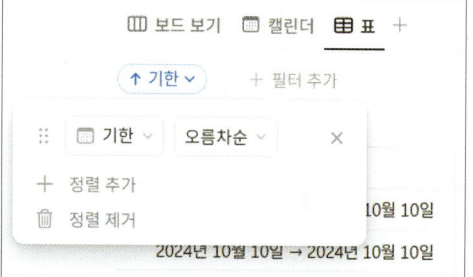

완료된 할 일 숨기기(필터)

04 정렬 버튼 왼쪽에 있는 ❶[필터] 버튼을 클릭하고, ❷[상태]를 선택합니다. 필터 설정 위를 보면 [값과 동일한 데이터]가 기본적으로 보이도록 설정된 것을 확인할 수 있습니다. ❸[시작 전]과 [진행 중]을 선택하면, 선택되지 않은 [완료]는 숨겨집니다.

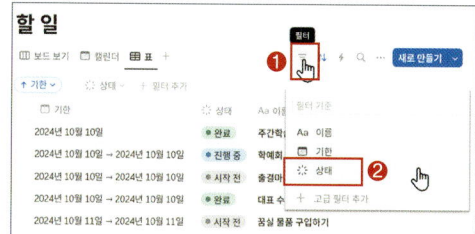

05 노션 일정 관리

노션은 일정과 관련된 다양한 기능을 제공합니다. 캘린더 레이아웃에서는 일정을 간단히 추가, 변경, 복제할 수 있습니다. 또한 월 단위 레이아웃 뿐 아니라, 일주일 단위 레이아웃으로 나타낼 수도 있습니다. [날짜] 속성에서는 종료일을 지정하거나, 시간을 설정할 수 있습니다. 리마인더를 활성화하면 특정 시간에 알림을 받는 것도 가능합니다.

실습 완성 미리보기
https://url.kr/nnu192

캘린더 데이터베이스로 일정 만들기

기본적인 캘린더 데이터베이스 페이지를 일정 관리를 목적으로 만들어 보겠습니다.

새로운 캘린더 데이터베이스 페이지 만들기

01 새 페이지를 만들고, 페이지 이름은 ❶'일정'이라고 입력합니다. 하단의 시작하기에서 ❷[더보기(...)]를 클릭하고 ❸[캘린더]를 선택한 후, ❹[+ 새 캘린더]로 시작합니다.

메모(텍스트) 속성 추가하기

02 속성을 추가하여, 캘린더에서 하위 페이지의 제목과 메모가 함께 나타나도록 해 보겠습니다. 먼저, 페이지 오른쪽에 있는 ❶[보기 설정(…)] 메뉴를 누르고 ❷[속성]을 클릭하여 ❸[+ 새 속성]을 선택합니다.

03 ❹[텍스트] 속성을 선택하여 추가하고, ❺속성의 이름은 '메모'로 입력합니다. 입력이 완료되면 Esc 키를 눌러 메뉴를 닫습니다.

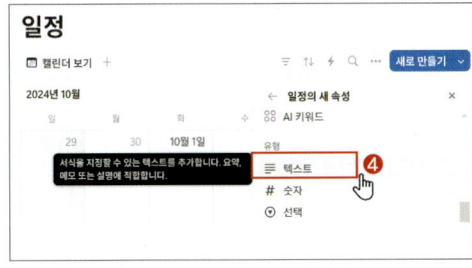 

일정 페이지를 목록에서 상단으로 이동시키기

04 새로운 페이지는 목록 가장 아래에 있으므로, 사용하기 편리하도록 페이지 목록에서 [일정]을 상단으로 드래그하여 이동시켜두면 편리합니다.

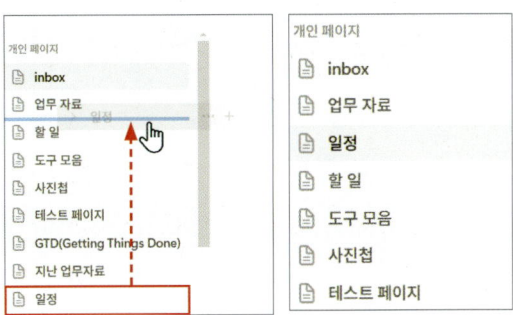

캘린더 데이터베이스로 일정 관리 하기

앞서 다루었던 [할 일] 데이터베이스의 [캘린더 보기]와 마찬가지로 캘린더 데이터베이스도 간단하게 새로운 일정을 추가, 변경하거나, 기존 일정 페이지를 복제할 수 있습니다.

새로운 일정(하위 페이지) 추가하기

01 캘린더에서 ❶[새로 만들기]를 누르거나, 원하는 날짜 칸에서 ❷항목 추가(+)를 클릭하여 새로운 일정(하위 페이지)를 추가할 수 있습니다.

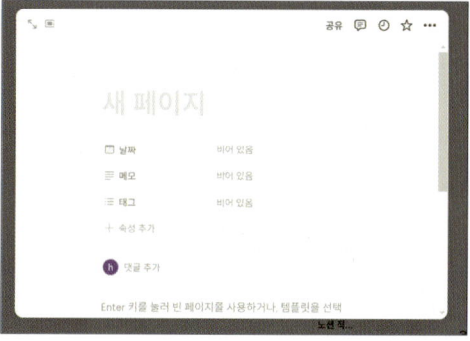

페이지에 필요한 정보 입력하기

02 일정 페이지에서 ❶제목과 ❷날짜, ❸메모를 입력합니다. Esc 키를 눌러 페이지 입력을 마치면, 캘린더 해당 날짜에 페이지의 제목과 메모가 나타납니다.

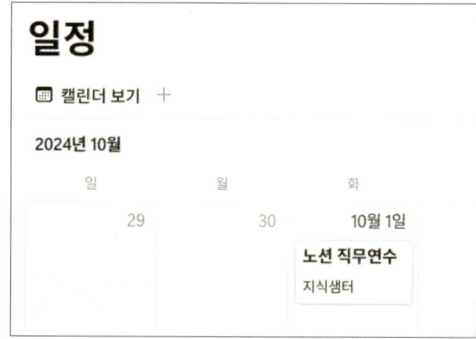

메모에 URL 링크 추가하기

03 메모(텍스트) 속성에는 텍스트뿐만 아니라, 웹 페이지를 열 수 있는 URL 링크도 추가할 수 있습니다.

웹브라우저에서 URL 링크를 복사(Ctrl + C) 하여, 페이지의 ❶메모 속성에 붙여(Ctrl + V) 넣습니다. 캘린더 데이터베이스 화면에서 ❷해당 URL을 클릭하면, 바로 해당 사이트를 열 수 있습니다.

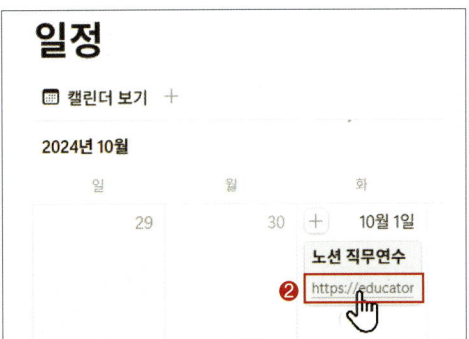

일정 이동, 복제

04 일정 페이지를 다른 날짜로 드래그하면 해당 페이지는 날짜가 변경됩니다.

Alt 키를 누른 상태로 드래그하면 같은 내용의 페이지가 날짜만 달리하여 복제됩니다.

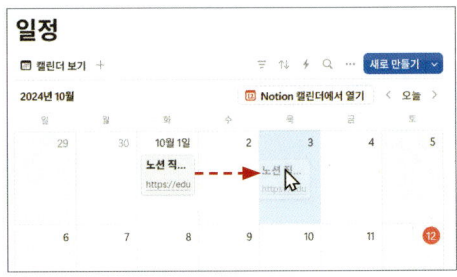
▲ 드래그하여 이동하기

▲ Alt + 드래그하여 복제하기

일정 삭제

05 일정은 오른쪽 버튼을 클릭하여 삭제하거나, 빈 곳에서부터 드래그하여 선택한 후 `Del` 키를 눌러 삭제할 수 있습니다. 한꺼번에 여러 일정을 동시에 드래그하여 선택한 후 삭제하는 것도 가능합니다.

종료일(기간) 설정하기, 종료일이 있는 페이지의 이동

06 페이지의 좌, 우 테두리를 드래그하면 여러 날짜에 걸쳐 일정을 설정할 수 있습니다. 날짜 속성은 시작일이 기본값이므로, 드래그하여 이동하게 되면 이동한 날짜가 시작일이 됩니다.

날짜 속성으로 시간, 리마인더(알림) 설정하기

페이지의 날짜 속성에 시간을 추가하면 캘린더에서 시간을 확인할 수 있어 편리합니다. 또, 원하는 시간에 휴대폰 앱에서 리마인더(알림)을 받을 수도 있습니다.

날짜 속성에 시간 입력하기

01 캘린더에서 새로운 페이지를 추가하고, 날짜 속성을 열어 ❶[시간 포함]을 활성화 합니다. ❷시간 입력 창에 임의로 입력된 시간을 지우고 원하는 시간을 24시간 시계를 기준으로 네 개 숫자를 입력합니다. 예를 들어서 오후 10시 40분이라면 ❸'2240'으로 입력합니다.

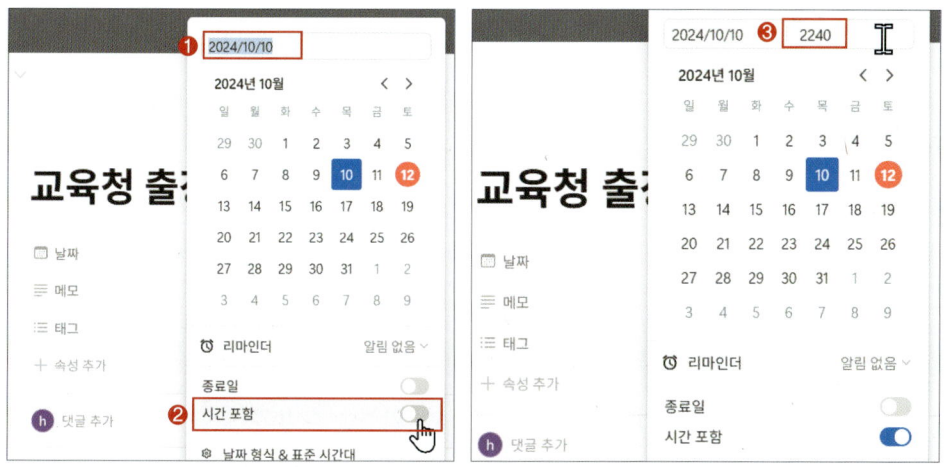

02 Esc 키를 눌러 입력을 완료하면 페이지의 날짜 속성에 시간이 표시됩니다. 캘린더에서도 페이지 제목 옆에 시간이 표시된 것을 확인할 수 있습니다.

Chapter 02 노션 데이터베이스 교사 업무에 활용하기

리마인더(알림) 설정하기

03 시간이 포함되지 않은 경우에는 오전 9시를 기준으로 당일, 하루 전, 이틀 전, 일주일 전으로 리마인더를 설정할 수 있습니다. 시간이 포함된 경우에는 입력된 시간부터 5분 전, 30분 전, 하루 전 등 다양한 설정이 가능합니다.

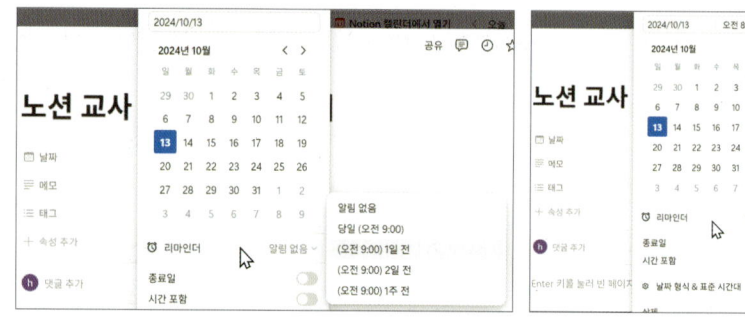

▲ 시간이 포함되지 않은 날짜의 리마인더(알림)   ▲ 시간이 포함된 날짜의 리마인더(알림)

리마인더(알림) 확인하기

04 지정된 시간이 되면 노션 웹의 [수신함]에 리마인더가 있음을 알리는 빨간 숫자가 나타납니다. ❶[수신함]을 클릭하여 리마인더를 확인한 후에는 ❷보관처리하여 알림을 숨길 수 있습니다.

노션 모바일 앱에서는 문자 수신과 유사하게 알림이나 진동과 함께 알림 메시지를 받을 수 있습니다. 노션 웹과 마찬가지로 [보관] 처리하여 알림을 숨길 수 있습니다.

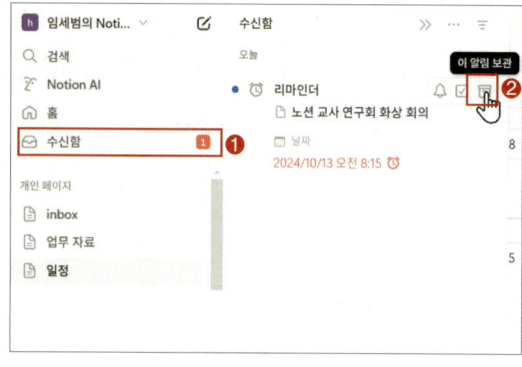 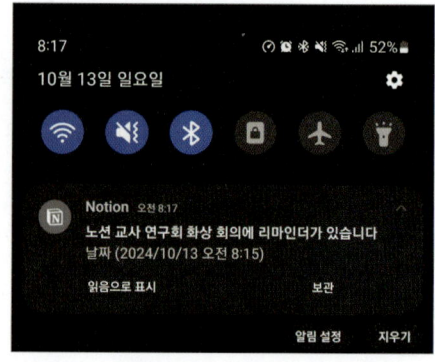

▲ 노션 웹에서 리마인더(알림) 확인   ▲ 노션 모바일 앱에서 리마인더(알림) 확인

주 단위 캘린더 레이아웃을 추가하여 일정 관리하기

캘린더 레이아웃은 기본적으로 한 달 단위로 볼 수 있지만, 설정을 변경하면 일주일 단위로 보는 것도 가능합니다.

새로운 캘린더 레이아웃 추가하기

01 일정 데이터베이스 페이지의 [캘린더 보기] 오른쪽 ❶[보기 추가(+)]를 클릭하고 ❷캘린더를 선택합니다. 생성된 새로운 ❸캘린더를 클릭하여 ❹[보기 편집]을 누릅니다.

캘린더 표시 기준을 주 단위로 변경하기

02 보기 설정이 열리면 ❶보기의 이름을 '일주일 보기'로 입력하고, ❷[레이아웃] 메뉴를 엽니다. 레이아웃 메뉴에서 ❸캘린더 표기 기준을 클릭하여 ❹[주]를 선택합니다. ❺페이지 제목 줄바꿈을 활성화하면 페이지 제목이 긴 경우 생략되지 않게 할 수도 있습니다.

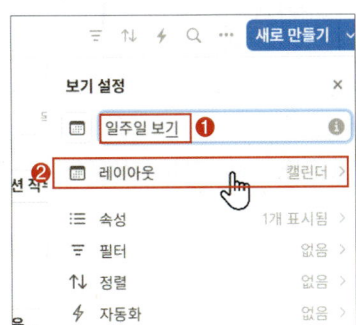 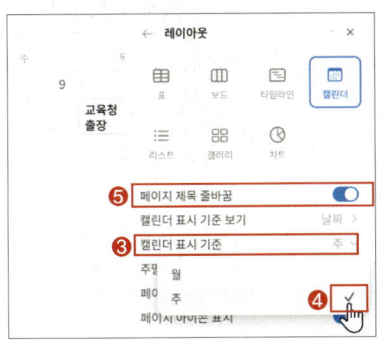

03 주 단위 보기로 설정하면 ❻날짜 이동 버튼을 클릭한 경우 일주일 단위로 이동하게 됩니다.

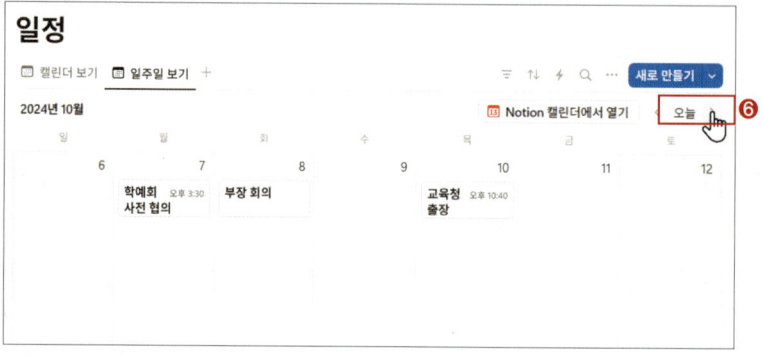

표 레이아웃으로 일정 빨리 찾기

캘린더는 일주일이나 한 달이라는 특정 기간을 보여주는 레이아웃이기 때문에 검색하여도 해당 기간으로 이동하지 않으면 원하는 페이지를 찾기 어렵습니다. 그러나, 표 레이아웃을 추가하면 빠르게 일정을 찾을 수 있습니다.

새로운 표 레이아웃 추가하기

01 일정 데이터베이스 페이지의 [캘린더 보기] 오른쪽 ❶[보기 추가(+)]를 클릭하고 ❷[표]를 선택합니다. ❸제목행의 속성칸을 드래그하여 원하는 순서와 너비로 조정합니다.

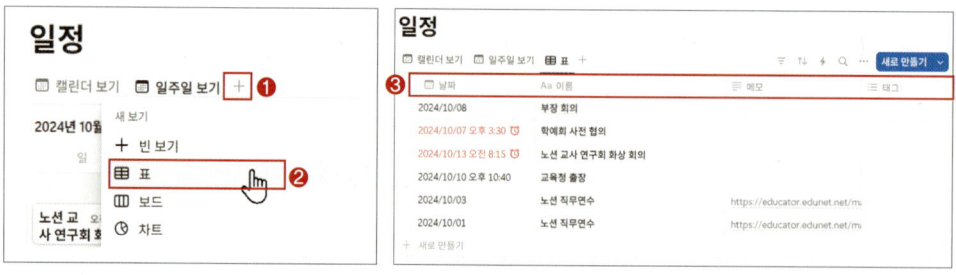

빠른 날짜부터 정렬하기

02 제목행에서 ❶날짜 속성을 클릭하여 ❷오름차순을 선택합니다.

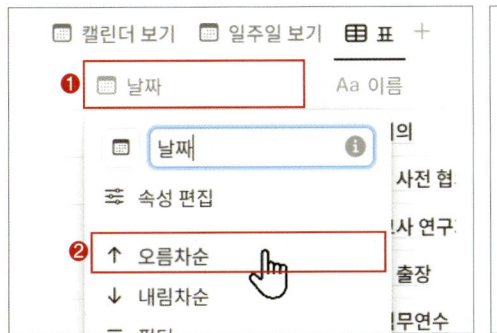 

원하는 일정 검색하기, 일정 편집하기

03 검색창에 키워드를 입력하면 원하는 일정만 빠르게 검색이 가능합니다. 하나의 페이지를 열거나, 여러 페이지들을 선택하여 일괄 편집하는 것도 가능합니다.

 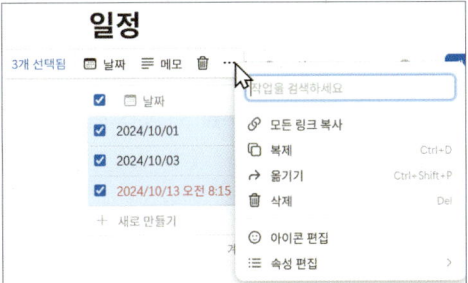

노션 캘린더 앱에서 보기

노션 캘린더는 노션과는 별개의 서비스로 2023년 9월 크론(Cron)이라는 캘린더 및 일정 관리 어플리케이션을 인수하여 만들어졌습니다. 노션 캘린더에서는 여러 캘린더를 한눈에 살펴보는 것이 가능하고, 편리한 웹 페이지와 앱 위젯을 제공합니다.

노션 캘린더에 추가하기

01 노션 캘린더 웹에 추가하려는 캘린더 레이아웃에서 ❶[Notion 캘린더에서 열기]를 클릭합니다. 노션 캘린더 웹이 열리면서 현재 캘린더 레이아웃이 노션 캘린더에 추가됩니다. 같은 방법으로 할 일 캘린더 보기와 같은 다른 캘린더 레이아웃도 [Notion 캘린더에서 열기]를 클릭하여 캘린더에 추가할 수 있습니다. 추가가 완료되면 사이드바에서 ❷캘린더를 클릭하여 노션 캘린더 페이지를 열 수 있습니다.

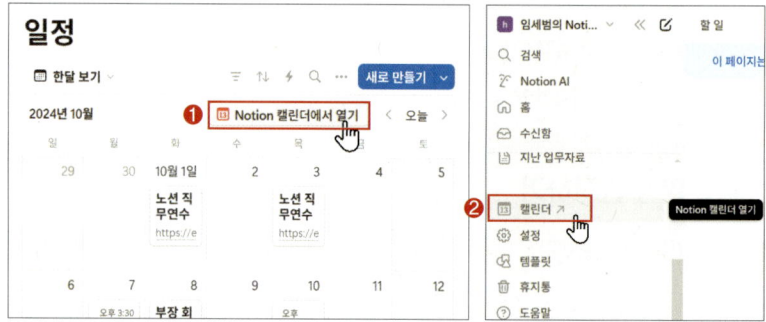

노션 캘린더에서 숨기기

02 노션 캘린더에서 해당 일정 오른쪽에 있는 ❶눈 모양 버튼을 클릭하면 일정을 숨길 수 있습니다.

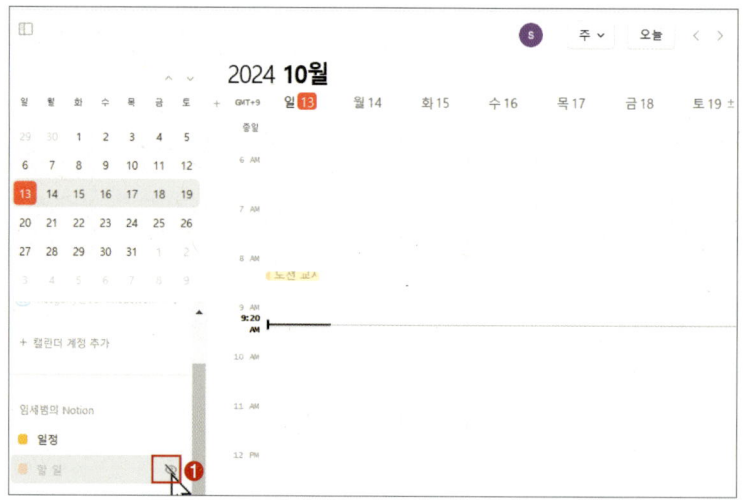

노션 캘린더 모바일 앱에서 보기

03 앱스토어나 플레이스토어에서 노션 캘린더 앱을 검색하여 설치하고, 노션과 동일한 구글 계정으로 로그인합니다. 만약 노션 계정이 구글 계정이 아닌 경우에는 다른 구글 계정으로 로그인 합니다.

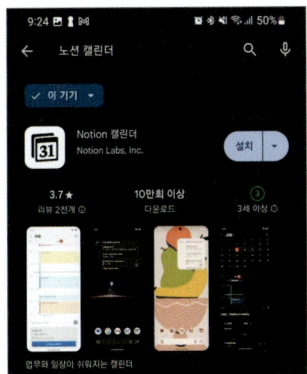

04 노션 캘린더에서는 한 화면에 최대 3일까지 볼 수 있고 좌우로 스크롤이 가능합니다. 노션 위젯을 추가하면 홈 화면에서 바로 일정을 확인할 수 있어 편리합니다.

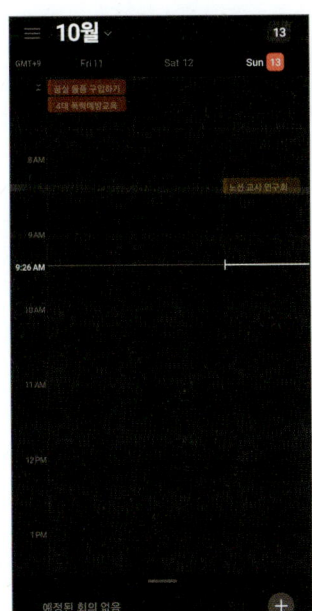

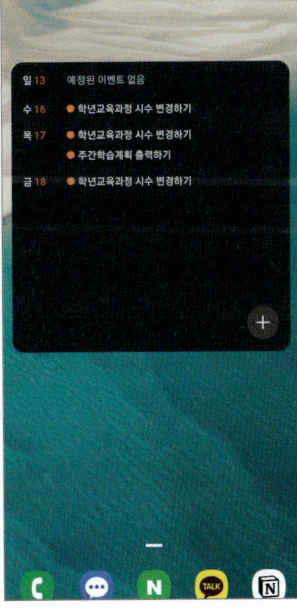

▲ 노션캘린더 위젯이 추가된 화면

06 스트레스를 줄이는 G.T.D 업무 흐름

매일 아침, 교실 문을 열기도 전에 해야 할 일들이 머릿속을 가득 채웁니다. 수업 준비, 학부모 상담, 각종 행사, 부서 업무까지 쉴 새 없이 밀려오는 일들 속에서 생각을 정리하는 일은 쉽지 않습니다. 그 사이 새로운 회의에서 전달받은 사항, 메신저에 도착한 알림, 교감 선생님의 전화까지 놓치지 않고 기록해야 하는 상황. 머릿속은 점점 복잡해지고, 점점 더 많은 일이 쌓여갑니다. 이런 상황에서 어떻게 해야 스트레스를 줄이면서도 모든 일을 빠짐없이 정리하고 처리할 수 있을까요?

G.T.D(Getting Things Done) 업무흐름이란?

G.T.D(Getting Things Done)는 David Allen이 개발한 업무 관리 및 생산성 향상 방법론입니다. 국내에서는 '쏟아지는 일 완벽하게 해내는 법'이라는 책으로 출간되었습니다. G.T.D는 복잡한 일과 정보를 효율적으로 정리하고 관리함으로써 스트레스는 줄이고 생산성을 높이는 데 초점을 둡니다. G.T.D의 핵심은 '모든 할 일을 체계적으로 정리'하고, '지금 당장 할 수 있는 일'에 집중하는 것입니다.

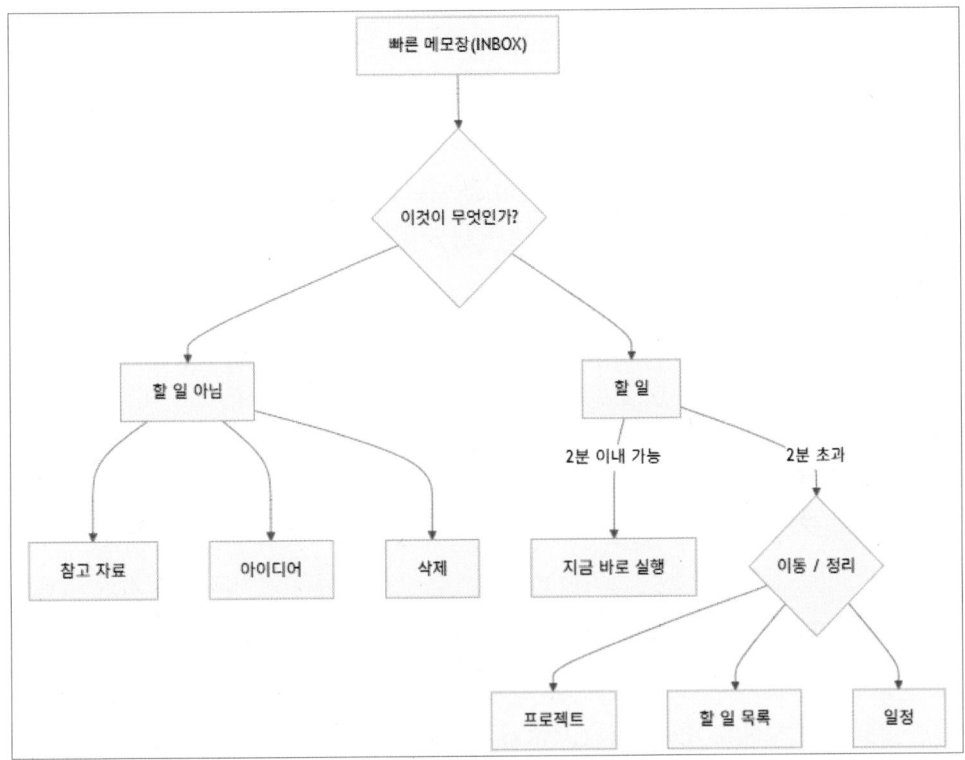

▲ 노션으로 구현한 G.T.D(Getting Things Done) 업무 흐름

GTD 방식은 다음 5가지 단계로 이루어져 있습니다.

❶ 1단계 수집 (INBOX)

- 모든 생각, 할 일, 프로젝트, 메모, 아이디어 등을 머릿속에서 꺼내어 한 곳에 수집합니다.
- 이 단계의 목표는 **머릿속을 비우고** 모든 할 일을 물리적으로 관리 가능한 곳에 저장하는 것입니다.

❷ 2단계 이것이 무엇인가?

- 수집한 정보를 하나씩 검토하며 **이 정보가 무엇이고, 실제로 해야 할 일인지를 명확**하게 정리합니다.
- 실행 가능한 작업인지를 판단하고, 실행 가능한 경우 구체적인 행동으로 수정합니다.
- 예시: "전자칠판 선정 회의 준비" → "전자칠판 선정 회의 자료 정리 후 프린트".

❸ 3단계 정리
- 할 일이 아닌 경우, **참고 자료**나 아이디어 **목록**으로 이동시키거나 삭제합니다.
- 할 일은 아래와 같이 처리합니다.
    - **지금 바로 실행**: 2분 이내로 바로 할 수 있는 작은 할 일은 즉시 처리합니다.
    - **할 일 목록**: 해야할 일은 할 일 목록으로 이동합니다.
    - **프로젝트**: 하나 이상의 작업이 필요한 큰 목표나 과제는 프로젝트의 이름을 설정하고 해야할 일들을 나열합니다.
    - **일정**: 일정인 경우 캘린더로 이동합니다.

❹ 4단계 반복 검토
- 정리된 목록들을 정기적으로 검토하여 최신 상태를 유지하고, 변경된 상황을 반영합니다.
- 매주 혹은 매일 GTD 페이지들을 검토하여 일정을 조정하고, 새로운 할 일들을 정리합니다.
- 이 단계는 GTD가 꾸준히 효과를 발휘하도록 만드는 핵심 단계입니다.

❺ 5단계 실행
- 정리된 할 일 목록에서 지금 할 수 있는 일을 선택하고 **실행**합니다.
- GTD에서는 **"지금 할 수 있는 가장 적절한 일"**을 고르는 것이 중요합니다.
- 실행 시 고려할 요소:
    - **상황**: 현재 있는 상황에서 가능한 일인지.
    - **가용 시간**: 지금 할 수 있는 시간 내에 끝낼 수 있는 일인지.
    - **가용 에너지**: 현재의 체력 수준에서 할 수 있는 일인지.
    - **우선순위**: 지금 가장 중요한 일인지.

이러한 GTD 업무흐름은 다음과 같은 장점이 있습니다.

❶ **정신적 스트레스 감소**: 해야 할 모든 일을 머릿속에 담고 있으면 스트레스를 느끼기 쉽습니다. 하지만 GTD 방식으로 모든 일을 체계적으로 정리하고 관리하면, 생각을 명확히 정리할 수 있어 정신적 부담이 줄어듭니다.
❷ **효율적인 작업 관리**: GTD는 작은 일부터 큰 프로젝트까지 모든 업무를 체계적으로 관리할 수 있게 도와줍니다. 이를 통해 중요한 작업이 누락되거나 잊히는 것을 방지하고, 우선순위에 따라 일을 처리할 수 있습니다.
❸ **생산성 향상**: GTD는 지금 당장 할 수 있는 일에 집중하도록 도와줍니다. 이를 통해 불필요한 시간 낭비를 줄이고, 실질적인 작업에 집중할 수 있습니다.
❹ **명확한 목표 설정**: 프로젝트와 할 일을 명확하게 구분하고, 작은 행동으로 쪼개어 관리함으로써 구체적인 실행 계획을 세울 수 있습니다. 이를 통해 대규모 프로젝트도 체계적으로 완수할 수 있습니다.

이처럼 GTD는 체계적인 업무 흐름을 통해 스트레스를 줄이고, 명확한 목표와 실행 계획을 세우는 데 효과적인 방법론입니다. 특히 All-in-one 플랫폼인 노션은 GTD의 모든 단계를 손쉽게 통합하고 체계적으로 관리할 수 있는 최적의 도구입니다. GTD와 노션을 함께 활용하면 더욱 효율적이고 생산적인 업무 관리가 가능합니다.

정리: 빠른 메모장(inbox)에서 자료, 할 일, 일정으로

'Chapter 02-2. 언제나 어디서나 빠른 메모장(INBOX)'에서는 수집 단계에서 노션을 어떻게 활용하는지 살펴보았습니다. 이번 장에서는 [정리] 단계에 노션을 활용하는 방법을 알아보겠습니다. 앞서 작성한 inbox, 업무 자료, 할 일, 일정 페이지들을 활용합니다.

실습 완성 미리보기
https://url.kr/f3ll1z

바로 처리하기

01 불필요한 메모이거나, 2분 이내 바로 처리할 수 있는 일은 즉시 처리한 후 ❶[체크박스]를 클릭하여 숨김처리 합니다.

inbox에서 자료로 이동하기

02 inbox 데이터베이스를 열어 수집된 페이지 중에서 앞으로 업무에 참고할 자료는 사이드바에 있는 업무 자료 페이지로 이동합니다. 업무 자료로 이동된 페이지는 적절한 업무 분류를 입력해 두면 편리합니다.

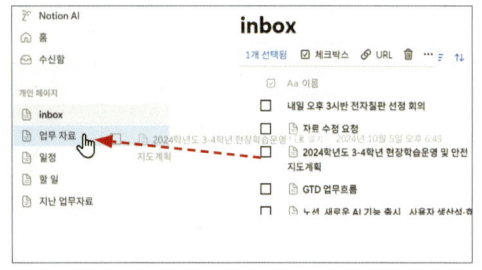 

inbox에서 할 일로 이동하기

03 inbox 데이터베이스에 수집된 할 일은 [구체적인 행동]으로 페이지 제목을 수정한 후 할 일로 이동합니다. 예를 들어, 원고 수정은 '기초수리력 교재 원고 검토사항 반영하여 수정 후 회신하기'로 바꿀 수 있습니다.

할 일로 이동한 후에는 필요에 따라 기한을 입력하여 둡니다.

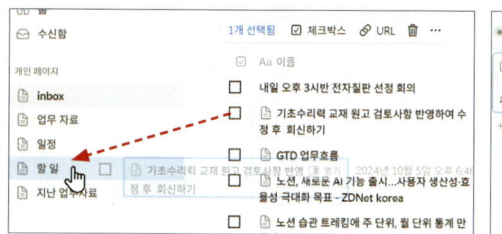 

할 일에 프로젝트 추가하기

04 할 일이 프로젝트에 해당한다면, 표 보기에서 필터로 해당 프로젝트를 설정하여 기본 입력값으로 사용할 수 있습니다.

먼저, [표] 레이아웃을 연 다음, 새로운 페이지를 만듭니다. 새 페이지의 프로젝트 속성에 프로젝트 이름을 생성하여 입력한 후 Esc 키를 눌러 페이지를 닫습니다.

 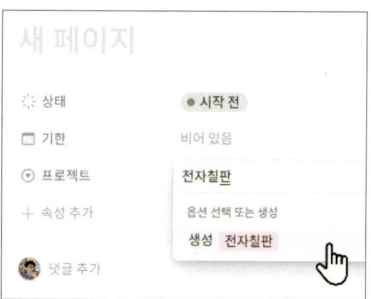

05 제목행에서 ❶[프로젝트 속성 칸]을 클릭하여, ❷[필터]를 선택합니다. ❸해당 [프로젝트 이름의 옵션]을 선택합니다.

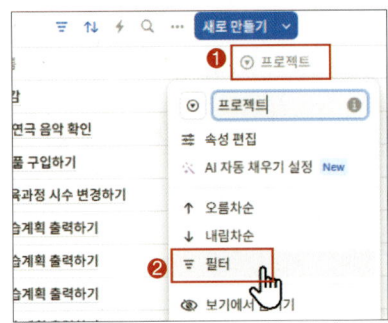 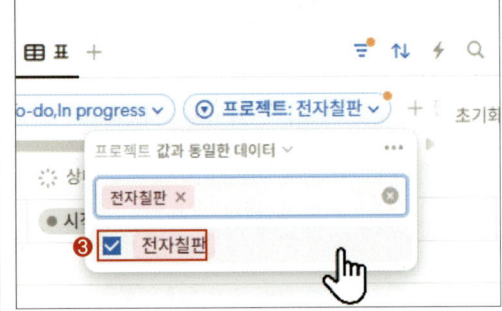

06 이제, 새로운 페이지는 따로 입력하지 않아도 자동으로 필터값이 기본으로 적용됩니다. 새 페이지는 생성과 동시에 프로젝트가 선택됩니다. 프로젝트 업무 추가가 완료되면, 모든 할일을 볼 수 있도록 필터를 제거해야 합니다. ❹[필터]를 열어 ❺[설정된 필터]를 클릭하고 ❻[더보기(..)]에서 ❼[필터 제거]를 선택합니다.

inbox에서 일정으로 이동하기

07 inbox 데이터베이스에서 일정은 페이지를 이동하는 것보다 일정 페이지에 추가하는 것이 날짜를 입력하기에 더 편리합니다. 사이드바의 일정 페이지 오른쪽에서 ❶하위 페이지 [추가(+)]를 클릭합니다. 페이지에 '제목'과 '날짜'를 입력합니다. '시간'과 '리마인더'를 추가하거나 '메모'를 입력할 수도 있습니다.

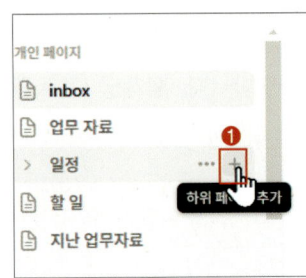 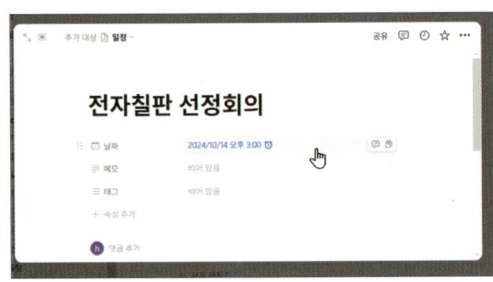

표 데이터베이스로 아이디어 나무 만들기

inbox에 생각들을 수집하다 보면 당장 할 일은 아니지만, 앞으로 할 수도 있는 일이거나 하면 좋은 아이디어가 모이게 됩니다. 이러한 아이디어들은 아날로그 메모장에서는 정리하기가 쉽지 않지만, 노션에서는 체계적으로 정리해서 이후에 새로운 프로젝트에 도움을 받을 수 있습니다.

특히, 연구나 집필, 새로운 진로를 고려하는 선생님들에게 큰 도움이 될 수 있습니다.

표 데이터베이스로 아이디어 페이지 만들기

01 새 페이지를 만들고, 페이지 이름은 '아이디어'로 입력합니다. 하단의 시작하기에서 레이아웃으로 ❶[표]를 선택하고, ❷[+ 새 표]를 클릭합니다.

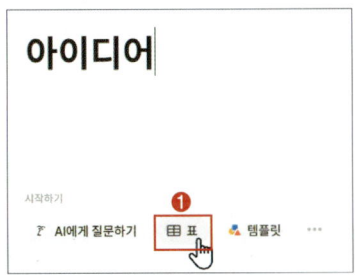 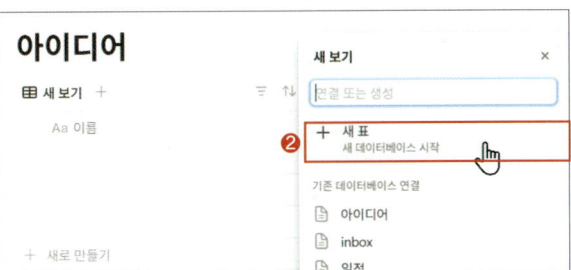

트리 구조(하위 항목) 활성화 하기

02 하위 항목을 활성화하면 페이지 간의 위계를 가지도록 할 수 있습니다. ❶보기 [설정 (…)]을 열어 ❷사용자 지정 메뉴를 선택합니다. ❸하위 항목을 추가합니다.

 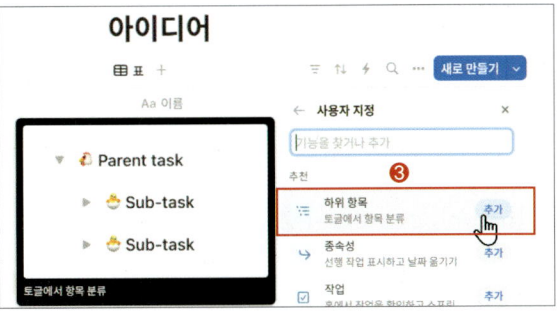

03 ❶[하위 항목 켜기]를 눌러 하위 항목을 켜고, Esc 키를 눌러 설정을 닫으면, 페이지에 ❷[토글] 버튼이 생겨납니다.

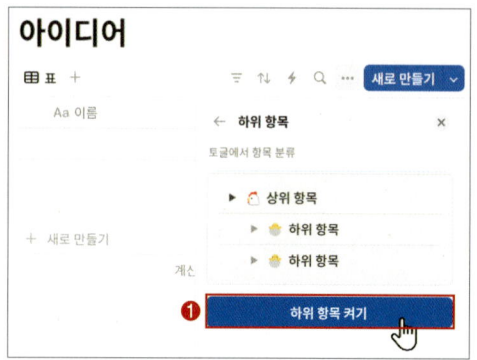 

inbox에서 아이디어로 이동하기

04 inbox 데이터베이스에서 아이디어들은 드래그하여 아이디어 페이지로 이동합니다. 아이디어 페이지에서 적절한 태그(분류)를 입력합니다.

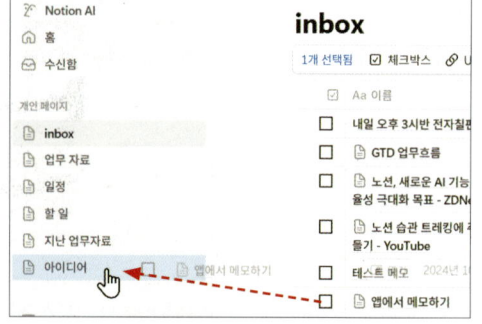 

아이디어 정리하기

05 아이디어 데이터베이스 페이지에 아이디어가 모이면 위계를 가지도록 정리할 수 있습니다.

분류를 페이지 제목으로 하는 새로운 페이지를 만듭니다. 그리고, 페이지 제목 왼쪽의 ❶[토글(▶)]을 클릭하여 열어(▼) 줍니다.

06 데이터베이스 ❷검색창에 해당 키워드를 입력하고 ❸검색된 페이지들을 선택하여, ❹ 토글이 열린 페이지의 하위 항목으로 드래그하여 이동합니다.

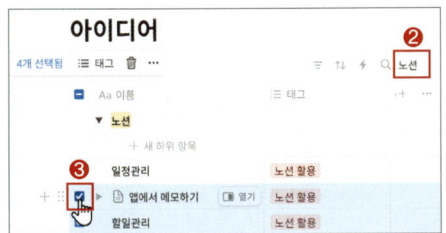 

07 추가로 분류가 필요한 경우에는 ❺하위 페이지에 다시 토글을 열어 하위 수준을 추가할 수 있습니다.

> **교사의 활용 노하우**
>
> **G.T.D를 적용한 노션 활용 방법**
>
> G.T.D를 적용한 노션 업무관리 체계는 일상 생활을 관리하는 데에도 활용할 수 있습니다. 가족 행사를 준비하고, 여행 아이디어를 수집하여 계획할 수도 있습니다. 업무와 일상을 별도의 페이지로 분리해서 작성하거나, 통합해서 하나로 관리하는 것도 좋습니다.

이 장에서는 학생들과 함께 노션을 사용하는 방법을 살펴보겠습니다. 선생님은 노션으로 클래스 페이지를 만들어 수업을 준비하여 수업 시간에 활용하거나, 학생들에게 자료를 제공할 수 있습니다. 또한 학생들은 노션으로 학습 자료를 확인하고 개인이나 모둠 과제를 할 수 있습니다. 노션은 동시 작업이 가능하고, 메모와 댓글과 같은 다양한 협업 기능을 제공하고 있습니다. 또한 이미지, 영상, 파일, 링크 등을 제출하는 것도 가능하여 다양한 형태의 과제를 수행할 수 있습니다.

N O T I O N

CHAPTER
03

노션으로 수업하기

01
노션으로 수업 준비하기

실습 완성 미리보기
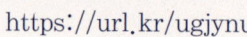

학생들과 수업에서 노션을 지속적으로 활용하려면 학급 홈페이지와 같은 고정된 클래스를 만드는 것이 좋습니다. 학생들은 교사가 별도의 URL을 매 수업마다 안내하지 않아도 초대받은 노션 페이지를 통해 그 날의 수업 자료를 확인할 수 있습니다. 교사도 템플릿을 활용하면 자신만의 수업 스타일을 반복하여 적용할 수 있어 편리합니다.

기본 클래스 만들기

먼저, 학생들과 함께 사용할 학습 사이트를 만들어 보겠습니다.

새로운 페이지 만들기

01 새로운 페이지를 만들고, 작업하기 쉽게 ❶페이지 설정에서 ❷[전체 너비]를 활성화 합니다. 이어서 제목에 클래스 이름을 입력하고 하단에 간단한 인사말을 작성해 보겠습니다. 그리고 클래스에 어울리는 이모지와 커버도 추가합니다.

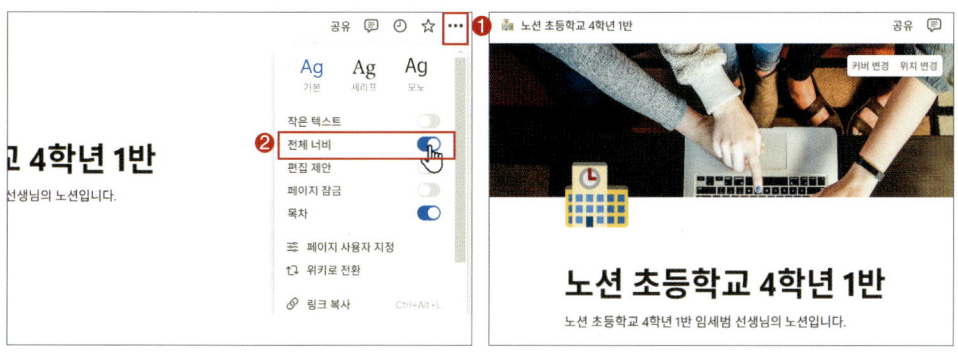

공지사항 리스트 만들기

02 리스트 데이터베이스를 인라인 형태로 추가하여 공지사항을 넣겠습니다.
블록을 추가할 위치를 클릭하여 ❶'/리스트'와 Enter 키를 입력합니다. 제목에 '공지사항'을 입력합니다. 간결한 디자인을 위해 ❷[리스트 보기]를 클릭하여 보기의 이름을 에서 '알립니다.'로 바꾸고, 깔끔한 디자인을 위해 데이터베이스 제목 옆의 ❸[더보기(...)]를 클릭하여 ❹[데이터베이스 제목 숨기기]를 선택합니다.

03 공지사항(알립니다)에는 학생들이 자주찾는 결석계, 체험학습신청서보고서와 같은 파일들을 드래그하여 추가하고, 안내할 내용이 있으면 추가합니다. 불필요한 예시 페이지는 삭제합니다.

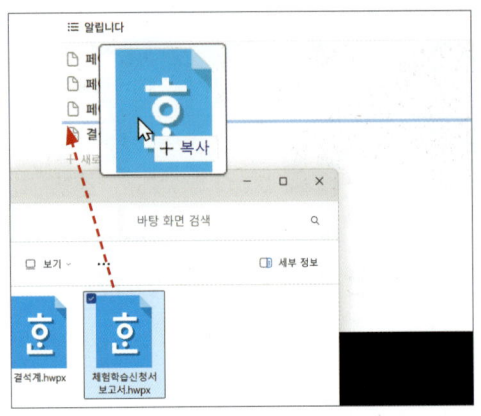
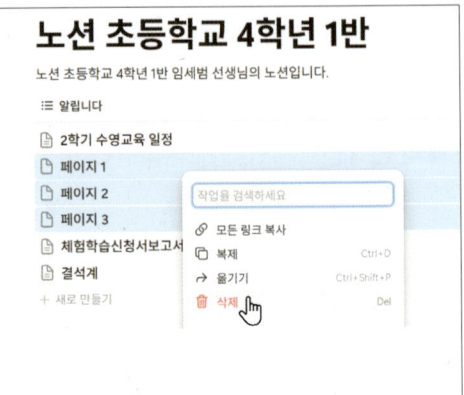

자주 찾는 사이트 바로가기(멘션) 추가하기

04 수업에 자주 사용하는 AI코스웨어나 협업도구는 공지사항 아래에 바로가기 버튼을 만듭니다. URL 링크를 복사하여(Ctrl + C) 공지사항 아래쪽에 붙여넣고(Ctrl + V), 선택 메뉴에서 ❶[멘션]을 선택합니다.

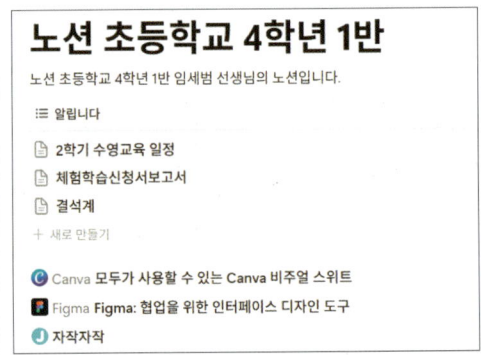

주간학습 캘린더 만들기

교실 상황에서는 일주일 단위의 시간표가 학생들에게 익숙합니다. 노션의 캘린더 데이터베이스의 주단위 레이아웃을 활용하여 주간학습의 형태로 수업 캘린더를 만들어 보겠습니다.

캘린더 보기 추가하기

01 페이지 아래를 클릭하여 커서를 위치시키고 ❶'/캘린더'를 입력하여 새로운 '캘린더 보기' 데이터베이스를 인라인 형태로 추가합니다. ❷데이터베이스 페이지의 이름은 '주간학습'으로 입력하겠습니다.

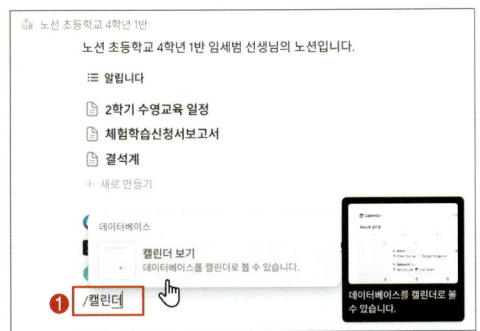
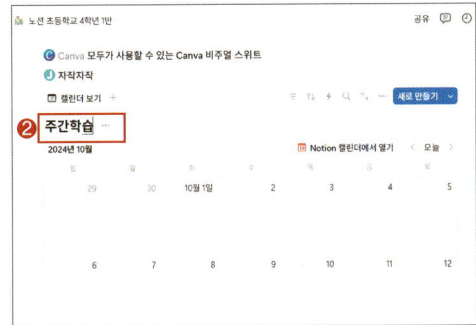

레이아웃 설정 변경: 주 단위로 변경하기, 제목 숨기기, 주말 숨기기, 제목 줄바꿈, 전체 페이지 보기

02 학생들이 수업을 확인하기 편하게 레이아웃 설정을 변경해 보겠습니다.

먼저 ❶[보기 설정]을 열어 ❷[레이아웃] 편집 메뉴를 엽니다. ❸캘린더 표시 기준은 [월]에서 [주]로 바꾸어 일주일 단위로 볼 수 있도록 합니다.

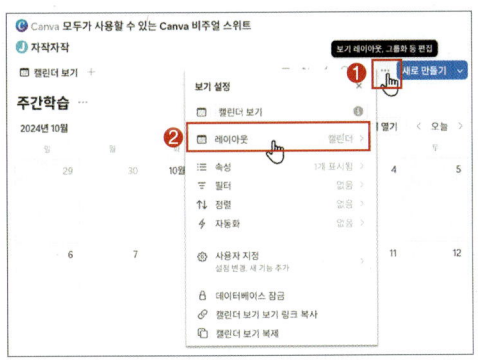
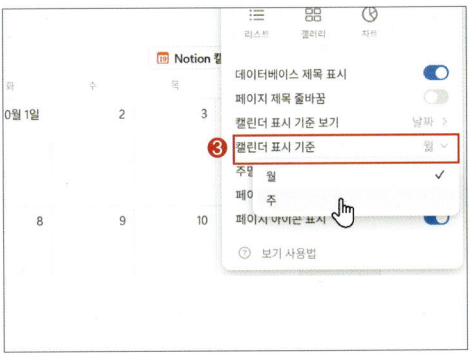

03 ❹데이터베이스 제목 표시를 클릭하여 비활성화합니다. ❺주말 표시를 비활성화하면 수업이 없는 주말을 숨겨서 캘린더의 날짜칸을 넓게 사용할 수 있습니다. ❻페이지 제목 줄바꿈을 활성화 하면, 수업 페이지의 제목이 생략되지 않고 모두 표시됩니다. ❼페이지 보기

선택을 ❽[전체 페이지 보기]로 변경하면, 학생들이 수업 페이지를 클릭했을 때 중앙에 팝업 형태가 아닌 전체 화면으로 볼 수 있습니다. 학교에서 사용하는 스마트기기의 화면은 비교적 작은 편이므로 전체 화면으로 보는 것이 학생 입장에서 더 편리할 수 있습니다.

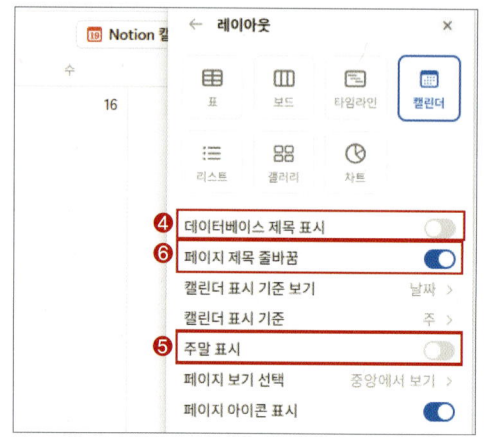
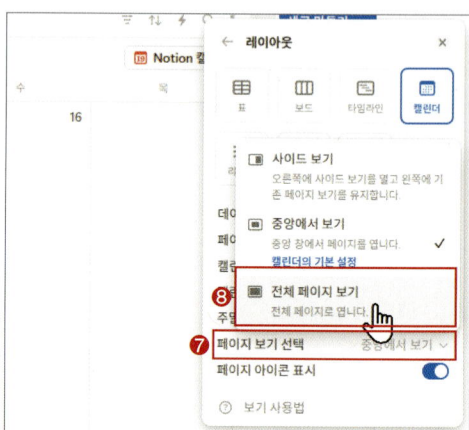

04 이제 주간 학습 캘린더에서 [항목 추가(+)]를 눌러 새로운 페이지를 열면, 페이지 가운데 일부로 열리는 것이 아니라, 전체 페이지로 열리는 것을 확인할 수 있습니다.

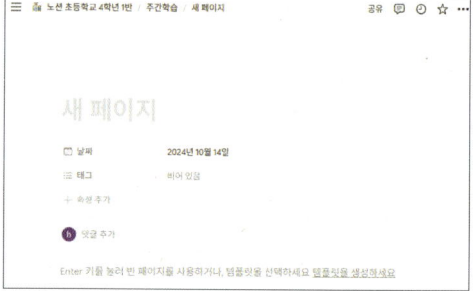

과목과 교시 속성을 캘린더에 나타내기

05 수업 페이지를 추가하면 과목과 교시가 캘린더에 바로 나타날 수 있도록 속성을 추가하고 보기를 활성화 하겠습니다. 이번에는 데이터베이스의 보기 편집 메뉴가 아닌, 페이지에서 직접 속성을 추가하는 방법을 사용해 보겠습니다.

캘린더 데이터베이스의 아무 날짜에 새 페이지를 추가합니다. 페이지가 열리면 우선,

불필요한 태그 속성은 삭제합니다. 그리고 ❶[속성 추가] 버튼을 클릭하여 ❷[선택] 유형으로 속성을 추가합니다.

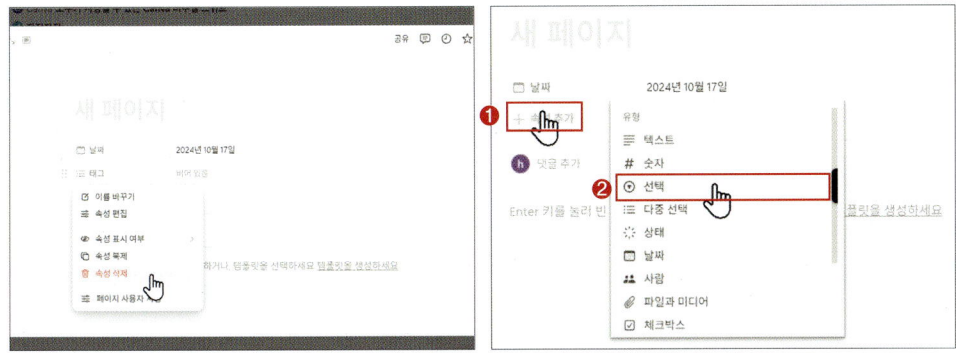

06 ❸속성의 이름으로 '과목'을 입력하고 Esc 를 눌러 메뉴를 닫으면 페이지에 [과목] 속성이 추가된 것을 확인할 수 있습니다. 같은 방법으로 ❹[속성 추가]를 클릭하여 선택 유형의 속성을 추가한 후 이름으로 '교시'를 입력합니다.

07 ❺[과목] 속성값에 '국어'와 같은 교과 이름 하나를 입력하여 생성합니다. ❻[교시] 속성값에도 '1교시'를 입력하여 생성합니다.

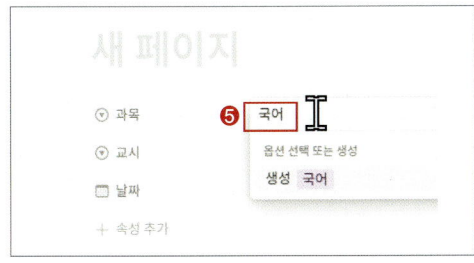
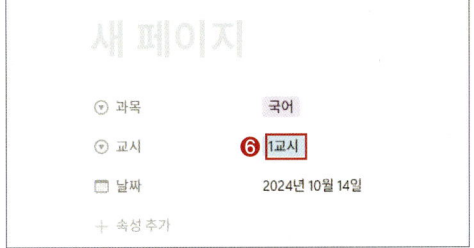

08 상단의 ❼페이지 위치를 클릭하여 클래스 홈페이지로 돌아오겠습니다. 아직은 캘린더에 과목과 교시가 보이지 않습니다.

 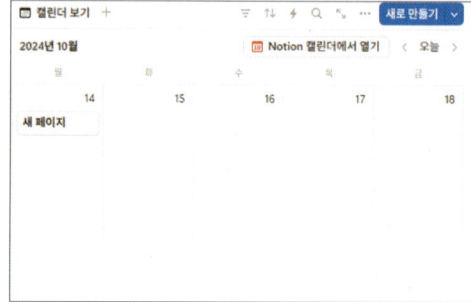

09 ❽[보기 설정]에서 ❾[속성] 메뉴로 들어가서 ❿과목과 ⓫교시의 표시를 활성화하면, 이제 캘린더에서 개별 수업 페이지 목록에서 과목과 교시가 표시됩니다.

 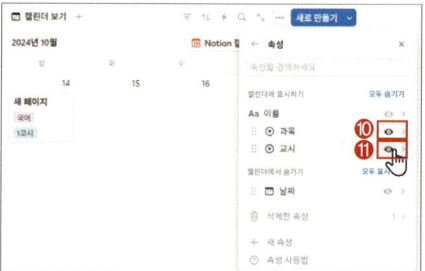

노션으로 수업 준비하기

수업을 위한 노션 페이지를 작성하는 방법에 대해 알아보겠습니다.

수업 시간에 전자칠판이나 대형 TV 화면에 PC를 연결하여 노션 페이지를 보여주면서 수업을 진행하면 학생들에게 수업 내용을 쉽게 전달할 수 있습니다.

노션은 자유로운 형태의 문서작성 도구이므로 선생님들이 자신의 방식대로 수업 준비를 하면 되지만, 이번 섹션에서는 수업 준비를 위한 몇 가지 노하우를 나누어 보도록 하겠습니다.

교과서 PDF로 편리하게 필기하며 수업하기

모든 교과서 출판사는 교과서와 지도서의 PDF, 참고자료, 영상을 제공합니다. 과거에는 단위 학교에서 유상으로 USB메모리를 구매하여 제공하였으나, 최근에는 각자 교과서 출판사 홈페이지에서 다운로드를 하도록 안내가 되고 있습니다.

▲ 아이스크림미디어의 교과서 자료 다운받기   ▲ 엠티처(미래엔)의 교과서 자료 다운받기

다운받은 교과서는 학기초에 노션에 모두 업로드 해 두었다가 필요할 때 사용하면 편리합니다. 수업에 필요한 파일을 드래그로 선택한 후 복사(Ctrl + C)하여 수업 페이지에 붙여넣으면 쉽게 수업자료를 활용할 수 있습니다.

과거 실물화상기로 교과서를 비추어 학생들에게 선생님의 필기를 보여주었던 것처럼, 윈도우 PC에서 PDF 교과서 필기를 위해서는 윈도우에 기본 설치되어 있는 엣지 브라우저를 사용하면 편리합니다. 엣지 브라우저는 기본적으로 PDF 뷰어가 내장되어 다운로드 없이 볼 수 있고 필기 도구가 지원됩니다.

터치펜을 지원하는 크롬북, 안드로이드 태블릿, 아이패드는 기본적으로 PDF 필기 도구가 포함되어 있으므로 노션 앱을 설치하여 사용하거나, 기본 브라우저를 사용하셔도 무방합니다. 또한, 모든 PDF뷰어는 확대 단축키(Ctrl + +) 또는 터치 줌으로 화면을 확대할 수 있습니다.

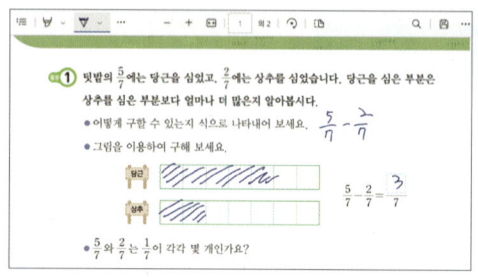
▲ 윈도우 PC의 엣지 브라우저에서 PDF 뷰어 필기

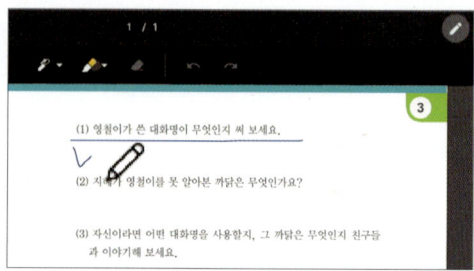
▲ 크롬북에서 기본 PDF 뷰어 필기

토글로 활동별 내용 열고 닫기

노션의 토글 블록을 사용하면 수업 흐름에 따라 수업 자료를 펼치고 닫을 수 있습니다.

'/토글'을 입력하여 토글 블록의 종류를 살펴보면 텍스트 크기의 [토글 목록]과 큰 사이즈의 [제목 토글1, 2, 3]이 있습니다.

다음 수업 사례에서는 [제목 토글3] 블록을 사용하여 활동별로 토글을 구성하고, 활동 토글 내에도 세부활동을 토글로 구성하였습니다.

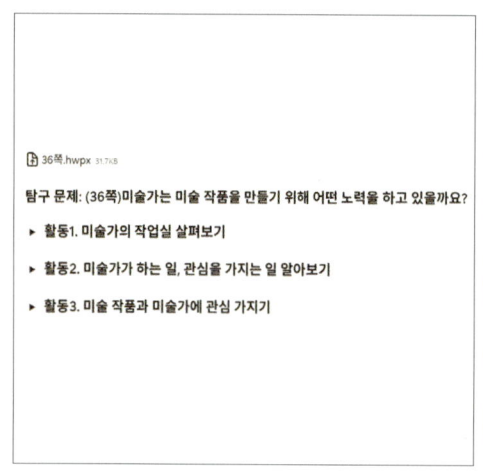
▲ 수업 시작 단계에서는 닫힌 상태로 활동 안내

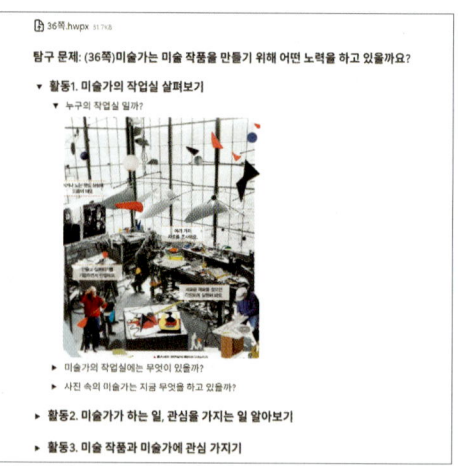
▲ 수업 중에는 필요한 토글을 열어 설명하기

익숙한 수업 도구 임베드하기

노션으로 수업하는 것이 익숙하지 않다면, 기존의 익숙한 수업 도구를 노션에 임베드하여 사용하는 것도 가능합니다.

'/임베드'를 입력하여 임베드 블록을 추가하고 익숙한 수업도구의 URL을 입력하여 사용하세요.

▲ 패들렛 임베드

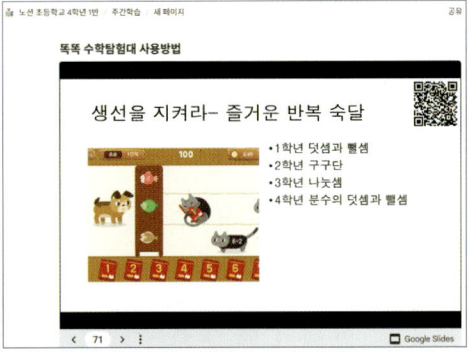
▲ 구글 도구(슬라이드) 임베드

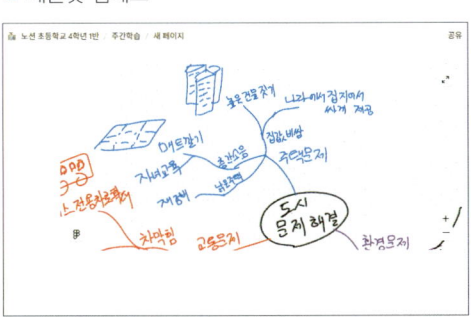
▲ 피그마-피그잼 임베드

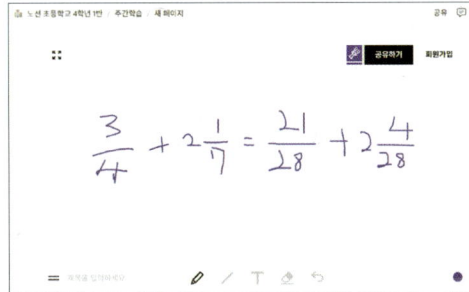
▲ witeboard 임베드

학생 초대하기

학생들을 선생님의 노션 페이지에 초대하면, QR코드나 URL은 필요하지 않습니다. 학생들은 노션을 구글클래스룸과 같은 온라인 클래스로 활용할 수 있습니다.

또한, 학생들은 교사의 노션 페이지에서 작업하므로, 교육용 업그레이드를 하지 않아도 용량 제한이 없습니다.

> **교사의 활용 노하우**
>
> **학교 단체 이메일 계정을 활용하세요.**
>
> 스마트기기가 교육현장에 도입됨에 따라 각 시도교육청에서는 구글 스페이스 계정 또는 애플 스쿨 계정을 제공하고 있습니다. 또한 학교 스마트기기 사용을 위해서는 기기별 이메일을 설정하게 되므로 학교의 기기 담당자는 전체 학생과 교사의 구글 또는 애플 이메일을 가지고 있습니다.
> 담당자에게 요청하여 학생들의 이메일 목록을 받아 클라우드나 노션에 저장하세요.

학생들의 노션 계정(이메일) 복사하기

01 학생들의 이메일을 일괄 등록하기 위해 스프레드시트나 메모장, 노션 페이지 등에 명단을 저장해둔 것을 활용하겠습니다. 전체 이메일을 드래그하여 선택한 후에 클립보드로 복사(Ctrl + C)합니다. 이름이나 불필요한 정보가 섞여 있어도 괜찮습니다.

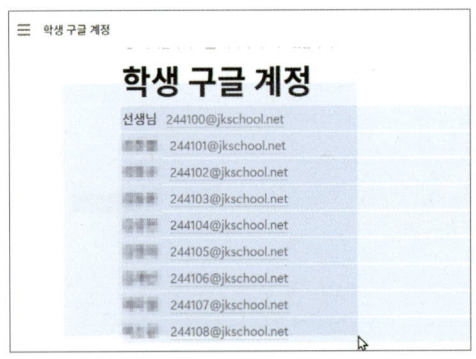
▲ 노션 페이지에서 학생 계정 복사하기

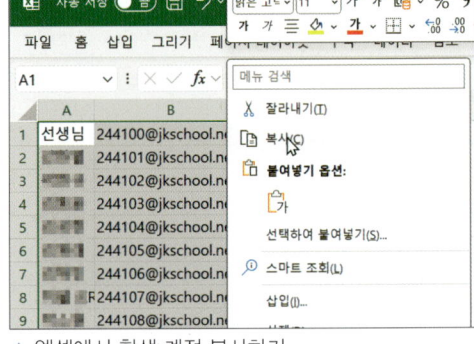
▲ 엑셀에서 학생 계정 복사하기

학생 초대하기(게스트)

02 클래스 홈페이지에서 ❶[공유] 메뉴를 열고 ❷초대 입력창을 클릭하여 클립보드에 복사해두었던 학생 계정을 붙여넣기(Ctrl + V) 합니다.

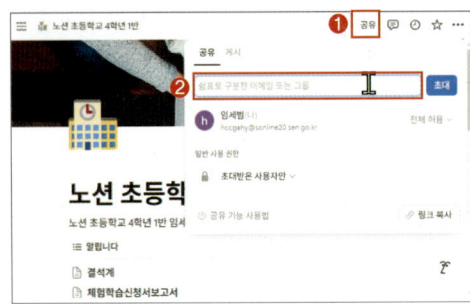

03 학생이 클래스 홈페이지를 마음대로 바꾸지 못하게 ❸권한을 열어 ❹읽기 허용으로 변경한 후 ❺[초대]를 클릭합니다. 이제 공유 목록에서 학생이 읽기 허용으로 초대된 것을 확인할 수 있습니다.

학생들과 함께하는 노션 첫 수업시간

이제 학생들과 처음으로 노션을 사용하는 수업에서 안내할 내용을 살펴보겠습니다. 로그인과 클릭 몇 번으로 이번 시간 수업 자료를 열 수 있으므로 초등학교 3학년 이상이라면 어렵지 않게 사용할 수 있습니다.

노션에 처음 로그인 하기

01 학생들은 검색포털에서 '노션'을 검색하여 노션 사이트에 접속합니다.

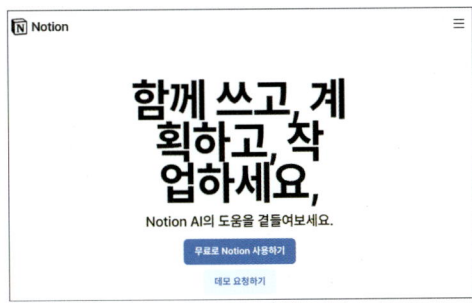

02 학생들이 사용하는 스마트기기에는 이미 구글이나 애플 로그인이 되어 있으므로, 학생들이 구글이나 애플 계정으로 계속하기를 선택하면 ❶기존에 스마트기기에서 사용하는 계정이 자동으로 나타나게 됩니다. 그리고, 워크스페이스 생성 이전에 초대받은 워크스페이스로 노션을 시작할 수 있습니다. 학생들에게 워크스페이스 생성이 아니라 선생님의 ❷노션(가입하기)를 선택하도록 안내합니다.

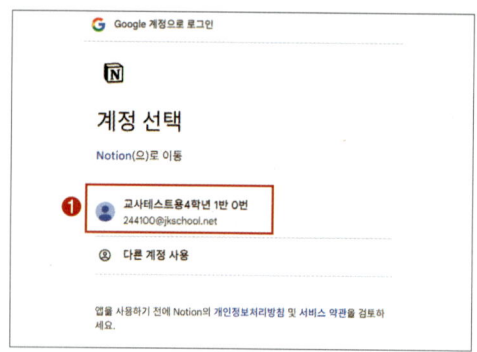
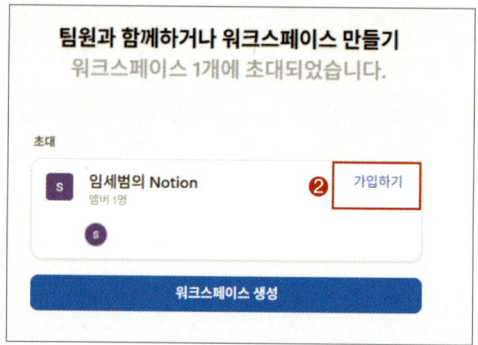

03 가입하기를 선택하면 학생들은 선생님의 노션에서 시작합니다.

워크스페이스 목록에도 초대받은 선생님의 워크스페이스 외에 다른 워크스페이스가 없기 때문에 학생들이 혼란없이 항상 선생님의 노션 클래스 홈페이지에서 시작하게 됩니다.

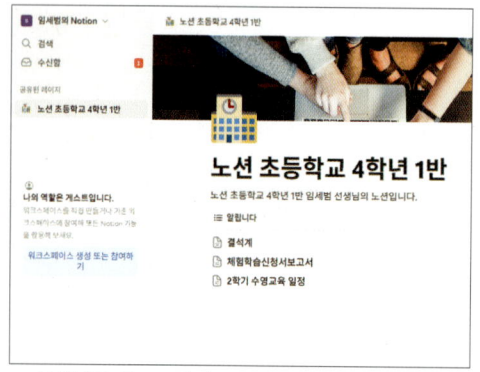
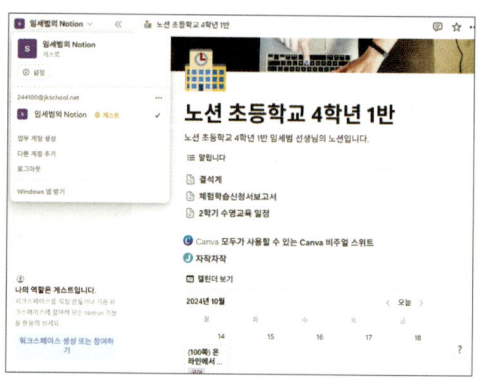

▲ 선생님의 워크스페이스로 가입하여 시작하기　　▲ 목록에 선생님의 워크스페이스(게스트)만 표기

이번 시간 수업 자료 열기

04 학생들이 이번 시간 수업자료를 열기 위해, 페이지 스크롤을 아래로 내려 캘린더보기로 이동하도록 합니다. 그리고 오늘 날짜에 해당하는 칸에서 수업 페이지를 클릭합니다. 만약, 날짜가 오늘이 아닌 경우에는 [오늘] 버튼을 클릭하도록 안내합니다. 이제 학생들은 언제든 노션에 접속하면, 해당하는 수업 페이지를 찾아 교사가 준비한 내용을 확인할 수 있습니다.

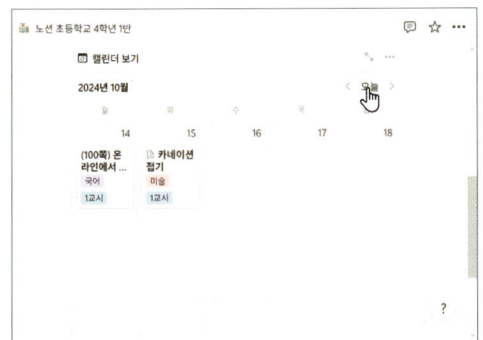 

페이지 크게 보기, 클래스 홈페이지로 돌아오기

05 학생들의 기기 화면이 작게 느껴진다면 사이드바를 숨겨서 화면을 크게 볼 수도 있습니다. 사이드바를 숨긴 상태에서 클래스 홈페이지로 돌아오려면 상단의 클래스 홈페이지의 위치를 클릭하도록 안내하세요.

 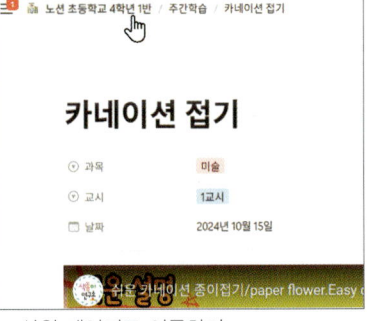

▲ 사이드바 숨기기   ▲ 상위 페이지로 이동하기

교사의 TIP 지금까지는 학생들이 노션에서 수업 내용을 확인하는 것을 다루었습니다. 만약, 첫 시간에 학생들이 노션에 과제를 제출하도록 하려면, 이어질 '노션으로 과제하기'까지 살펴보고 수업 과제 페이지를 만든 후 학생들과 노션을 시작하세요. 혹은 에듀테크의 URL 링크를 멘션하거나, 구글 도구와 패들렛 등을 임베드하여 과제를 제출하게 할 수도 있습니다.

02 노션으로 수업활동 과제 게시판 만들고 활용하기

실습 완성 미리보기
https://url.kr/h2clex

이번 섹션에서는 수업활동 과제 게시판을 만들어 보겠습니다. 학생들은 과제 게시판에 바로 타이핑하여 과제를 작성하거나 다른 사이트에서 작성한 파일을 업로드 또는 공유 URL 링크를 제출할 수 있습니다. 교사는 실시간으로 학생들의 활동 결과물을 검토하고, 의견을 남길 수 있습니다.

사례: 다양한 노션 활용 수업

노션은 웹 문서 기반의 협업 도구이기 때문에 학생들이 노션으로 과제 만드는 경우 텍스트와 표, 이미지, 영상, 외부 사이트 임베드 등 다양한 형태로 작성할 수 있습니다.
갤러리나 보드 같은 데이터베이스를 과제 제출 페이지로 사용하면 전체 학생들의 과제 상태를 한 눈에 볼 수도 있고, 개별 페이지를 클릭하여 현재 작성중인 내용도 실시간으로 확인할 수 있습니다.

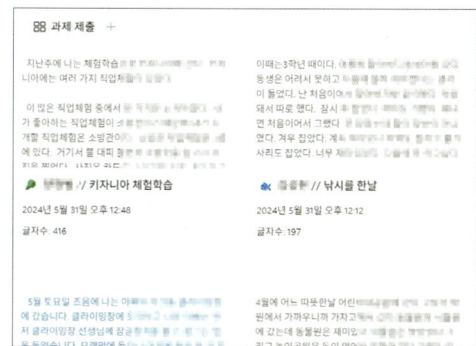
▲ '경험한 것' 글쓰기

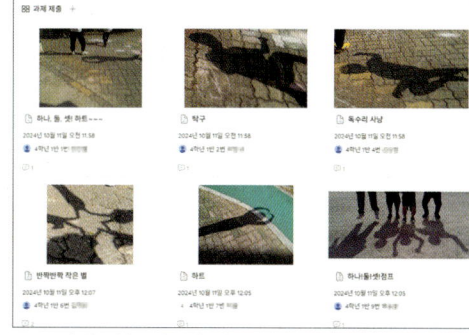
▲ 그림자 미술 사진 촬영

대용량의 영상도 업로드하여 별도의 다운로드 없이 재생하거나, 이미지와 텍스트, 영상이 혼합된 과제도 작성할 수 있습니다.

▲ '내가 선생님' 분수 문제 해결 영상
 (화면녹화) 제출

▲ 이미지와 영상이 혼합된 뉴스 만들기(모둠 활동)

노션은 실시간으로 동기화되므로 하나의 페이지를 모둠원들과 동시에 작성하기에도 편리합니다. 이러한 기능은 디지털 기반 협력 학습에 유용합니다.

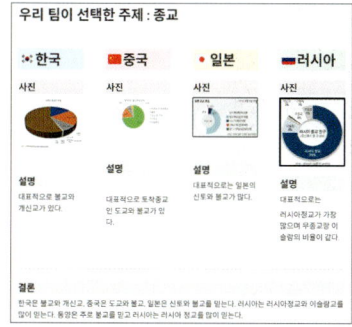

▲ 나라별 문화 조사 보고서(크롬북 모둠 활동)

Chapter 03 **노션으로 수업하기** 161

노션은 학생들이 빈 문서에서 과제를 시작할 수도 있고, 교사가 미리 정해놓은 학습지 형태(템플릿)에서 시작할 수도 있습니다. 또한 교사가 여러 형태의 템플릿을 지정해 놓고, 학생이 원하는 과제를 선택하는 것도 가능합니다.

▲ 기본 템플릿이 적용된 과제 ▲ 원하는 과제(템플릿) 선택하기

과제가 있는 수업: 템플릿으로 만들기

노션은 개별 수업 페이지에 갤러리와 같은 데이터베이스 블록을 추가하여 학생들이 과제를 제출할 공간을 만들 수 있지만, 템플릿으로 작성해 놓으면 매번 과제 페이지를 새로 작성할 필요없이 자동으로 과제 제출을 위한 페이지로 생성할 수 있습니다.

수업 템플릿 추가하기

01 수업 캘린더에서 새로 만들기 오른쪽의 ❶[확장(∨)] 버튼을 클릭하고 ❷[+ 새 템플릿]을 누릅니다. 기본적으로는 가운데 보기로 열리므로 편집하기 쉽게 ❸[전체 페이지]로 열어서 작업하겠습니다.

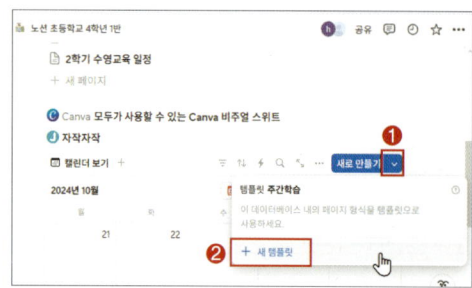
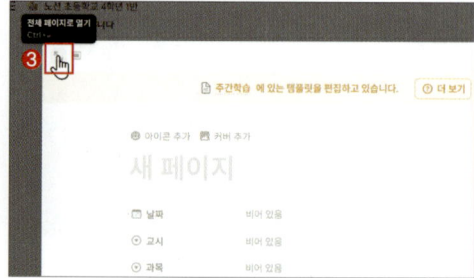

02 ❹제목에 '과제가 있는 수업'이라고 입력하고, ❺내용에는 [제목3] 블록과 [제목 토글3] 블록을 이용하여 수업 활동을 입력할 양식을 만들어 줍니다.

 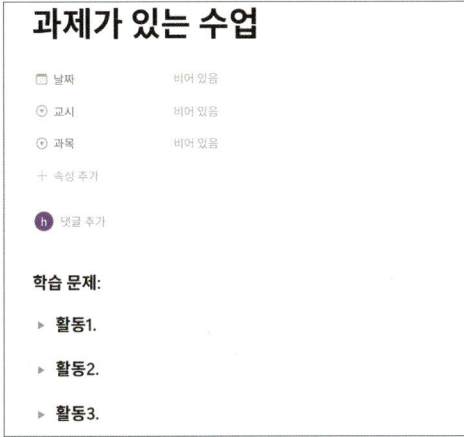

템플릿에 갤러리 추가하기

03 활동 토글 아래에 [갤러리] 블록을 인라인으로 추가하겠습니다.

 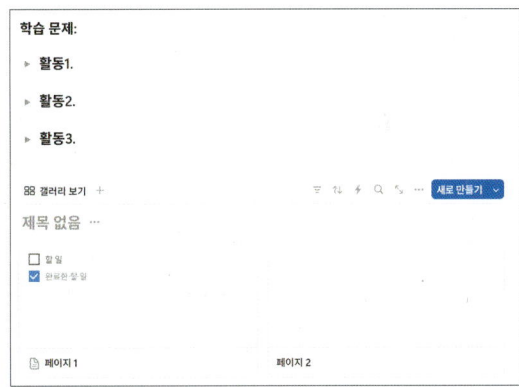

04 갤러리 인라인 데이터베이스의 이름은 ❶'과제 제출'이라고 입력하고, 예시 페이지 3개는 삭제합니다.

그리고, 데이터베이스 ❷보기 [설정(…)]에서 ❸[속성] 메뉴를 열어 필요한 속성을 추가해 보겠습니다.

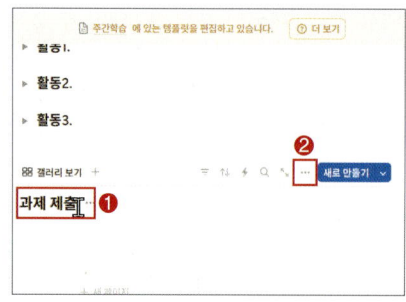 

속성 추가: 생성자, 최종 편집자

05 ❶[새 속성]을 클릭하여 새로운 속성으로 ❷[생성자]와 ❸[최종 편집자]를 추가합니다.

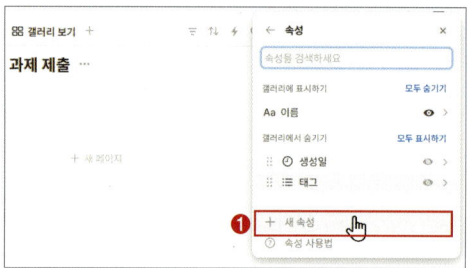 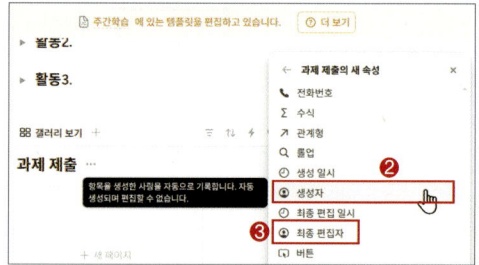

06 불필요한 태그 속성은 삭제하고, 생성일시, 생성자, 최종 편집자 속성이 모두 갤러리에 표시되도록 활성화 하겠습니다.

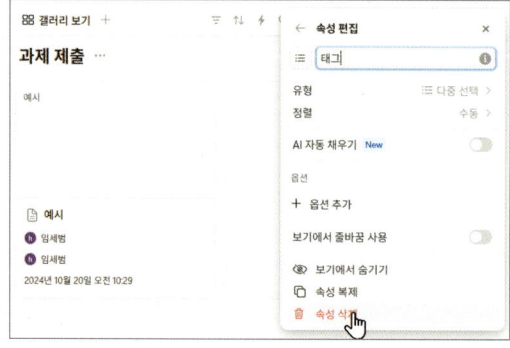 

07 Esc 키를 눌러 보기 설정 메뉴를 닫고, 새로운 페이지를 하나 추가하여 제목과 내용에 '예시'로 입력합니다. 과제 제출 갤러리의 새 페이지에서 제목, 내용, 생성자와 편집자를 확인할 수 있습니다.

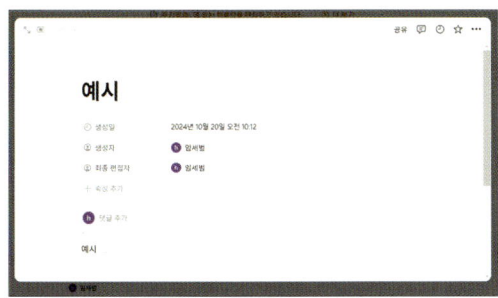 

템플릿 추가 확인하기

08 상단에서 ❶홈페이지 위치를 눌러 돌아옵니다. 그리고 갤러리의 ❷확장(∨)을 눌러 템플릿이 추가된 것을 확인할 수 있습니다.

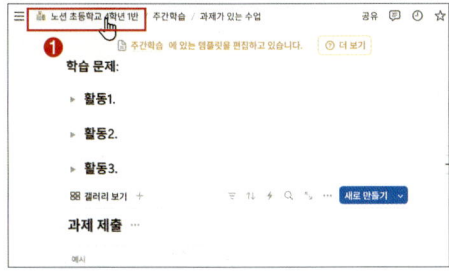 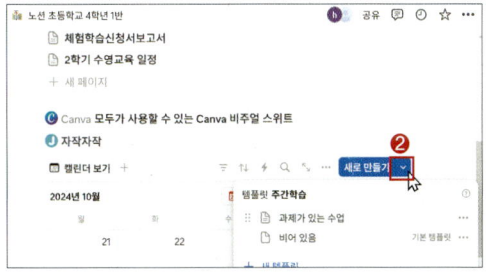

교사의 활용 노하우

왜 생성자와 최종편집자를 모두 추가할까요?

Notion으로 처음 수업을 진행하면서 당황했던 부분은 다른 학생의 과제의 일부분을 삭제하거나 수정하는 장난을 치는 일이었습니다. 학생들은 실수로 혹은 고의로 다른 학생의 과제를 수정하는 일이 종종 생깁니다. 그러나, 최종 편집자를 추가하면, 다른 학생의 과제를 편집할 경우 갤러리에서 바로 확인이 가능하기 때문에 교사가 개입하여 주의를 주거나 수정할 수 있습니다.

▲ 생성자와 최종편집자가 일치하지 않는 경우   ▲ 생성자와 최종편집자가 일치하는 경우

교사: 과제가 부여하기

이제 앞서 생성한 '과제가 있는 수업 템플릿'을 이용하여 학생들에게 과제를 부여해 보겠습니다.

새 페이지 만들어서 템플릿 선택하기

01 주간 학습 캘린더에서 새로운 페이지를 만들고 ❶[과제가 있는 수업] 템플릿을 선택합니다. 페이지의 제목과 내용을 입력합니다.

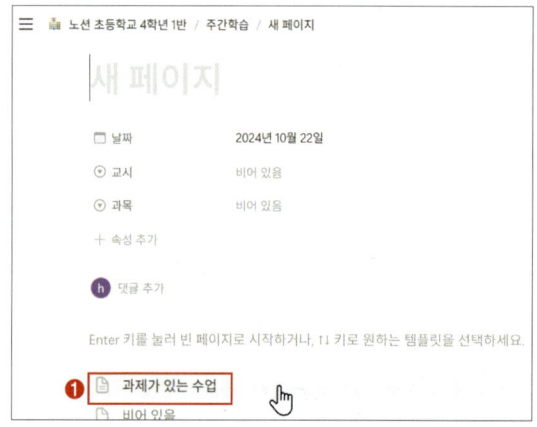
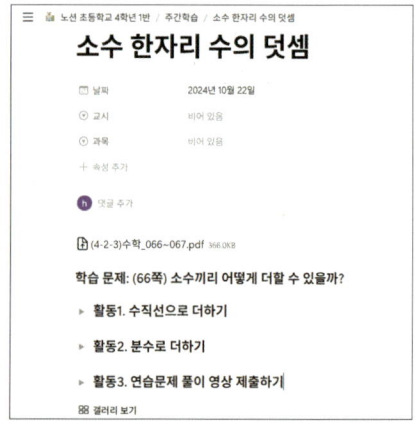

과제 제출 권한(내용 편집 허용) 부여 하기

하위 페이지의 게스트 읽기/편집 권한은 상위 페이지에서 상속됩니다. 학생들은 클래스 홈페이지에서 [읽기 허용]으로 초대되었기 때문에 수업 캘린더에서 추가된 모든 페이지도 역시 [읽기 허용] 상태입니다.

그러므로 학생이 과제를 제출할 수 있도록 하기 위해서는 편집 권한을 부여하여야 합니다. 과제 제출 갤러리를 ❶전체 페이지로 열고, ❷[공유] 메뉴를 클릭합니다.

학생의 노션 계정을 클립보드로 복사(Ctrl + C)한 후에, 과제 제출 페이지의 ❸공유 창에 붙여넣기(Ctrl + V)합니다. ❹권한 설정을 열어 ❺[내용 편집 허용]으로 바꾼 후 ❻[초대]를 클릭합니다.

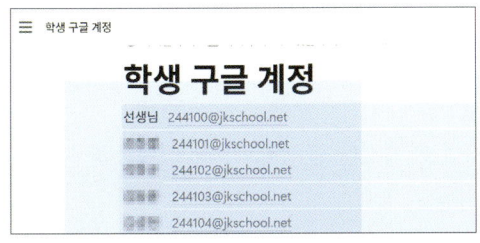

이제 학생들의 권한이 내용 편집 허용으로 바뀐 것을 볼 수 있습니다. 그러나, 상위 페이지인 수업 페이지로 이동하여 공유 메뉴를 열어보면, 상위 페이지는 여전히 [읽기 허용]으로 유지되는 것을 알 수 있습니다.

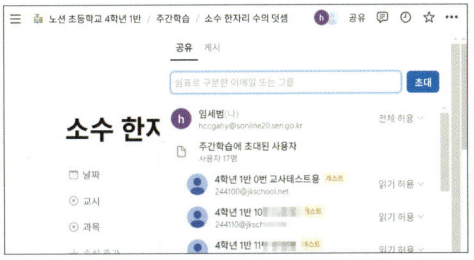

▲ 과제 페이지에서 학생의 권한: [내용 편집 허용]   ▲ 수업 페이지에서 학생의 권한: [읽기 허용]

교사의 활용 노하우

안전하게 권한 설정하기

학생들이 임의로 클래스의 내용이나 수업 내용을 변경하지 못하게 하려면, **[읽기 허용]** 권한을 유지하여야 합니다. 그러나, 과제를 제출해야 하는 공간에서는 작성을 위해 편집이 가능한 권한을 부여해야 합니다.
페이지의 구조를 생각해보면
–최상위: 클래스 홈페이지 (읽기 허용)
  └1수준 하위 페이지: 주간 학습 갤러리 (읽기 허용 자동 적용)
    └2수준 하위 페이지: 차시별 수업 페이지 (읽기 허용 자동 적용)
      └3수준 하위 페이지: 과제 제출 갤러리 (내용 편집 허용)
으로 권한을 부여하게 됩니다.
이때, 과제 제출 갤러리에 있는 게스트 목록에서 학생의 계정을 개별적으로 하나씩 클릭하여 권한을 변경하는 것은 번거롭기 때문에 **[내용 편집 허용]**으로 다시 초대하여 권한을 덮어씌우면 편리합니다.
데이터베이스 페이지에만 존재하는 **[내용 편집 허용]** 권한을 받은 사용자는 데이터베이스의 보기 설정은 수정할 수 없으며, 오직 하위 페이지의 내용만을 작성하거나 편집할 수 있습니다.

학생: 과제 제출, 댓글, 상호검토

이번에는 학생 입장에서 노션에 과제를 제출하고, 반응하는 과정 중심 + 협력적 쓰기 수업 흐름을 통해 노션 기반의 과제 수업 흐름을 살펴 보겠습니다.

수업 페이지로 이동하기

01 학생은 주간 학습 캘린더에서 이번 시간 수업 페이지를 클릭하고, 과제 내용을 확인합니다.

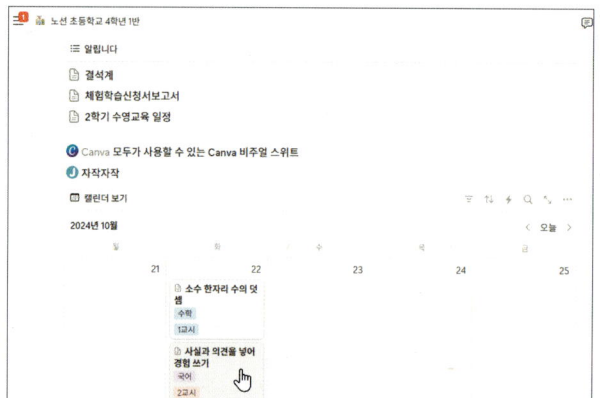
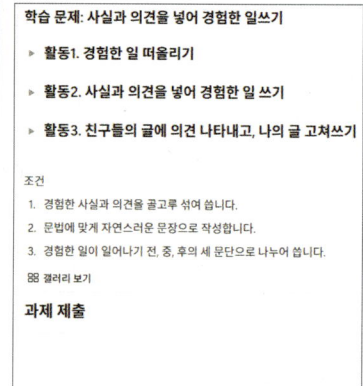

초안 작성하기

02 [새로 만들기] 또는 [+새 페이지]를 눌러 새로운 과제를 시작합니다. 제목과 내용을 입력합니다. 노션에 입력된 텍스트는 화면 끝에서 자동으로 다음 줄로 넘어가게 됩니다. 그런데, 학생이 자신의 화면만 보고 Enter 키를 입력하면 다른 사람의 화면에서는 줄바꿈이 맞지 않게 됩니다. 그러므로 반드시 문단이 바뀔 때만 Enter 키를 눌러 줄바꿈을 하도록 지도하여야 합니다.

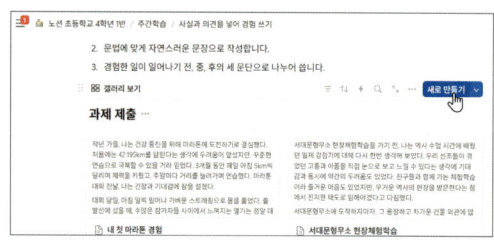

03 과제가 완료되면 Esc 키를 눌러 자신의 과제 페이지를 닫을 수 있습니다. 만약 실수로 과제가 닫히면 과제 제출 갤러리에서 자신의 이름을 찾아 다시 과제 페이지를 열어 작성을 계속합니다. 작성한 내용은 실시간으로 동기화되므로 별도의 제출 버튼이나 저장 버튼을 누를 필요가 없습니다.

상호 검토(돌려 읽기)

노션은 서로의 글을 읽고 [중간 댓글]을 통해 첨삭이나 주석과 같은 메모를 남길 수 있습니다. 이러한 [중간 댓글]을 사용하면 기존의 종이에 글을 쓰고 상호 검토하는 활동에 비해 세 가지 장점이 있습니다.

첫째, 순서를 기다리지 않고 교사와 모든 학생이 동시에 모든 학생에 대해 검토가 가능합니다.
둘째, 글에 댓글을 남겨도 종이가 훼손되지 않습니다.
셋째, 상호 검토가 끝난 후에도 댓글의 이력이 남으므로 검토 내용도 평가할 수 있습니다.

글 내용에 댓글을 달기 위해서는 메모할 부분을 ❶드래그한 후 나타나는 팝업메뉴에서 ❷[댓글]을 클릭합니다. ❸메모 내용을 입력하고 ❹[완료(🔼)]를 누릅니다.

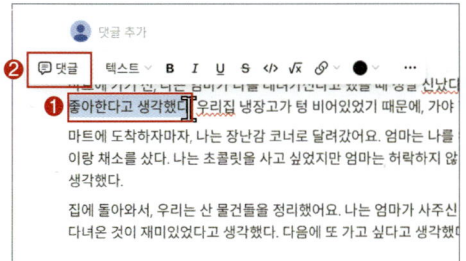
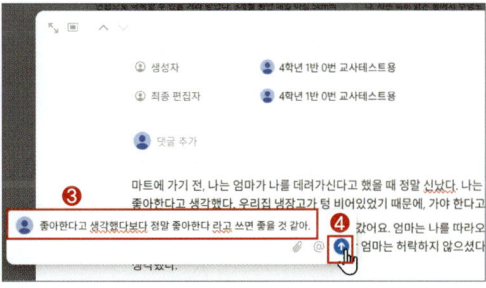

고쳐 쓰기

서로의 글에 대한 검토가 끝나면 자신의 과제를 열어 다른 친구들이 나의 글에 남긴 의견을 확인할 수 있습니다. 중간 댓글은 노란색 음영처리가 됩니다. 학생은 ❶노란색 음영이나 ❷[말풍선]을 클릭하여 메모 내용을 확인할 수 있습니다. 메모를 읽은 후에는 ❸[해결(√)]을 클릭하여 메모를 숨깁니다. 학생은 첨삭의견을 수용하여 자신의 글을 고칠 수도 있고, 만약 의견이 적절하지 않다고 생각하면 생략할 수도 있음을 안내합니다.

글을 모두 고친 후에는 과제 페이지 오른쪽 위에 있는 ❹[말풍선]을 클릭하고 ❺[필터]를 ❻[해결]로 변경하여 지난 댓글을 모두 확인할 수 있습니다.

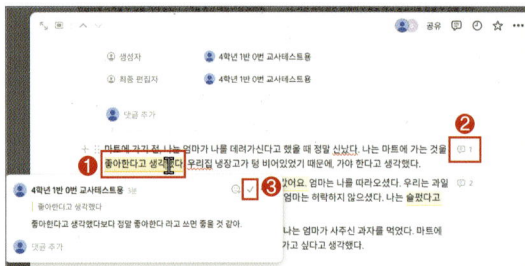 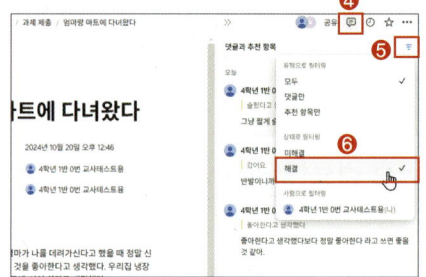

반응하기

고쳐쓰기를 통해 글이 완성되면, 페이지 상단에서 속성 아래쪽 ❶댓글 창으로 글 전체에 대한 의견을 서로 나눕니다. 페이지 전체에 대한 댓글을 갤러리에서도 ❷[말풍선]을 클릭하여 확인할 수 있습니다.

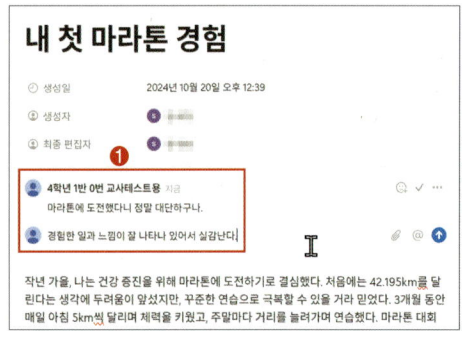 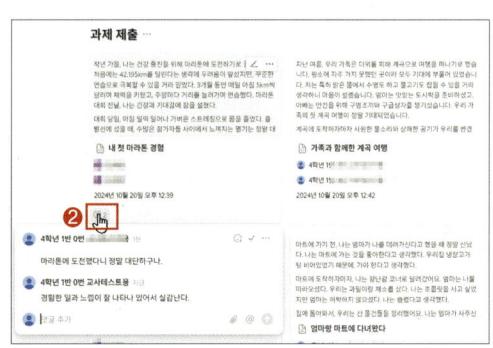

노션 과제 돌발상황 대처

학생들은 디지털 글쓰기가 익숙하지 않기 때문에 내용의 일부나 페이지 전체가 사라지는 일이 종종 생깁니다. 그러나, 두 가지 방법으로 거의 대부분을 해결할 수 있습니다.

페이지의 일부가 사라진 경우

학생이 자신의 실수로 내용을 지운 것이라면, 윈도우의 기본 조작방법인 실행취소(Ctrl + Z) 단축키를 입력하여 되돌릴 수 있습니다. 혹은 ❶페이지 설정에서 ❷[실행 취소]를 선택할 수도 있습니다. 실행취소는 여러 번 되돌아가는 것도 가능합니다. 만약, 실행 취소로 되돌릴 수 없는 경우에는 ❸버전 기록을 열어 특정 시간대로 ❹복원할 수 있습니다. 이러한 경우, 다른 학생이 페이지를 수정한 경우일 수 있으므로, 최종편집자를 확인하여 생성자와 일치하지 않는 경우 주의를 줍니다.

▲ 실행 취소로 되돌리기

▲ 페이지 버전 기록에서 복원하기

과제 페이지 자체가 사라진 경우

과제 페이지가 통째로 사라진 경우는 페이지가 삭제되거나 이동된 경우입니다. 이러한 경우에는 과제 갤러리를 전체 페이지로 열어 ❶업데이트 기록을 살펴봅니다. 이동하거나 삭제한 학생이 확인되면 주의를 주고 ❷페이지 버전 기록에서 삭제되기 이전 상태로 복원합니다.

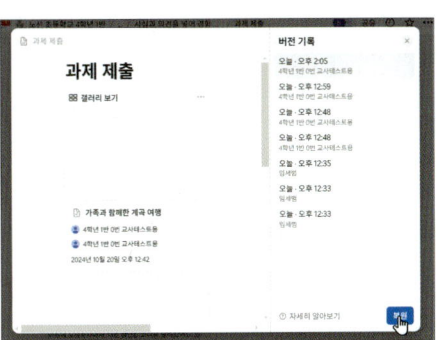

03 학습지처럼 사용하는 노션 템플릿

이번 섹션에서는 과제 갤러리에서 템플릿을 다양하게 활용하는 방법에 대해 살펴보겠습니다.

정해진 양식이 있는 과제 만들기

노션 데이터베이스의 템플릿을 만들어 기본 템플릿으로 적용하면 디지털 기반 수업에서도 학습지처럼 학생들에게 특정양식을 적용하여 과제를 하도록 할 수 있습니다.

실습 완성 미리보기
https://url.kr/bumxx6

과제가 있는 수업 페이지 만들기

01 수업 캘린더에서 ❶[항목 추가]를 클릭하고, 이전 섹션에서 다룬 ❷과제가 있는 수업 템플릿으로 시작합니다.

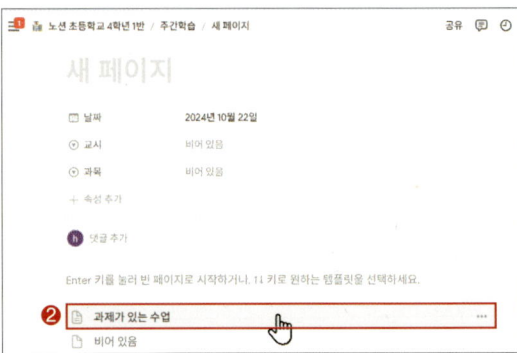

템플릿 추가하기

02 과제 갤러리에서 ❶[더보기(∨)]를 클릭하여 ❷새 템플릿을 추가합니다. ❸템플릿에 학생들에게 적용하려는 기본 양식을 입력하고 Esc 키를 눌러 템플릿 페이지를 닫습니다.

기본 템플릿 적용하기

03 과제 갤러리에서 ❶[더보기(∨)]를 클릭하고, 새 페이지 템플릿의 ❷[이 템플릿 편집(…)]을 클릭합니다. 그리고, ❸[기본으로 설정]을 적용합니다. 적용 범위를 묻는 선택에는 ["갤러리 보기"보기에만 적용]을 선택합니다.

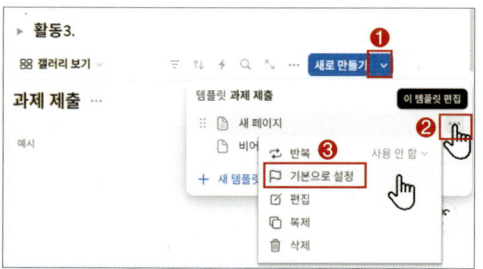 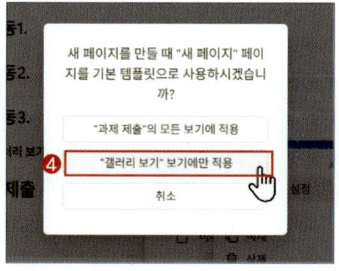

04 이제 [비어있음]이 아니라, 새로 만든 템플릿이 기본 템플릿으로 적용되었습니다. 과제 갤러리에서 새로운 페이지를 추가하면 템플릿의 내용이 기본 양식으로 적용되는 것을 확인할 수 있습니다.

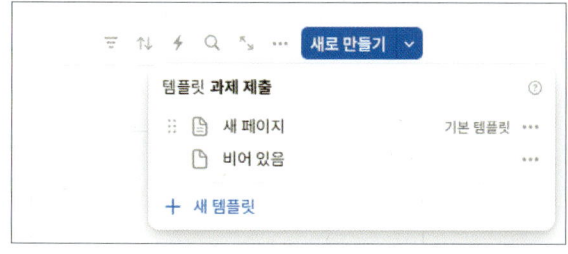 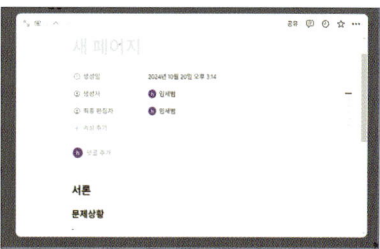

선택 과제

실습 완성 미리보기
https://url.kr/ayz7nh

과제를 선택할 수 있도록 하는 경우에는 과제 갤러리에 선택 가능한 몇 가지 템플릿은 추가하지만, 기본 템플릿은 [비어 있음] 상태에서 변경하지 않습니다. 빈 페이지로 시작한 경우에는 학생들이 직접 템플릿을 선택할 수 있습니다.

 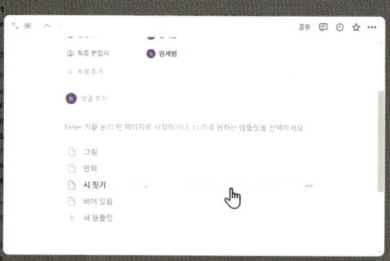

템플릿 내에 필요한 사이트의 URL 링크나 설명, 영상 등을 추가하여 개별화된 자료를 제공할 수도 있습니다.

또한, 이미지나 업로드 블록을 추가한 후 비운 상태로 두면, 학생들이 쉽게 클릭하여 이미지를 추가하는 것도 가능합니다.

필터를 활용한 비공개 과제 만들기

실습 완성 미리보기
https://url.kr/efvevm

노션은 기본적으로 학생들이 서로의 과제를 볼 수 있습니다.

만약, 평가 등의 목적으로 서로의 과제를 보지 않아야 하는 경우 필터를 설정하여 생성자로 [나]를 선택하면 됩니다. 여기서 [나]는 상대적인 값으로 사용자에 해당하기 때문에 학생들은 [나]가 작성한 글만 볼 수 있습니다.

그러나, 이 경우 교사도 개별 학생들의 글을 볼 수 없다는 단점이 있습니다. 물론 학생들의 모든 과제 제출이 끝나고 난 후에 필터를 해제하면 되겠지만, 실시간 과제 확인이 가능하다는 노션의 장점이 사라집니다.

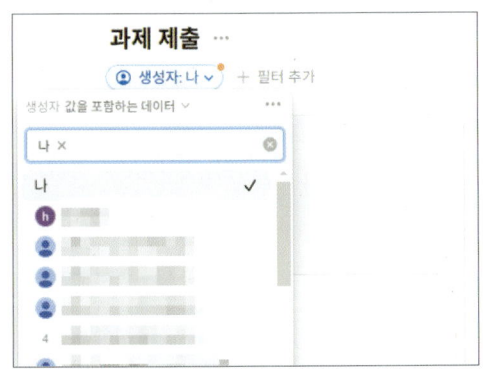 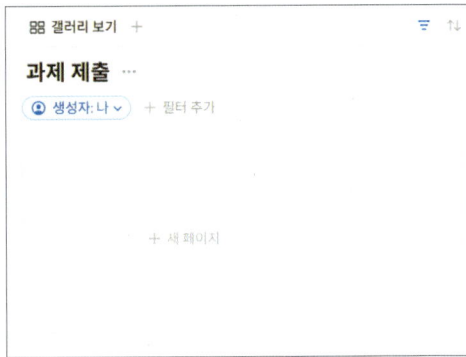

▲ 필터에서 생성자 속성값을 [나]를 설정하기   ▲ 교사도 학생의 과제가 보이지 않음

[사람] 속성을 활용하면 교사는 모든 학생의 과제를 볼 수 있으면서도 학생들은 자신의 과제만 볼 수 있도록 설정할 수 있습니다.

이어지는 내용에서 이러한 비공개 과제 템플릿를 생성해 보겠습니다.

과제가 있는 수업 템플릿을 복제하여 시작하기

01 비공개 과제가 있는 수업 템플릿은 기존에 만들어 놓은 과제가 있는 수업 템플릿을 수정하여 작성하겠습니다.

과제 갤러리에서 ❶[더보기(∨)]를 클릭하고, [과제가 있는 수업] 템플릿의 ❷[이 템플릿 편집(...)]을 클릭합니다. 그리고, ❸[복제]를 클릭합니다. 제목을 비공개 과제가 있는 수업으로 고치고, 편집하기 쉽게 ❹전체 페이지로 열겠습니다.

 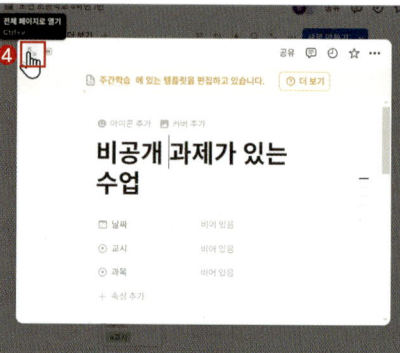

속성 추가하기

02 과제 갤러리의 보기 [설정(...)]에서 속성 편집 메뉴를 열어, ❶[사람] 유형의 속성을 추가하고, 속성의 이름은 ❷[보이는 사람]으로 입력합니다.

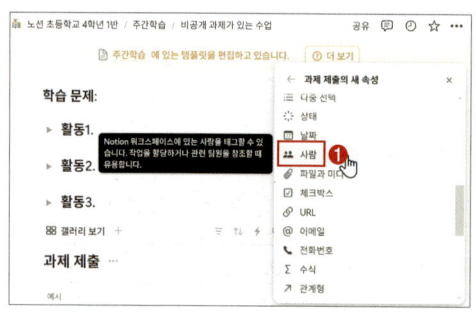 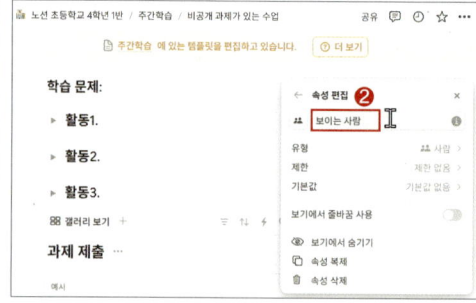

고급 필터 추가하기

03 두 가지 필터를 설정하기 위해 ❶[필터] 메뉴를 열어 ❷[고급 필터 추가]를 클릭합니다. ❸[이름] 속성을 클릭하여 [보이는 사람] 속성으로 변경하고 ❹값도 상대값인 ❺[나]로 선택합니다.

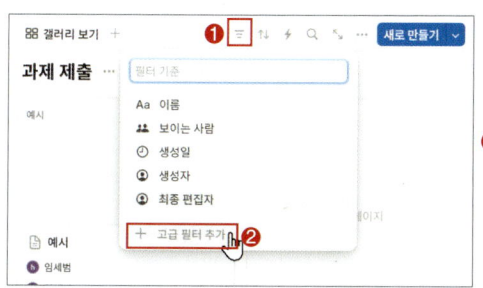
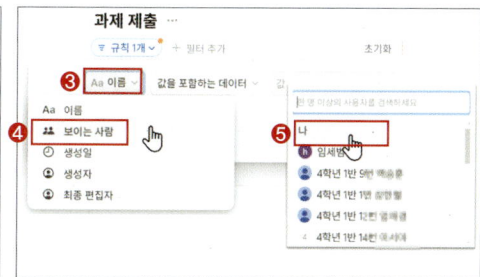

04 ❻필터 규칙 추가에서 ❼[필터 규칙 추가]를 클릭합니다. 그리고 ❽기본 설정값을 클릭하여 [나]를 ❾제거(x)하고 대신 ❿선생님 본인의 계정을 추가합니다.

05 이제, Esc 키를 눌러 필터 입력을 마치면 다음과 같이 필터가 설정되어 있습니다. 보이는 사람 속성값이 [나]라는 조건과 보이는 사람 속성값이 [임세범(선생님 계정)]이 모두 충족된 페이지만 보이도록 설정되었습니다. ⓫[모두에게 저장]을 눌러 게스트 모두에게 필터가 적용되도록 합니다.

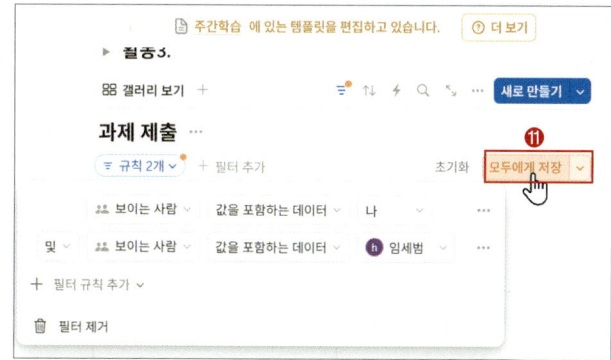

비공개 템플릿에서 과제를 제출한 경우

06 이제 학생과 교사 입장에서 과제 페이지를 각각 새로 만들어 비교해 보겠습니다. 노션 데이터베이스에서 [필터]가 적용된 상태로 새로운 페이지를 만들면, 필터의 조건을 만족하는 상태로 페이지가 생성됩니다. 그러므로 테스트 학생이 새로 만든 페이지는 [보이는 사람] 속성에 '나'와 '선생님 이름' 모두 입력된 상태로 생성되었습니다. 그러나, 보는 조건에서 다른 학생이 생성한 페이지는 [선생님 이름]은 만족하지만, [나]의 이름은 포함되지 않으므로 보이지 않게 됩니다.

▲ 선생님 계정에서 모든 과제 확인

▲ 학생 계정에서 다른 과제 숨김

> **교사의 활용 노하우**
>
> **비공개 과제 템플릿은 복사 후 설정을 변경하여야 합니다.**
>
> 비공개 과제 템플릿은 복제하여도 제대로 작동하지 않습니다. 선생님 계정에 해당하는 값이 다르기 때문입니다. 교재를 보면서 자신이 계정으로 설정값을 수정한 후 사용하세요.

04 노션으로 수업 준비 끝내기

클래스 형태의 페이지는 학생들에게 수업을 안내하기에는 편리하지만, 수업 준비 시에는 다소 불편할 수 있습니다. 교사가 수업 준비를 위한 메모, 수업 자료 등을 쉽게 볼 수 있도록 수업 준비를 위한 대시보드를 만들어 보도록 하겠습니다.

기존의 데이터베이스를 가져와 필요한 형태로 변경할 경우에는 링크된 데이터베이스 블록을 활용합니다.

> **교사의 활용 노하우**
>
> **링크된 데이터베이스**
>
> 링크된 데이터베이스는 기존의 데이터베이스를 가져와 다른 레이아웃으로 작업할 수 있는 형태의 블록입니다. 링크된 데이터베이스는 원본 데이터베이스와 동기화 되어 있으므로 어느 쪽에서 수정하여도 서로 동일하게 유지됩니다. 링크된 데이터베이스를 삭제하여도 원본 데이터베이스의 페이지들은 그대로 남아 있습니다. 그러나, 원본 데이터베이스를 삭제하면 링크된 데이터베이스는 더 이상 작동하지 않습니다.

링크된 데이터베이스로 수업 준비 대시보드 만들기

실습 완성 미리보기
https://url.kr/4eerko

수업 캘린더를 링크된 데이터베이스로 가져오기

01 새로운 페이지를 만들고 ❶[표 보기]를 추가합니다. 이번에는 새 표로 시작하지 않고, ❷[주간학습] 데이터베이스를 클릭하여 링크된 데이터베이스로 시작합니다. 만약 주간학습 데이터베이스가 보이지 않을 경우에는 검색으로 찾을 수 있습니다.

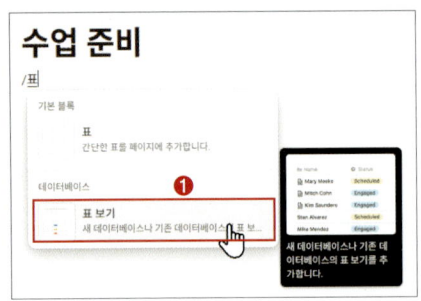
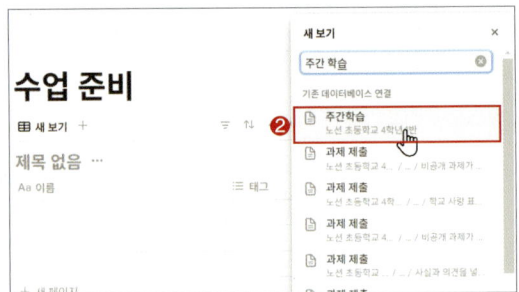

02 기존의 레이아웃을 그대로 가져오기 위해 ❸[캘린더 보기]를 선택합니다. 데이터베이스 페이지와 다르게 기본 페이지는 좁게 설정되어 있어서 캘린더 보기에 불편합니다. ❹ 페이지 [설정(...)]에서 ❺[전체 너비]를 활성화합니다.

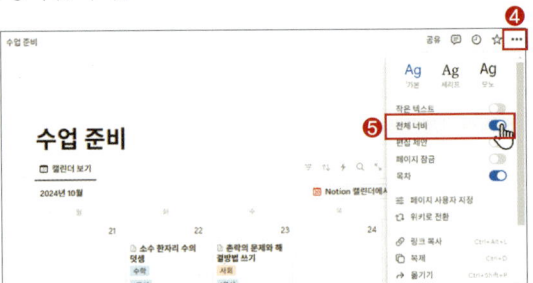

오늘 수업: 표 보기 탭 추가하기

03 오늘 수업 내용만 집중해서 볼 수 있도록 표 레이아웃을 추가해 보도록 하겠습니다. 링크된 데이터베이스는 보기 추가할 때마다 원본 데이터베이스를 다르게 선택할 수 있습니다. 그러나, 이번에는 같은 데이터베이스와 연결하는 것이므로 ❶기존 [캘린더 보기] 탭을 클릭하고 ❷[복제]를 눌러 동일한 캘린더를 추가하는 것이 더 편리합니다.

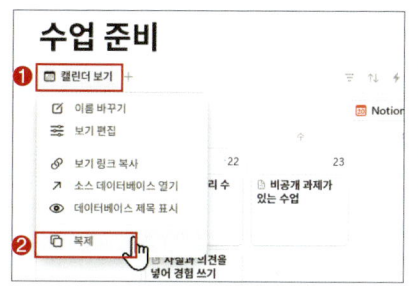 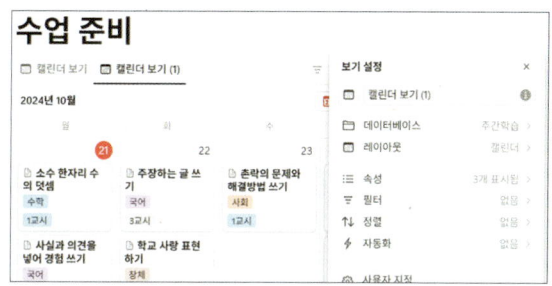

04 복제된 캘린더 보기(1)은 ❸이름을 '오늘 수업'으로 변경하고, ❹[레이아웃] 메뉴를 열어 ❺[표]로 변경합니다.

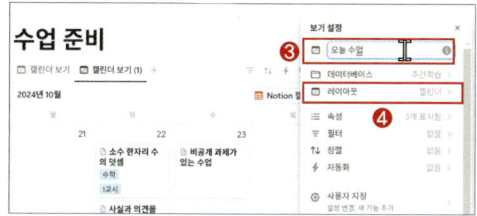 

오늘 수업: 수식으로 요일 속성 추가하기

05 이번에는 요일을 추가해 보겠습니다. 노션에서는 기본적으로 요일이 날짜에 표시되지 않지만, 수식을 이용하여 간단히 요일을 나타낼 수 있습니다. ❶[속성 추가]를 누르고 ❷[수식] 속성을 추가합니다.

 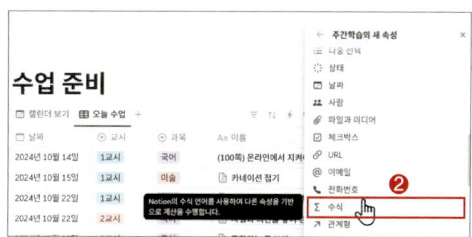

06 ❸속성의 이름으로 '요일'을 입력하고, ❹수식을 클릭하여 ❺수식에 'formatDate'를 입력하고 괄호 열기까지 입력합니다. 노션 수식은 대소문자를 구분하므로 'D'가 대문자라는 것에 유의합니다. formatDate 함수는 날짜 유형의 속성을 원하는 형태로 나타낼 수 있는 함수입니다. ❻[날짜] 속성을 클릭하여 수식에 날짜 속성을 입력합니다.

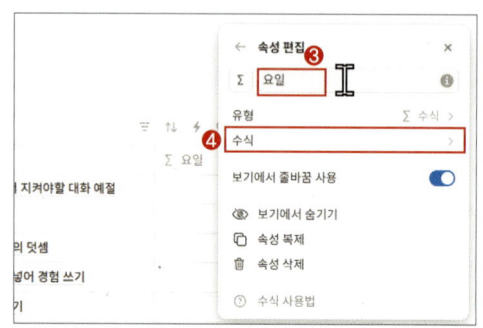 

07 날짜 속성이 수식에 나타나면 이어서 ❼쉼표와 "dd"를 입력하고 괄호를 닫아 수식을 완성하고 ❽[저장]합니다. formatDate 함수에서 "dd"는 요일의 첫 글자를 나타낸다는 의미입니다.

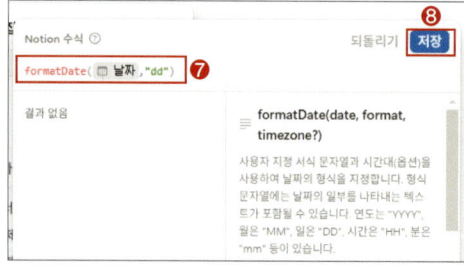 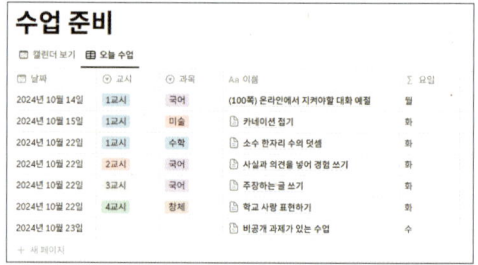

08 요일은 한 글자만 표시하면 되므로 속성 칸의 크기를 가장 좁게 줄입니다.(Alt 키를 누른 상태로 드래그하면 기본적인 너비보다 더 좁힐 수 있습니다. 속성의 너비를 조정한 후에는 드래그하여 보기 편한 위치로 이동합니다.

 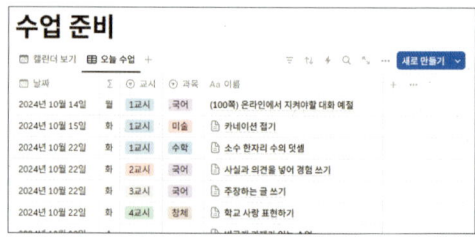

교사의 TIP 노션 데이터베이스에서 수식 속성은 엑셀이나 구글 시트에서 사용하는 함수와 같은 역할을 합니다. 그러나, 노션은 스프레드시트가 아니고 데이터베이스이므로 모든 칸에서 함수를 사용할 수 없고 수식 속성에서만 입력 가능합니다. 수식 속성에 대해서는 Chapter 05에서 자세히 다루도록 하겠습니다.

오늘 수업: 필터 설정하기

09 지금은 모든 수업이 다 나타나므로 오늘 날짜만 보도록 필터를 설정해보겠습니다. ❶[필터] 메뉴를 열어 ❷고급 필터를 추가합니다. 필터 규칙은 ❸날짜, ❹값과 동일한 데이터 ❺오늘 순으로 입력합니다.

내일 수업, 어제 수업: 복제하여 만들기

10 같은 형태로 내일 수업 보기도 추가해 보겠습니다. 형태는 같으므로 ❶[오늘 수업] 보기를 누른 후 ❷복제합니다. 그리고 ❸[필터] 설정을 클릭합니다.

11 필터 기준을 ❹내일로 변경하고 Esc 키를 눌러 메뉴를 닫습니다. 같은 방식으로 어제 수업도 복제하여 필터를 변경하는 방식으로 추가할 수 있습니다.

모두 보기: 복제하여 만들기

12 마지막으로 지난 수업을 검색하여 찾아볼 수 있도록 [모두 보기] 표를 추가합니다. [오늘 수업] 보기를 복제한 후 필터를 제거합니다. 그리고 수업을 순차적으로 볼 수 있도록 ❶정렬을 열어 ❷날짜를 오름차순으로 설정하고 ❸정렬 추가하여 ❹교시를 오름차순으로 설정합니다.

링크된 데이터베이스로 공지사항 가져오기

13 이번에는 클래스 홈페이지에 있는 [공지사항] 데이터베이스도 링크된 데이터베이스로 가져와 보겠습니다.

화면을 간결하게 디자인하기 위해 캘린더 아래에 ❶[2개의 열] 블록을 추가합니다. 2개의 열을 추가하면 HWP 문서의 다단처럼 좌우를 나누어 블록을 추가할 수 있습니다.

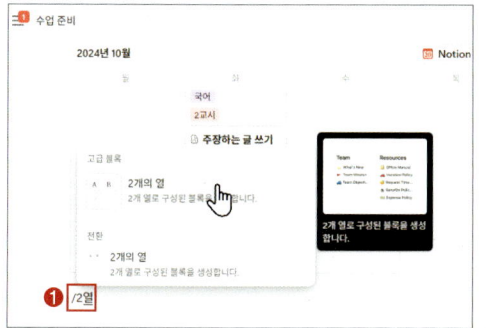 

14 왼쪽 열에 커서를 위치하고 ❷[표 보기] 블록을 추가하여 ❸공지사항을 링크된 데이터 베이스로 추가합니다.

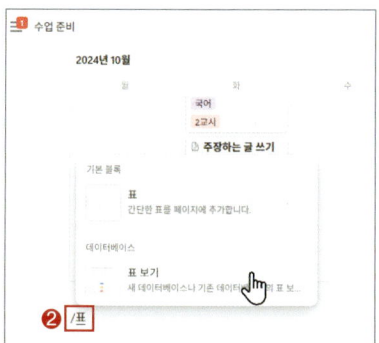 

15 레이아웃은 그대로 ❹[알립니다]를 사용하겠습니다.

수업에 필요한 메모공간 표 추가하기

16 수업 준비하면서 기억해 둘 것들을 새로운 표 데이터베이스로 추가해두면 지속적인 수업 흐름을 유지하기에 편리합니다.

이번에는 오른쪽 열을 클릭하여 ❶[표 보기]를 추가하고 ❷[새 표]로 시작합니다.

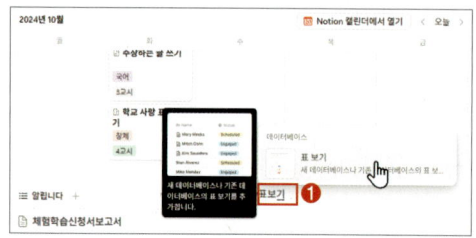
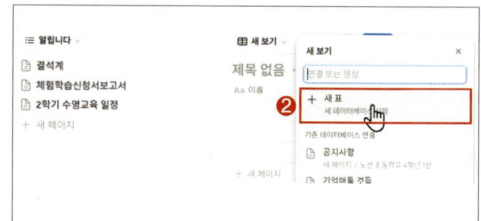

17 기억해 둘 것에는 이후 수업 계획이나 아이디어, 학생들과의 약속과 같은 것들을 적어 두면 좋습니다.

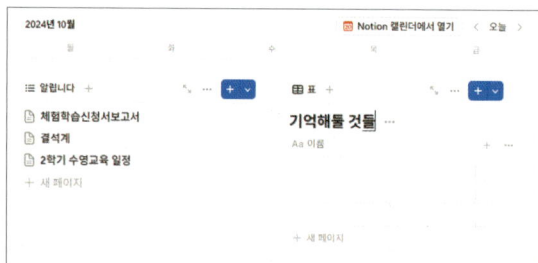

18 완성된 수업 준비 대시보드의 모습은 다음과 같습니다.

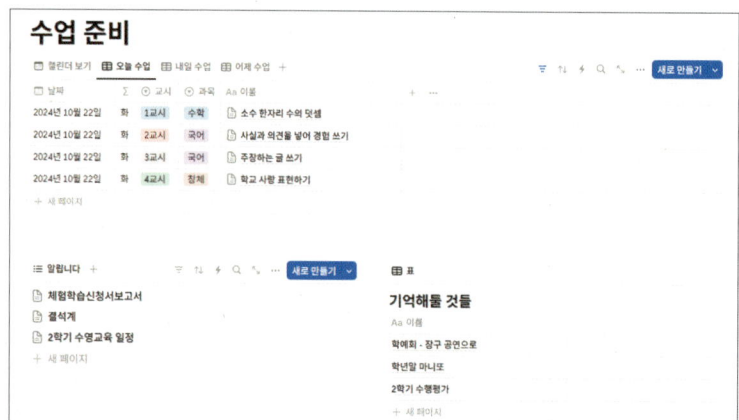

클래스 홈페이지에서 이후 수업 숨기기

19 클래스 홈페이지의 주간 학습 캘린더는 모든 수업이 노출됩니다. 만약, 학생들에게 오늘까지의 수업 내용만 나타나고 내일 이후의 수업을 숨기려면 ❶필터를 열어 ❷[고급 필터 추가]를 누르고 ❸날짜, ❹이전(당일 포함), ❺오늘로 설정합니다.

20 이제 학생들은 내일 이후의 수업은 미리 볼 수 없습니다.

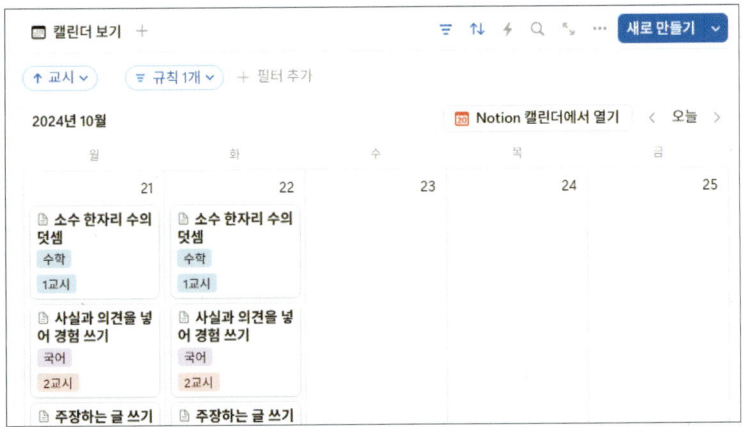

두 개의 링크된 데이터베이스로 기본 시간표 복사하기

학교 수업은 비슷한 시간표가 매주 반복되므로 같은 수업 페이지를 반복해서 캘린더에 추가할 수 있다면 편리합니다. 노션은 자동 반복 기능이 없지만, 링크된 데이터베이스를 활용하면 기본 시간표를 쉽게 복사할 수 있습니다.

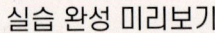
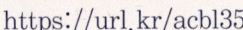

2개의 열 구성하기

01 새로운 페이지를 만들어 ❶페이지 설정에서 ❷[전체 너비]를 활성화 합니다. 그리고 ❸2개의 열 블록을 추가합니다.

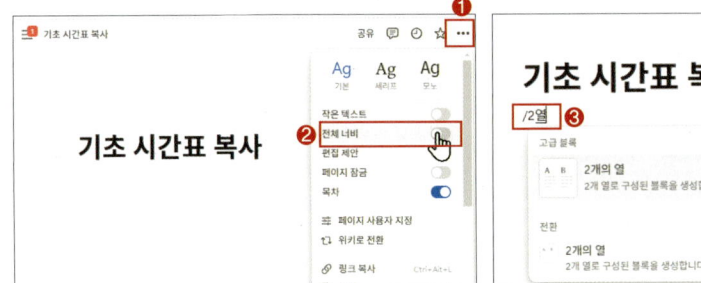

링크된 데이터베이스로 주간 학습 캘린더를 두 번 가져오기

02 왼쪽 열에 커서를 위치하고 캘린더를 추가하고 [주간학습]을 선택하여 링크된 데이터 베이스로 생성합니다.

같은 방법으로 오른쪽 열에서도 [주간학습]을 링크된 데이터베이스로 생성합니다.

03 주간학습 캘린더에 설정해 두었던 필터는 제거해 줍니다.

기본 시간표 복사하기

04 왼쪽 캘린더는 수업이 없는 2월 마지막 주로 이동하여 기본 시간표를 입력합니다. 다소 번거로울 수 있지만, 한 번만 입력해 두면 일 년 내내 활용할 수 있습니다. 복제하려는 날짜의 수업 페이지들은 요일부터 아래쪽으로 드래그하면 쉽게 동시 선택이 가능합니다.

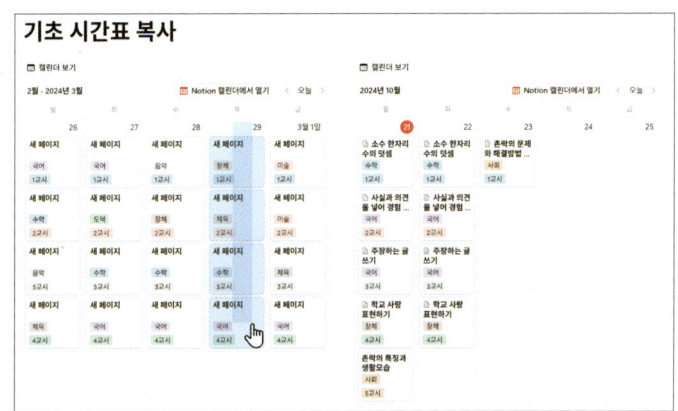

05 선택된 페이지는 Alt 키를 누른 상태로 오른쪽 캘린더에서 원하는 날짜 칸으로 드래그합니다.

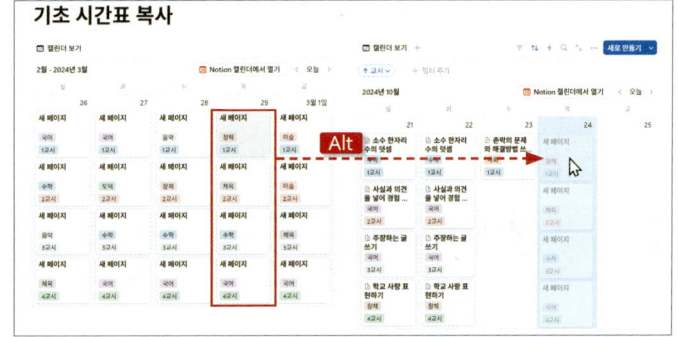

06 그러면, 아래와 같이 해당 날짜로 수업 페이지가 복제된 것을 확인할 수 있습니다.

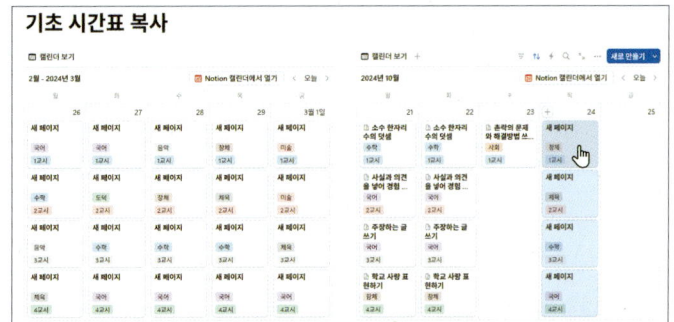

Chapter 03 노션으로 수업하기 **189**

효율적인 학생 관리의 핵심은 데이터를 어떻게 구조화하고 연결하느냐에 있습니다. 이 장에서는 노션 데이터베이스의 다양한 속성들을 이해하고, 이를 활용해 학생 정보를 통합 관리하는 방법을 배워보겠습니다.
여러 문서와 표를 따로 관리하는 번거로움에서 벗어나, 이제 노션 명렬표로 모든 학생 데이터를 통합해 관리해보세요. 출결, 상담 기록, 과제 제출 여부 등 다양한 정보를 하나의 명렬표 데이터베이스에 연동하고, 노션의 강력한 관계형 속성 기능을 활용해 데이터를 효율적으로 연결하는 방법을 배우게 됩니다. 더 나아가 수식을 활용해 학부모 상담이나 생활지도에 필요한 안내 메시지를 자동으로 생성하는 방법까지 다룹니다.
이 과정을 통해 여러분은 노션 데이터베이스의 기본 속성부터 고급 기능인 관계형과 롤업까지 마스터하고, 학생 관리 업무를 더 체계적이고 효율적으로 수행할 수 있게 될 것입니다.

N O T I O N

CHAPTER 04

노션으로 학생 관리하기

01
데이터베이스 속성

실습 완성 미리보기
https://url.kr/fhf5s9

데이터베이스 속성이란?

노션의 일반 페이지들은 단순히 내용만을 담고 있습니다. 반면, 데이터베이스의 페이지들은 두 가지 형태의 데이터를 가지고 있습니다. 그것은 '내용'과 '속성'입니다.

예를 들어 독서 기록 데이터베이스를 만든다고 생각해보겠습니다. 각 책의 페이지에서 '내용' 부분에는 여러분이 자유롭게 작성한 독후감, 인상 깊은 구절, 생각들이 들어갈 수 있습니다. '속성' 부분에는 책 제목, 저자, 출판사, 읽은 날짜, 평점과 같은 정형화된 정보들이 들어갑니다.

이러한 속성들이 바로 데이터베이스를 특별하게 만드는 요소입니다. 속성을 활용하면 여러분은 읽은 책들을 저자별로 모아보거나, 평점순으로 정렬하거나, 특정 기간에 읽은 책들만 필터링해볼 수 있습니다. 즉, 속성은 페이지들 사이의 관계를 만들고 데이터를 체계적으로 관리할 수 있게 해주는 핵심 기능인 것입니다.

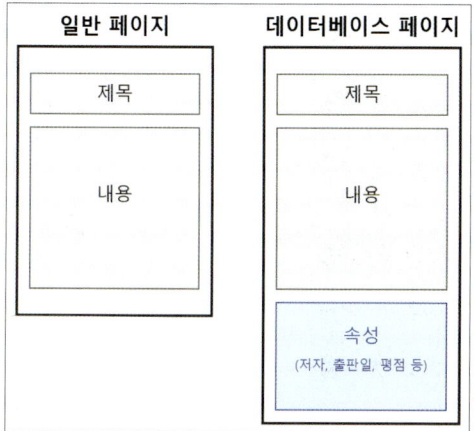

▲ 데이터베이스 페이지는 일반 페이지의 기능에 속성이 추가되어 체계적인 정보 관리가 가능합니다.

다양한 데이터베이스 속성 훑어보기

Chapter 01 에서는 체크박스 속성을, Chapter 02 에서는 날짜, 생성자, 생성일시, 최종 편집자, 최종 편집 일시 속성에 대해 살펴보았습니다. 이번 섹션에서는 그 외에도 학교 업무에 유용하게 사용할 수 있는 다양한 데이터베이스 속성들을 살펴보겠습니다.

이름(페이지 제목)

이름(페이지 제목) 속성은 파일 이름처럼 반드시 존재하는 기본 속성으로 삭제할 수 없습니다.

그러나, ❶속성 이름을 변경하거나, ❷속성 아이콘을 변경하는 것은 가능합니다.

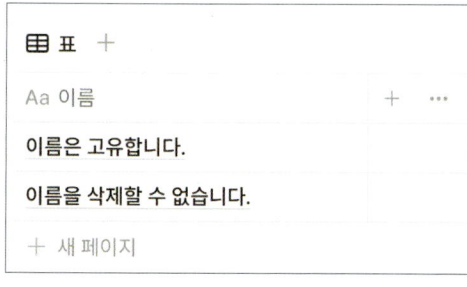
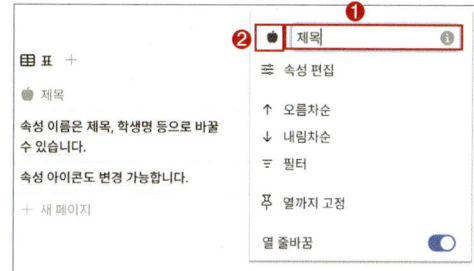

텍스트

텍스트 속성은 이름 그대로 글(text)을 넣을 수 있는 속성입니다. 이름 속성에도 글을 쓸 수 있지만, 텍스트 속성은 제목 속성과 다르게 줄을 바꾸거나, 배경을 넣거나 링크를 넣는 등 [스타일] 작업이 가능합니다.

줄 바꿈은 Shift + Enter 키를 입력하여 바꿀 수 있으며, 스타일이나, 링크, 수학식 등은 변경할 부분을 드래그하면 나타나는 팝업 메뉴에서 설정 가능합니다.

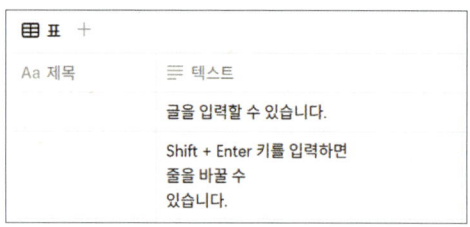 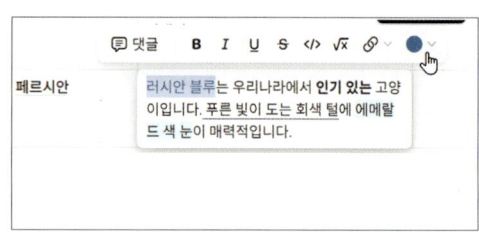

학생들이 과제를 할 때, 텍스트 속성에 입력할 경우, 교사가 전체 글을 한눈에 볼 수 있고 간단한 수식으로 글자수도 확인할 수 있습니다.

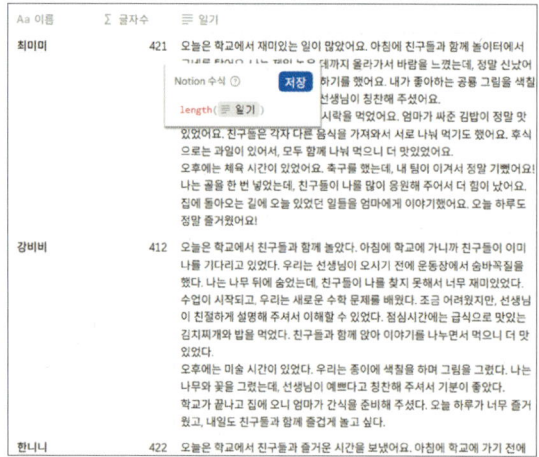 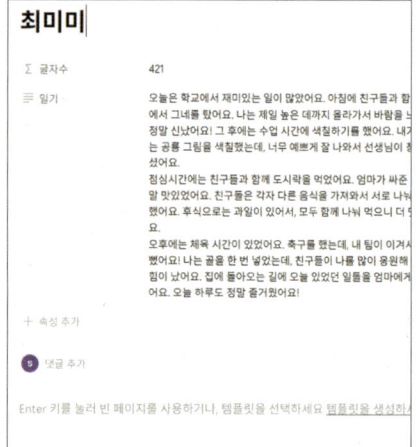

숫자

숫자 속성은 말 그대로 숫자를 입력할 수 있는 속성입니다. 숫자 속성은 순서나 수치를 입력하기에 편리하고, 표 레이아웃에서 기본 제공하는 통계 기능의 추가 옵션도 사용할 수 있습니다.

통계 기능은 표 열 하단의 ❶[계산]을 클릭하여 활성화 할 수 있습니다.

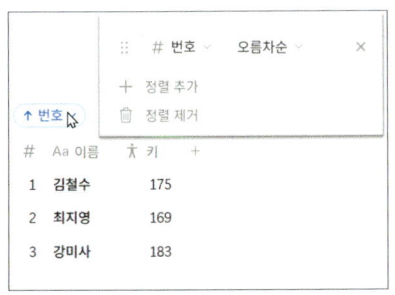
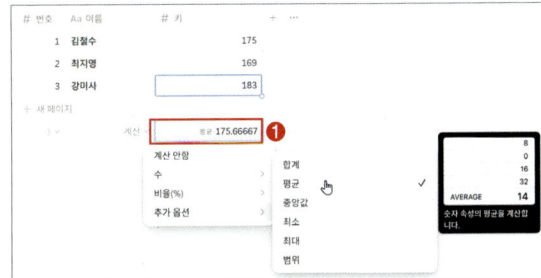

또한, 수식 속성과 함께 활용하면, 엑셀처럼 활용하는 것도 가능합니다. 예를 들어, 업무 예산을 기록하는 용도로 사용하면 편리합니다. 숫자를 금액으로 표시하려면 제목 줄에서 ❶[속성]을 클릭하고 ❷[속성 편집]을 선택하여 ❸숫자 형식을 [원]으로 지정합니다.

상태, 선택, 다중 선택

상태 속성과 선택 속성, 다중 선택 속성은 분류나 표시를 지정한다는 점에서 비슷합니다. 상태 속성은 기본적으로 할 일 관리를 위한 속성으로 비워놓을 수 없습니다. 입력된 값을 지우면 기본값인 [시작전]으로 돌아가게 됩니다. 선택 속성은 하나의 값만 선택 가능합니다. 다른 값을 선택하면 기존 값에서 변경됩니다. 그에 비해 다중 선택 속성은 한 칸에 여러 값을 입력할 수 있습니다.

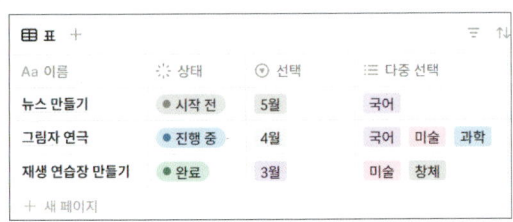

외부 앱 연결: URL, 전화번호, 이메일 속성

URL 속성과 전화번호 속성, 이메일 속성은 노션이 아닌 다른 앱을 실행시키는 속성입니다. URL 속성값을 클릭하면 기본 브라우저 앱을, 전화번호 속성값을 클릭하면 전화 앱을, 이메일 속성값을 클릭하면 메일 앱이 실행됩니다. PC에서는 전화 앱이 보통 없기 때문에 사용이 어렵지만, 모바일에서는 전화번호부에 저장하지 않고도 전화를 걸 수 있어 편리합니다.

파일과 미디어

파일과 미디어 속성은 파일을 첨부할 수 있는 속성입니다. 페이지 내용에 파일을 첨부하는 대신 표 형태에서 바로 파일을 확인할 수 있습니다. 파일은 드래그 또는 업로드로 추가할 수 있습니다. 파일과 미디어 속성에 이미지가 입력된 경우, 갤러리나 보드 레이아웃에서 미리보기로 지정할 수도 있습니다. 레이아웃 설정 메뉴에서 ❶[카드 미리보기]를 선택하여 ❷[해당 속성]을 클릭하면 카드 형태로 나열된 페이지에 이미지가 나타납니다.

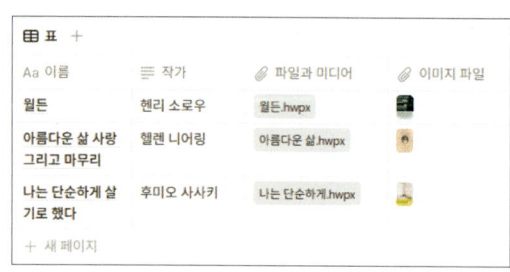 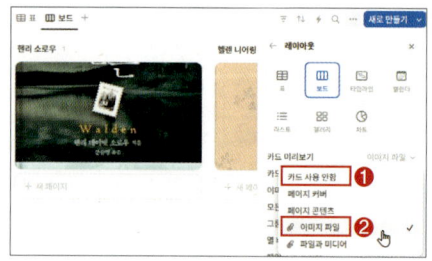

그 외의 속성들

수식, 관계형, 롤업, 버튼 속성도 다양하게 일상과 학교업무에 활용하기 좋은 속성들입니다. 수식, 관계형, 롤업 속성은 이어지는 내용에서 학생명렬표와 기록 데이터베이스를 연동하면서 자세히 알아봅니다. 그리고, 버튼 속성은 자동화를 위한 속성으로 Chapter 05에서 다루도록 하겠습니다.

02 학기 말이 편해지는 All in one 학생명렬표

학생에 대한 기록은 여기저기 흩어져 있습니다. 인적사항 파일, 수행평가 기록을 위한 출력물, 상담 및 관찰 기록부, 출석부, 건강기록, 신체사이즈 조사, 학생건강체력평가 결과 등등이 매번 새로운 기록을 할 때마다 별도의 파일 또는 인쇄물로 생겨납니다.

그러나, 노션을 활용하면 모든 학생 기록을 하나로 모을 수 있습니다. 학생별로 모든 기록을 살필 수도 있고, 목적에 따라 최적화된 작성 페이지를 만들 수도 있습니다.

학기말에 성적과 생활기록부 입력을 위해 이것저것 찾아 헤매지 말고 노션 학생명렬표에서 모든 기록을 한 눈에 확인하세요.

표 데이터베이스로 새로운 명렬표 만들기

학생명렬표를 다루기에 가장 적합한 표 레이아웃을 활용하여 처음부터 새롭게 학생명렬표를 만들어 보도록 하겠습니다.

실습 완성 미리보기
https://url.kr/3wfbm2

이름, 성별 입력하기

01 새로운 페이지를 만들어 [표] 레이아웃을 적용합니다. ❶태그 속성은 사용하지 않으므로 삭제하고, ❷새로운 속성으로 [선택] 속성을 추가하여 이름을 성별로 입력합니다. 성별 속성의 ❸옵션 추가로 남, 여를 생성합니다.

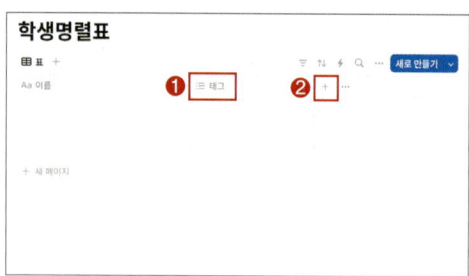

번호, 주소

02 출결 번호는 [숫자] 속성으로 추가합니다. 숫자는 큰 너비가 필요하지 않으므로 Alt 키를 누른 상태로 너비조정을 하여 최소한으로 하고, 위치는 이름 앞으로 옮깁니다. 주소는 텍스트 속성으로 추가하여 주겠습니다.

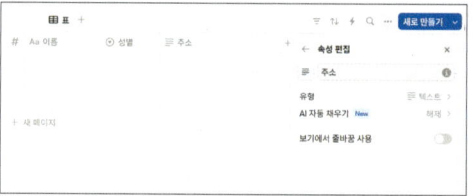

생년월일, 전화번호 입력하기

03 생년월일은 텍스트 속성으로, 전화번호는 전화번호 속성으로 추가합니다.

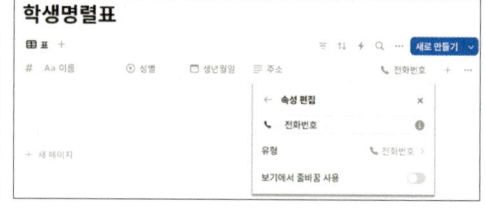

기타 속성 입력하기

04 필요에 따라서 특이사항, 키, 몸무게 등의 속성을 추가할 수 있습니다.

열 고정, 가로 스크롤 설정하기

05 속성이 많아져 가로 스크롤을 하게 되는 경우, 이름은 가로 스크롤을 하더라도 항상 표시되도록 고정할 수 있습니다. 고정하려는 ❶이름 속성을 클릭하고 ❷열까지 고정을 선택합니다.

가로 스크롤은 터치패드에서 두 손가락으로 가로로 드래그하거나, Shift 키를 누른 상태로 마우스 휠을 돌리면 편리합니다.

 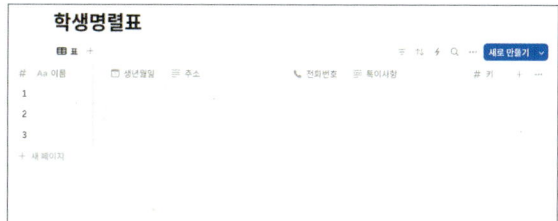

엑셀 파일 명렬표 데이터 가져오기

노션은 엑셀로 저장된 학생명렬표 파일을 가져와 표 데이터베이스 페이지로 생성할 수 있습니다.

실습 파일
https://url.kr/q1zyey

실습 완성 미리보기
https://url.kr/vb9qux

새 페이지에서 가져오기

01 새로운 페이지를 만들고 시작하기의 ❶[더보기]에서 ❷[가져오기]를 선택합니다. 가져오기 페이지에서 ❸[컴퓨터에서 업로드]를 선택합니다.

 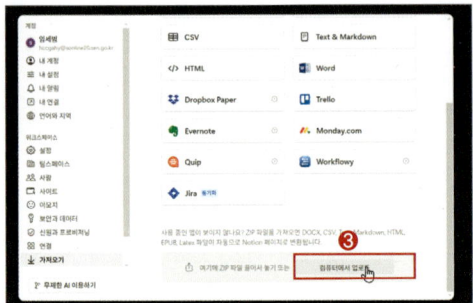

02 처음에는 엑셀 파일이 보이지 않지만, ❹파일 형태를 [모든 파일(*.*)]로 변경하면 엑셀 파일을 선택할 수 있습니다. 가져온 파일은 표 데이터베이스 페이지로 생성됩니다.

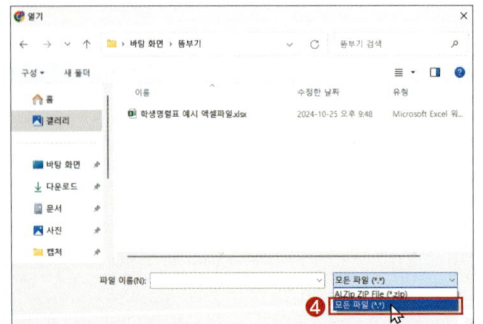 

03 속성의 위치와 간격을 보기에 편한 형태로 수정하여 완성합니다.

양식: 새 학년 학부모 설문으로 명렬표 생성하기

아직 학생명렬표를 생성하기 이전인 학년 초라면 설문 양식을 활용하여 실시간으로 명렬표를 생성할 수 있습니다. 학부모의 응답이 바로 명렬표에 입력되기 때문에 교사가 학생이 종이 가정통신문에 적어온 내용을 보고 작업하지 않아도 되어 아주 편리합니다.

실습 완성 미리보기
https://url.kr/frc5qz

양식 레이아웃 추가하기

01 이전 섹션에서 만든 학생명렬표 데이터베이스에서 ❶[보기] 추가하여 ❷[양식]을 선택합니다. 자동생성으로 ❸[질문 몇개 만들기]를 클릭합니다.

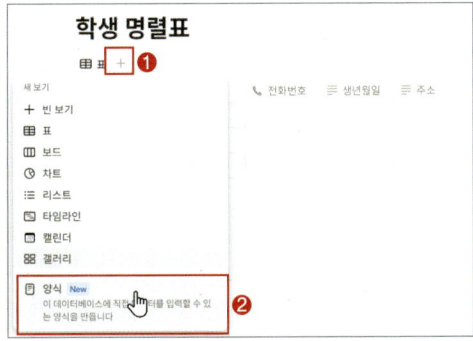

설문 양식 수정하기

02 설문 항목은 모든 속성이 자동으로 생성됩니다. 생성된 설문 문항에서 ❶[질문 편집(…)]을 클릭하여 응답을 ❷삭제하거나 ❸필수 응답으로 설정하는 등 수정 또는 추가 작업이 가능합니다.

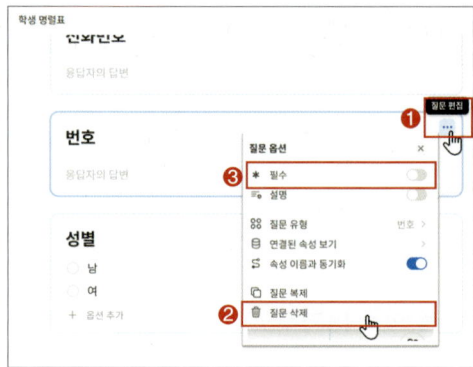

설문 링크 복사하여 배부하기

03 ❶양식 공유를 클릭하고 ❷작성 가능한 사용자를 ❸링크가 있는 웹의 모든 사용자로 변경하면, 노션에 로그인하지 않고 누구나 응답이 가능합니다. ❹양식 링크 복사를 눌러 클립보드에 URL을 복사하여 QR코드나 온라인 가정통신문 등의 방법으로 학생, 학부모에게 전달합니다.

응답과 결과 확인

04 학부모가 설문을 입력하여 제출하면, 학생명렬표 데이터베이스에 새로운 페이지로 추가됩니다.

다양한 목적의 명렬표를 탭으로 추가하기

이번에는 다양한 목적의 명렬표를 보기 탭으로 추가하는 방법을 살펴보겠습니다. 모든 정보를 한 화면에 담기보다 필요에 따라 인적사항, 계정정보, 체육보건, 평가 페이지로 전환하여 작성할 수 있어 집중도가 높습니다. 그럼에도 하나의 데이터베이스에서 벗어나지 않기 때문에 자료가 흩어지지 않습니다.

실습 완성 미리보기
https://url.kr/bigxtr

계정정보 표 보기 추가하기

01 디지털 기반 수업에서 점점 많아지고 있는 학생의 계정정보만 관리하기 위한 탭을 생성해보도록 하겠습니다. 먼저, 기존의 ❶[표] 보기 탭을 클릭하여 레이아웃을 ❷[복제]합니다. ❸새로운 보기 탭의 이름은 '계정정보'로 입력하겠습니다.

기존 속성 숨기고 새로운 속성 추가하기

02 ❶보기 설정에서 [속성] 메뉴를 열어 번호와 이름을 제외한 나머지 속성들을 ❷숨기기 합니다. ❸[속성 추가]를 클릭하여, ❹[텍스트 속성]을 추가하겠습니다.

03 ❶속성의 이름을 입력하고, Esc 키를 눌러 속성 추가를 완료합니다. 같은 방식으로 계정정보 입력에 필요한 속성들을 추가하고, 속성칸 너비를 조정합니다.

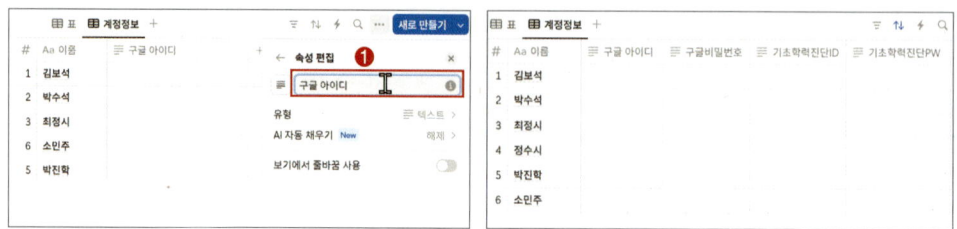

한글 파일에서 계정정보 복사하여 붙이기

04 기존에 한글이나 엑셀, 구글스프레드시트 파일 등에 계정정보를 저장해 두었다면, 노션으로 복사해 붙여넣는 것이 가능합니다. 표에서 복사할 부분을 선택하여 클립보드로 복사(Ctrl + C)하고, 노션 데이터베이스의 표에서 복사가 시작되는 첫 셀을 선택합니다.

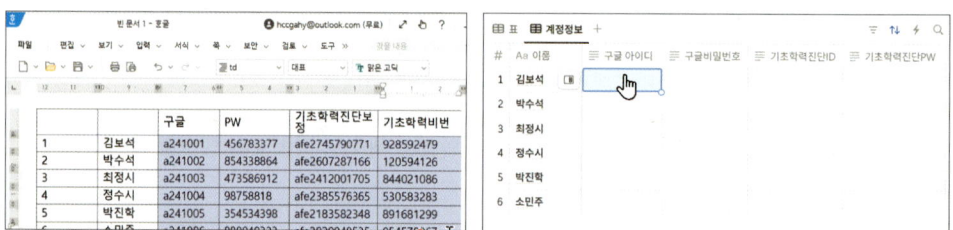

교사의 TIP 셀을 클릭하여 커서가 나타나면 Esc 키를 눌러 텍스트 입력에서 셀 선택으로 전환할 수 있습니다. 또는 셀 칸 내에서 살짝 드래그 하는 것도 가능합니다.

05 선택된 셀에서 붙여넣기(Ctrl + V)를 하면 한글이나 엑셀 등 다른 앱에서 내용을 가져올 수 있습니다.

이제 표 보기 탭에서는 모든 정보를 다 볼 수 있지만, 계정정보 탭에서는 계정과 관련된 속성만 볼 수 있습니다.

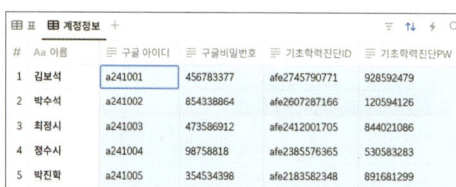
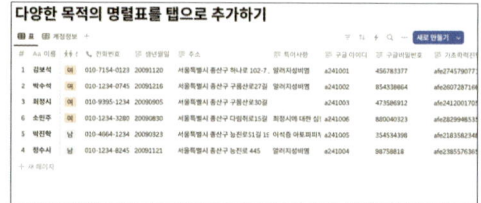

특정 학생들을 위한 탭 추가하기

06 교육복지와 같이 특정 학생들만 명단에 나타나도록 탭을 추가해 보도록 하겠습니다.
❶기존의 탭을 ❷복제한 뒤, ❸[속성] 설정 메뉴를 열어봅니다.

07 필요없는 속성은 숨기고, 필요한 속성들은 활성화합니다. 이어서, 기록이 필요한 속성을 추가하고 내용을 입력합니다.

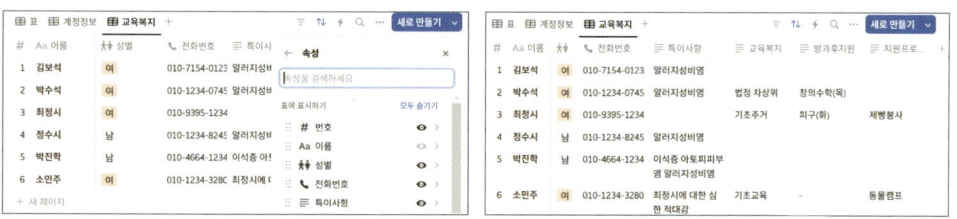

08 ❹필터 메뉴를 열어 ❺고급 필터를 추가합니다. 필터 설정은 ❻교육복지 속성이 ❼'비어있지 않음'으로 입력합니다.

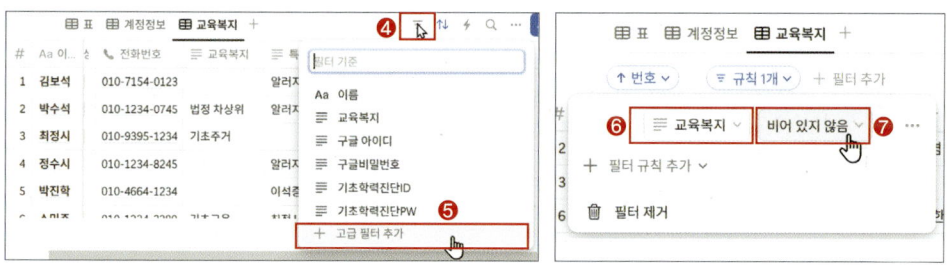

09 Esc 키를 눌러 메뉴를 닫으면, 교육복지 대상 학생만 명단에 나타납니다.

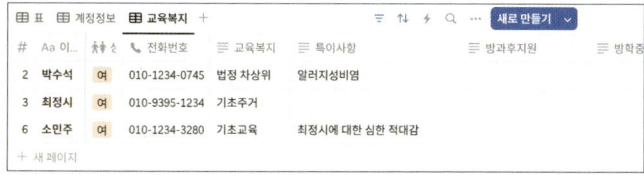

이처럼 학생명렬표는 속성을 보이고 숨기고 순서를 조정하는 방법으로 다양한 목적에 따른 보기 탭을 추가할 수 있습니다. 또한, 필터를 활용하면 학급임원, 교육복지, 사제동행 프로그램 참여 등 특정 학생을 위한 보기 탭으로 구성하는 것도 가능합니다. 업무의 필요에 따라 자유롭게 명렬표를 구성하고 언제든 변경하세요.

레이아웃 사용자 지정으로 페이지의 속성을 그룹으로 보기

학생에 대한 정보가 다양한 만큼, 페이지를 열었을 때 나타나는 속성 목록이 길어지면서 보기에 불편할 수 있습니다. 이 때 페이지 레이아웃 사용자 지정을 이용하면, 데이터베이스의 하위 페이지를 열었을 때의 보이는 속성들도 보기 탭과 목적에 따라 설정할 수 있습니다.

실습 완성 미리보기
https://url.kr/jm8rfo

페이지 레이아웃 속성의 그룹 추가하기

01 페이지 제목 위에 마우스를 가져가서 ❶[레이아웃 사용자 지정]을 클릭합니다. ❷속성 그룹을 선택하여 ❸[섹션 추가]를 클릭합니다.

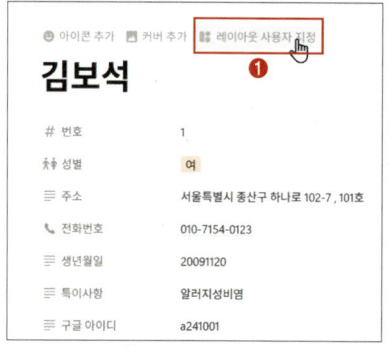

섹션 이름 설정하고 그룹별로 배치하기

02 섹션 이름으로 인적사항을 입력합니다. 같은 방식으로 [계정정보] 섹션도 추가합니다. 섹션 이름을 드래그하여 순서대로 배치하고, 속성 이름도 드래그하여 해당하는 섹션에 순서대로 배치합니다. ❶모든 페이지에 적용하여 페이지 레이아웃 편집을 완료합니다.

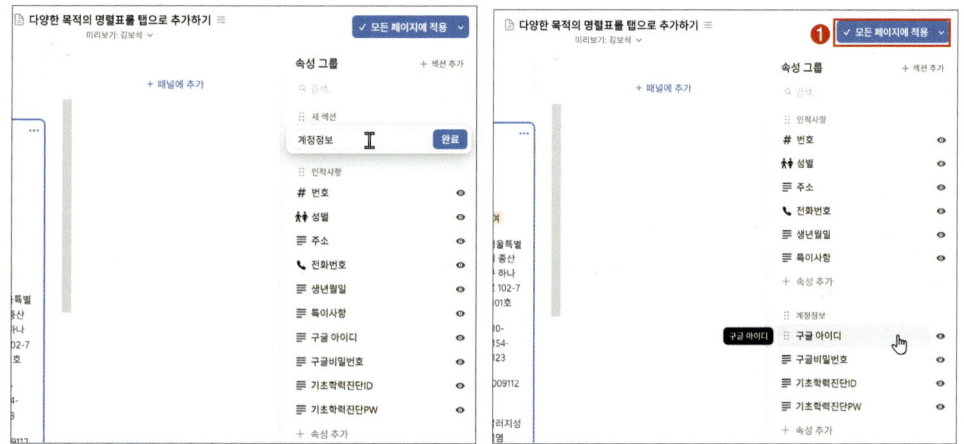

토글로 페이지 속성 그룹 열고 닫기

03 이제 페이지 내에 다양한 속성들이 그룹으로 지정되어 ❶토글로 열고 닫는 것이 가능합니다.

링크된 데이터베이스로 평가 탭 분리하기

실습 완성 미리보기
https://url.kr/b3sbm7

명렬표의 보기 탭은 원본 데이터베이스에서 계속 추가할 수도 있지만, 별도의 페이지에서 링크된 데이터베이스로 분리하는 것도 가능합니다. 링크된 데이터베이스 페이지에서 작업한 내용도 원본 데이터베이스 학생명렬표에 그대로 반영됩니다. 그러나, 레이아웃은 원본에 영향을 미치지 않습니다.

이제 평가 기록을 예시로 별도의 링크된 데이터베이스 페이지에 작성해보겠습니다.

새로운 링크된 데이터베이스 페이지 만들기

01 새로운 페이지를 만들어 제목으로 '평가 기록'을 입력하고, ❶[표]로 시작합니다. 기존 데이터베이스 목록에서 ❷학생명렬표를 선택합니다.

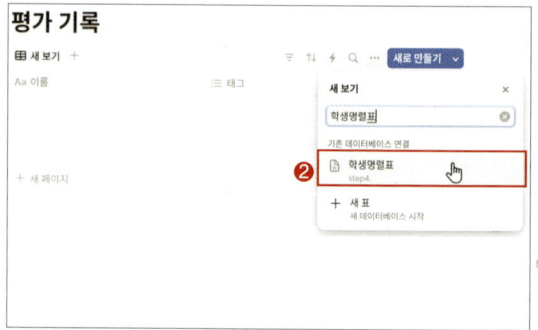

기존 보기 수정하여 평가 탭 만들기

02 레이아웃도 기존 학생명렬표의 ❶[표 보기]를 선택하면 기본적인 정렬이나 속성 너비 조정이 이미 되어 있기 때문에 편리합니다. ❷[보기] 탭을 클릭하여 이름을 '국어평가'처럼 목적에 맞게 수정합니다.

평가를 위한 속성 추가하기

03 속성 설정을 열어 기존의 속성을 ❶모두 숨기고 평가 입력에 필요한 속성을 텍스트 속성으로 추가합니다.

평가 기록을 위한 속성은 다른 속성과 구분하기 위해 과목, 단원, 내용을 구체적으로 입력하는 것이 좋습니다.

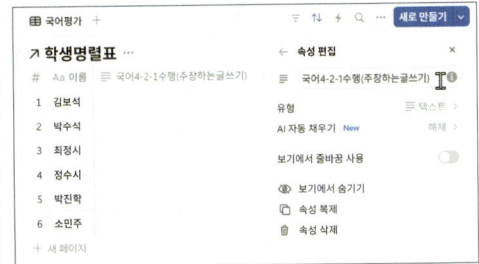

평가 기록하기

04 평가는 결과만 간략히 입력할 수도 있지만, 간단한 서술을 함께 기록하면 학기 말에 누가기록에도 활용할 수 있어 더 좋습니다.

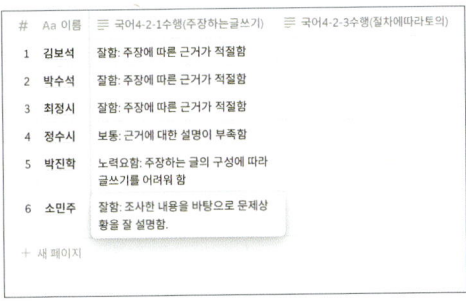

페이지 레이아웃에 평가 섹션 추가하기

05 하위 페이지에서 학생별 기록을 보기 좋게 페이지 레이아웃에 평가 섹션을 추가하겠습니다.

페이지 제목 상단의 ❶[레이아웃 사용자 지정]을 열어 ❷새로운 [평가] 섹션을 추가합니다.

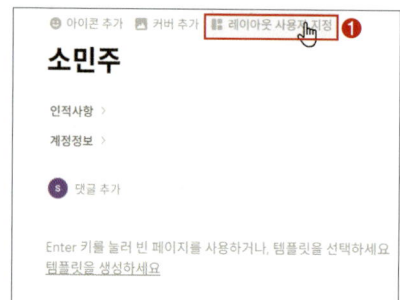 

06 새로 만든 속성들을 드래그하여 평가 섹션으로 이동시키고 ❸모든 페이지에 적용하면 학생별 하위 페이지에서 평가 그룹을 확인할 수 있습니다.

 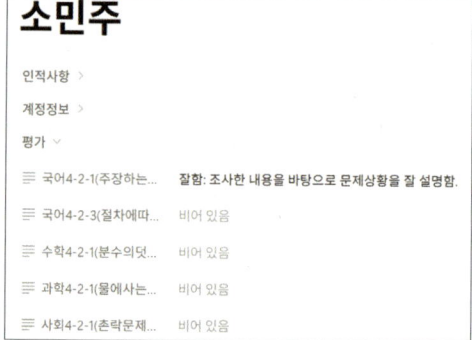

03 출결, 관찰상담기록 데이터베이스를 명렬표와 연동하기

이번 섹션에서는 데이터베이스 간의 연결을 활용하여 출결이나 관찰상담기록을 학생명렬표 데이터베이스와 연동하는 방법에 대해서 살펴보겠습니다.

지속적으로 누가 기록되는 출결이나 관찰상담기록은 학생명렬표의 하나의 속성에 모두 기록하기에 불편합니다. 그러므로 별도의 데이터베이스로 작성하는 것이 편리합니다.

하지만, 이처럼 데이터베이스가 따로 존재하면 학생에 대한 모든 기록을 볼 수 있다는 노션 데이터베이스 명렬표의 장점과는 다소 멀어지게 됩니다.

이러한 경우 관계형 속성을 사용하면 서로 다른 데이터베이스를 연결하여 출결이나, 관찰상담기록 내용도 학생명렬표에서 바로 확인하거나 추가, 수정하는 것이 가능합니다.

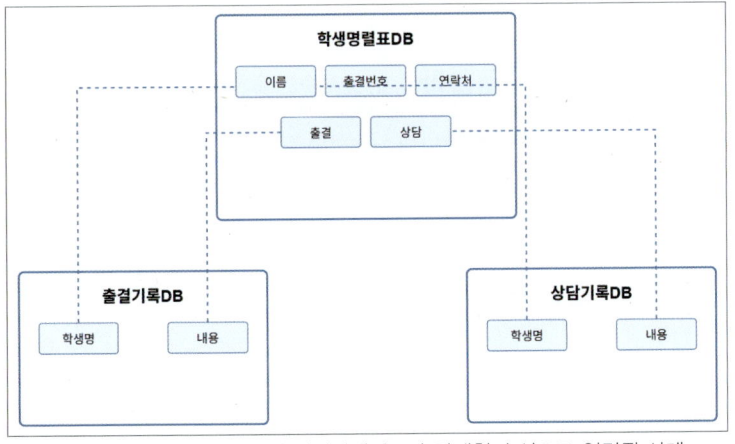

▲ 학생명렬, 출결, 상담: 세 개의 데이터베이스가 관계형 속성으로 연결된 사례

링크된 데이터베이스로 평가 탭 분리하기

출결 관리를 위한 페이지를 만들어 명렬표와 연결해보도록 하겠습니다.

실습은 이전 내용에서 이어집니다. 이전 내용을 실습하지 않은 경우, 아래 실습 페이지를 복제하세요.

실습 페이지
https://url.kr/bt9zd1

실습 완성 미리보기
https://url.kr/1sa8qq

표 데이터베이스로 출결 페이지 만들기

01 새로운 페이지를 만들어 이름을 '출결'로 입력하고, 표 데이터베이스로 시작하겠습니다. ❶불필요한 태그 속성은 삭제하고, ❷출결 내용 입력에 사용하기 위해 제목 속성 이름을 '내용'으로 변경합니다.

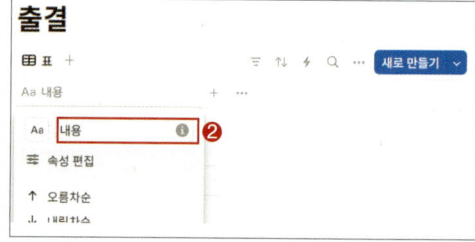

관계형 속성 추가하고 학생명렬표와 연결하기

02 새로운 속성 추가를 눌러 ❶관계형을 선택합니다. 관계형 대상으로는 ❷학생명렬표를 선택합니다.

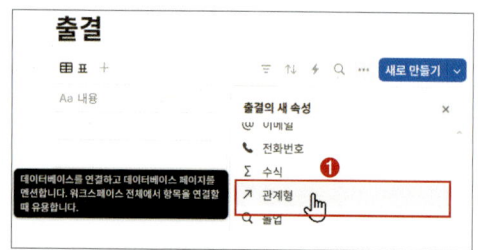
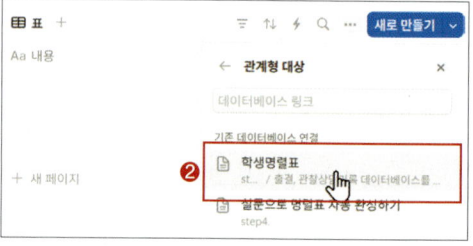

❸속성 이름은 '학생'으로 입력하고, 학생명렬표에서도 출결 내용을 확인할 수 있도록 ❹학생명렬표에 표시를 활성화 한 후 ❺관계형 추가를 클릭합니다.

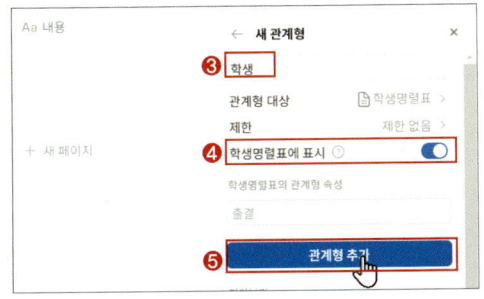 

출결 내용 입력하기

03 날짜와 요일, 종류와 사유를 모두 ❶내용에 입력하여 줍니다. 그리고 ❷관계형 속성칸을 클릭하여 해당하는 학생을 선택합니다. 하나의 내용에 학생을 두 명을 입력하기도 하고, 학생 한 명이 두 번 기록된 경우도 입력해 봅니다.

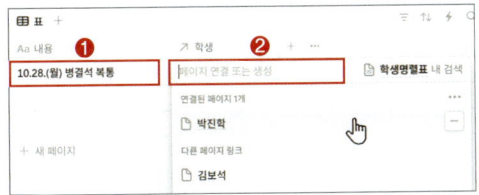 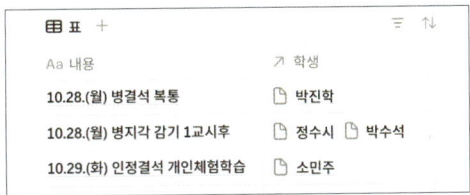

학생명렬표에서 출결 탭 추가하기

04 학생명렬표로 이동하여 출결만 볼 수 있는 보기 탭을 추가해 보겠습니다. 작업을 편리하게 하기 위해 ❶기존 보기 탭 중 하나를 클릭하여 ❷복제하고 보기의 ❸이름을 '출결'로 입력합니다.

Chapter 04 **노션으로 학생 관리하기** 213

05 속성은 ❹모두 숨기기 한 후에 ❺번호와 ❻출결 속성을 활성화 합니다. 여러 출결 기록이 나타날 수 있도록 ❼출결 속성 칸을 클릭하여 ❽열 줄바꿈을 활성화 합니다.

출결 입력 결과 확인하기

06 속성 칸 너비를 적절히 조정하면 학생별 출결 기록을 한눈에 볼 수 있습니다. 한 학생에게 두 번 기록된 경우 두 줄로 각각 나타나는 것을 볼 수 있습니다. 하나의 출결 내용에 학생 두 명을 선택한 경우, 두 학생에게 각각 나타납니다. 학생 페이지를 열어보면 페이지 내에서도 학생의 출결 기록을 확인할 수 있습니다.

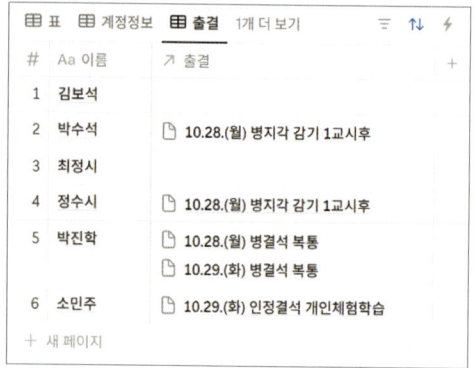
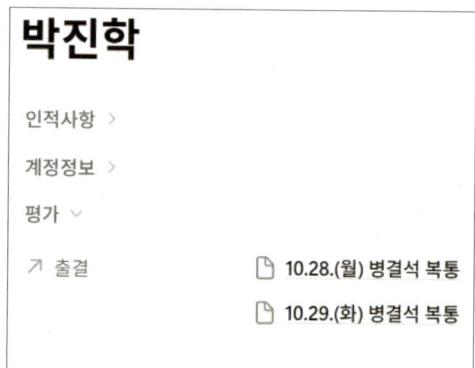

나이스(NEIS) 입력 처리

07 월말 출결마감 후 나이스 입력 여부를 표시해보도록 하겠습니다. 다시 출결 페이지로 이동하여 작업을 계속합니다. 체크박스 유형으로 새로운 속성을 추가하고 이름은 '나이스'로 하겠습니다. 체크된 페이지를 분리하기 위해 ❶[보기 설정]에서 ❷[그룹화]를 선택합니다.

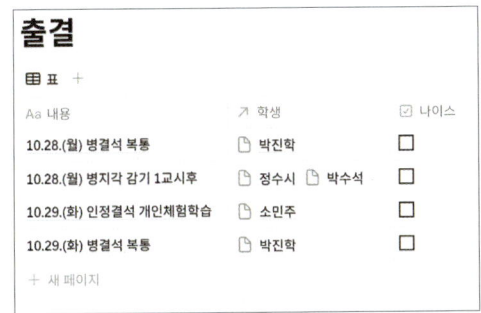 

08 그룹화 기준으로 ❸[나이스]를 선택하고 Esc 키를 눌러 편집을 닫습니다.

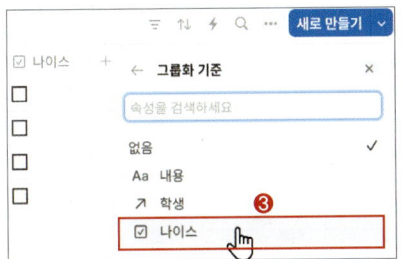 

09 이제, 나이스 속성을 체크하면 체크된 페이지는 다른 그룹으로 분류됩니다. 그리고, 체크된 그룹의 토글을 닫아 숨기는 것도 가능합니다.

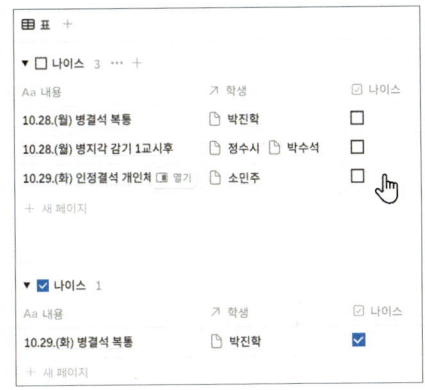 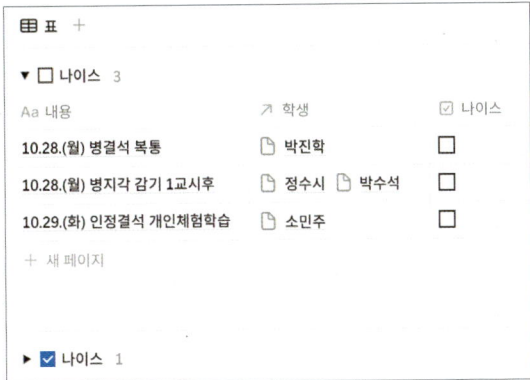

관계형 속성: 관찰상담 데이터베이스와 명렬표

관찰상담 기록을 위한 페이지를 만들어 명렬표와 연결해보도록 하겠습니다.
실습은 이전 내용에서 이어집니다. 이전 내용을 실습하지 않은 경우, 아래 실습 페이지를 복제하세요.

실습 페이지
https://url.kr/kivxao

실습 완성 미리보기
https://url.kr/wt2u1t

표 데이터베이스로 출결 페이지 만들기

01 새로운 페이지를 만들어 이름을 '관찰상담'로 입력하고, 표 데이터베이스로 시작하겠습니다. ❶불필요한 태그 속성은 삭제하고, ❷관찰상담 내용 입력에 사용하기 위해 제목 속성 이름을 '내용'으로 변경합니다.

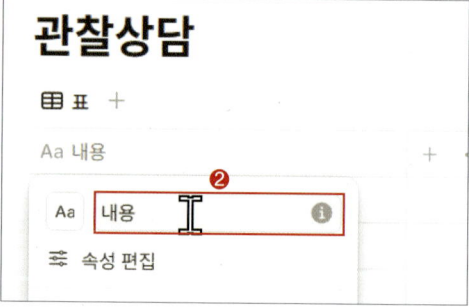

관계형 속성 추가하고 학생명렬표와 연결하기

02 새로운 속성 추가를 눌러 ❶관계형을 선택합니다. 관계형 대상으로는 ❷학생명렬표를 선택합니다.

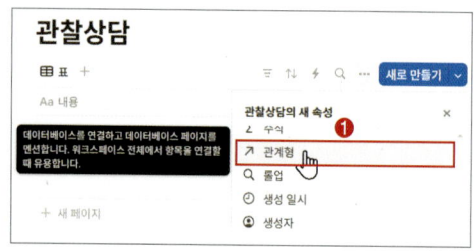

03 ❸속성 이름은 '학생'으로 입력하고, 학생명렬표에서도 관찰상담 내용을 확인할 수 있도록 ❹학생명렬표에 표시를 활성화 한 후 ❺관계형 추가를 클릭합니다. ❻관계형 속성 [학생]을 가장 왼쪽으로 배치하고, 최근 상담기록을 먼저 볼 수 있도록 내용을 기준으로 내림차순으로 정렬하겠습니다.

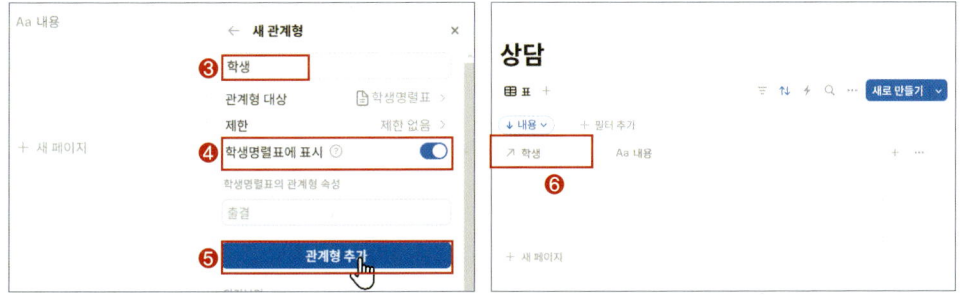

관찰상담 내용 입력하기

04 먼저, 페이지에서 ❶학생 칸을 클릭하여 해당하는 학생을 선택합니다. 그리고 ❷내용 칸에 날짜와 요일, 내용을 입력합니다. 학생 한 명에 관한 내용을 입력할 수 있지만, 학생 간의 문제처럼 여러 학생과 관련된 경우에는 학생칸에 여러 학생을 추가하는 것도 가능합니다.

학생명렬표에서 관찰상담 탭 추가하기

05 학생명렬표로 이동하여 관찰상담만 볼 수 있는 보기 탭을 추가해 보겠습니다. 작업을 편리하게 하기 위해 ❶기존 보기 탭 중에 하나를 클릭하여 ❷[복제]하고 ❸보기의 이름을 '관찰상담'으로 입력합니다.

06 속성은 ❹모두 숨기기 한 후에 ❺번호와 ❻관찰상담 속성을 활성화 합니다. 여러 관찰 상담 기록이 나타날 수 있도록 ❼관찰상담 속성을 클릭하여 ❽열 줄바꿈을 활성화 합니다.

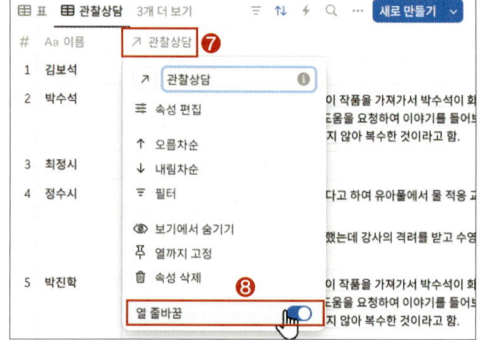

관찰상담 입력 결과 확인하기

07 속성 칸 너비를 적절히 조정하면 학생별 관찰상담 기록을 한 눈에 볼 수 있습니다. 하나의 관찰상담 기록에 학생 두 명을 선택한 경우, 같은 기록이 두 학생에게 각각 나타나게 됩니다. 학생 페이지를 열어보면 페이지 내에서도 학생의 출결 기록을 확인할 수 있습니다.

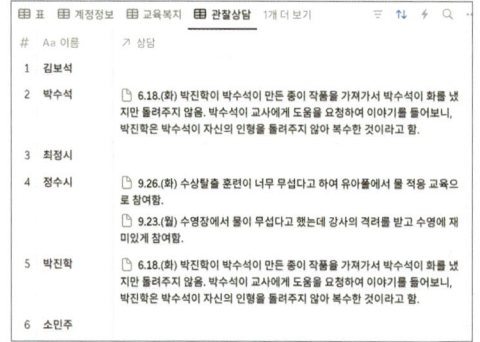
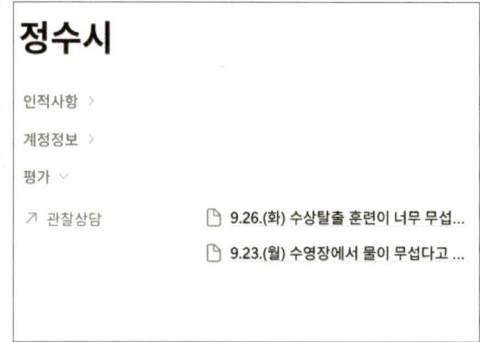

학생명렬표에서 관찰상담기록 추가하기

08 관찰상담 페이지가 아닌 학생명렬표에서도 바로 관찰상담기록을 추가할 수 있습니다. 기록하려는 학생 페이지 행의 관찰상담 칸을 클릭하여 ❶내용을 입력하고, ❷[페이지 생성]을 클릭합니다.

롤업과 수식: 텍스트 속성에 기록한 상담내용 가져오기

실습은 이전 내용에서 이어집니다. 이전 내용을 실습하지 않은 경우, 아래 실습 페이지를 복제하세요.

실습 페이지
https://url.kr/jtro2y

실습 완성 미리보기
https://url.kr/6h7qz7

앞선 두 섹션에서는 출결이나 상담기록을 페이지 제목에 입력하고, 관계형으로 연결된 학생명렬표에서 확인하였습니다. 그러나, 제목 속성은 줄바꿈을 지원하지 않기 때문에 상담기록을 입력하기에 다소 불편할 수 있습니다. 이러한 경우 롤업을 이용하면 불편함을 해결할 수 있습니다.

롤업(Roll-up)은 관계형으로 연결된 데이터베이스의 다른 정보를 표시하는 기능입니다. 연결된 페이지에서 제목 외에 다른 속성을 보거나 통계를 나타내는 것도 가능합니다.

이번에는 앞서 작성한 관찰상담 페이지를 수정하여 텍스트 속성에 상담기록을 입력하고 이를 학생명렬표에서 볼 수 있도록 롤업 속성으로 나타내 보도록 하겠습니다.

내용 속성 추가하기

01 관찰상담 페이지에서 기존의 [내용] 속성의 이름을 '구분'으로 변경하고, 텍스트 속성을 추가하여 이름을 '내용'으로 입력하겠습니다. 페이지 제목에 해당하는 구분 속성에는 날짜와 기록 유형을 입력하고, 구체적인 내용은 [내용] 속성에 입력하겠습니다.

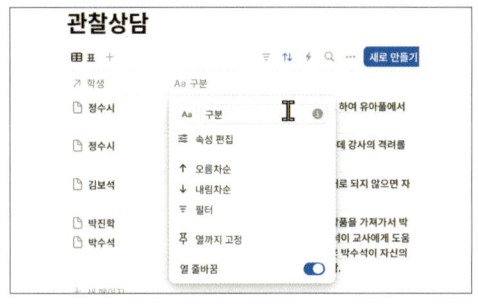 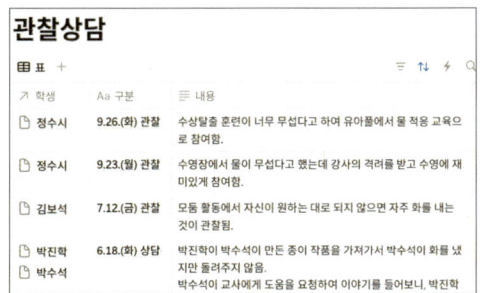

수식 속성으로 구분과 내용 합치기

02 수식 속성을 새롭게 추가하고, 속성의 이름은 '날짜 내용'으로 입력합니다.

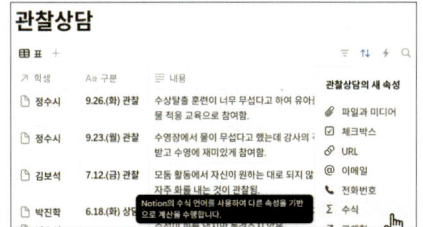 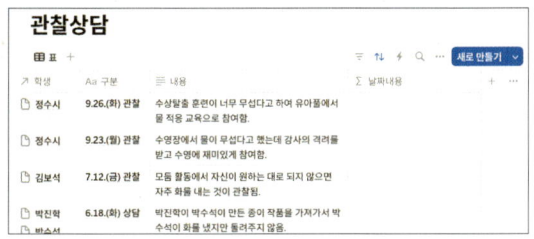

03 여러 페이지 중 어떤 ❶날짜 내용 속성 칸을 클릭하여 수식을 입력하여도 데이터베이스 전체에 적용됩니다. 수식에 ❷구분 속성을 클릭하여 추가하고, 이어서 ❸수식 입력창에 '+"₩n"+'를 입력합니다. [+]는 숫자를 더하는 것뿐만 아니라, 텍스트 뒤에 덧붙이는 의미도 있습니다. "₩n"은 줄바꿈을 의미합니다.

 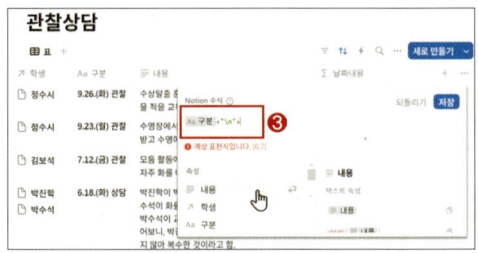

04 마지막으로 ❹내용 속성을 추가한 후 ❺[저장] 버튼을 클릭하면, 날짜 내용 속성에 구분과 내용이 정리되어 입력된 것을 확인할 수 있습니다.

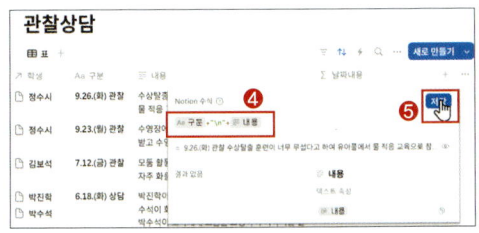 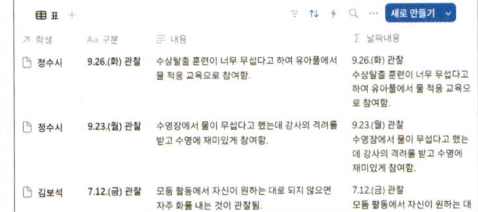

롤업 속성으로 날짜 내용 가져오기

05 학생명렬표 페이지로 돌아가서 작업을 계속하겠습니다.

관찰상담 탭에서 새로운 ❶[롤업] 속성을 추가하고, 속성 이름은 '관찰상담상세'로 입력합니다. 롤업은 관계형 속성이 있다는 것을 전제로 사용하는 속성입니다. ❷관계형 선택에서 ❸[관찰상담]을 클릭합니다.

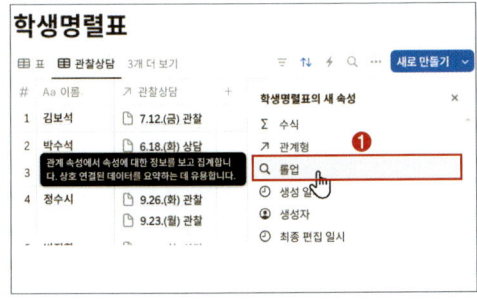 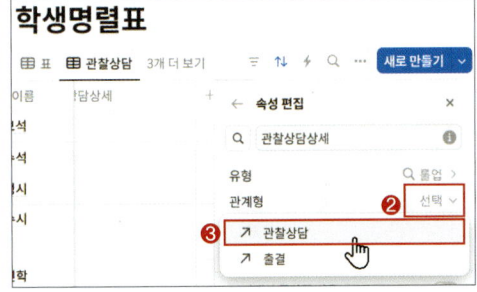

06 ❹가져올 속성에서는 ❺날짜 내용을 선택하고 Esc 키를 눌러 속성 추가를 완료합니다.

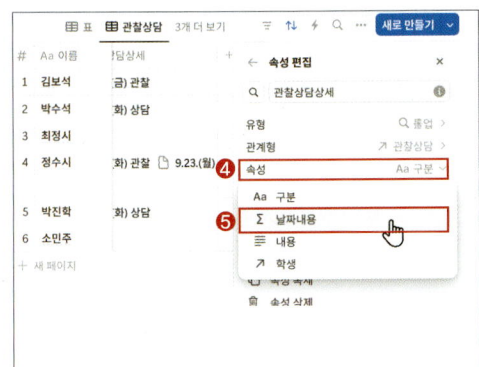 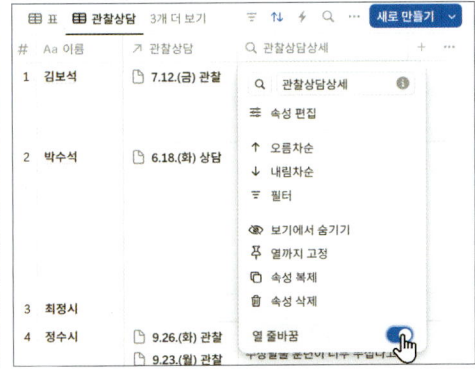

07 이제 관찰상담 페이지의 [날짜 내용] 속성의 내용을 학생명렬표에서 확인할 수 있습니다. 학생별 페이지를 열어보면 관계형으로 가져온 관찰상담 속성과 달리 전체 내용을 볼 수 있습니다.

레이아웃 사용자 지정: 패널에서 출결, 관찰상담 보기

학생명렬표에 지속적으로 출결과 관찰상담기록을 추가하다보면 페이지의 속성 목록에서 보기에 불편합니다. 이렇게 많은 정보를 가진 속성은 [패널]로 구분하여 보면 편리합니다.

실습 완성 미리보기
https://url.kr/e9cmzg

레이아웃 사용자 지정 메뉴 열기

01 학생별 페이지를 열어 제목 상단에 있는 ❶[레이아웃 사용자 지정] 메뉴를 열고 ❷[+패널에 추가]를 클릭합니다.

 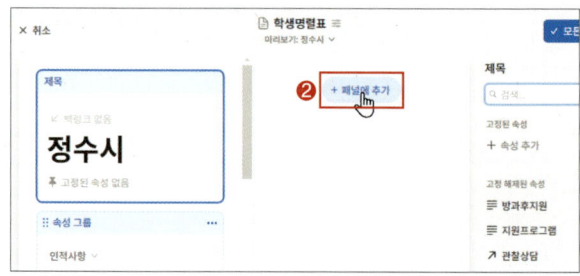

패널에 관찰상담상세 추가하기

02 패널에 추가 가능한 모든 속성 목록이 나타나도록 ❶[더 보기]를 클릭하고, ❷[관찰상담상세]를 선택합니다.

 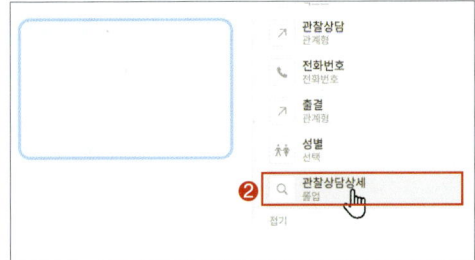

패널에 출결 추가하기

03 같은 방법으로 ❶[패널에 추가] 버튼을 클릭하여 출결 속성도 추가합니다. ❷[모든 페이지에 적용]을 클릭하여 페이지 레이아웃 설정을 완료합니다.

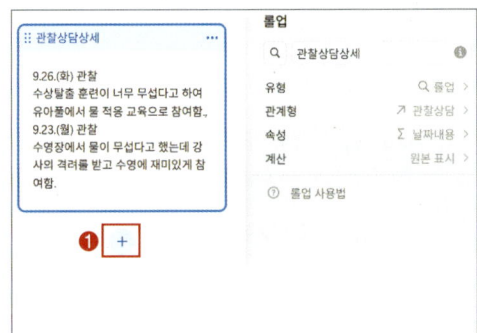 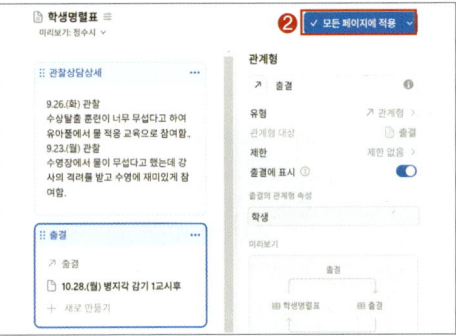

패널 열고 내용 확인하기

04 이제 학생별 페이지에서 ❶[세부정보보기]를 클릭하여 관찰상담상세과 출결 속성 내용을 구분하여 볼 수 있습니다.

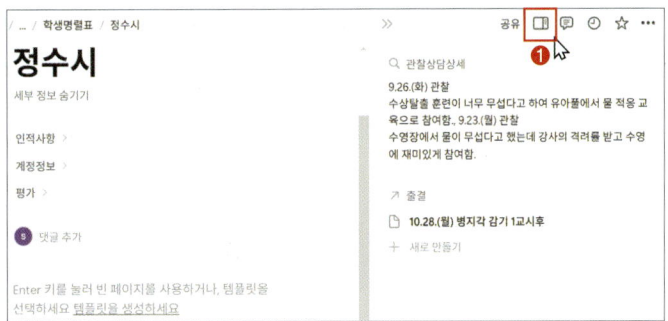

04
미제출 학생 꼼꼼한 관리:
수식으로 메시지 자동 생성, 자동 메일

명렬표는 학생들이 제출해야 할 각종 신청서나 희망서를 걷거나 과제 제출 여부를 표시하기 위해 자주 사용됩니다. 이번 섹션에서는 과제 제출 여부를 표시하는 데이터베이스 페이지를 작성하고, PC와 모바일에서 편리하게 사용하는 방법을 살펴보겠습니다. 더 나아가 안내문을 작성하고, 학부모에게 자동으로 이메일을 발송합니다.

관계형 속성: 제출확인 데이터베이스와 명렬표

실습은 이전 내용에서 이어집니다. 이전 내용을 실습하지 않은 경우, 아래 실습 페이지를 복제하세요.

실습 페이지
https://url.kr/wpdwng

실습 완성 미리보기
https://url.kr/25dxw5

이전 섹션과 달리, 이번에는 한 화면에서 과제 제출 여부를 기록하고 학생별 미제출 여부를 확인할 수 있도록 과제 제출은 인라인 데이터베이스로, 학생별 미제출 여부는 링크된 데이터베이스를 활용합니다.

새로운 페이지 만들고, 인라인으로 과제 제출 표 데이터베이스 추가하기

01 새로운 페이지를 만들고, 작업이 편하도록 ❶페이지 설정에서 ❷전체 너비를 활성화합니다. '/표 보기'를 입력하여 새로운 표 데이터베이스를 인라인으로 추가하고, 데이터베이스의 이름은 과제 제출로 입력하겠습니다.

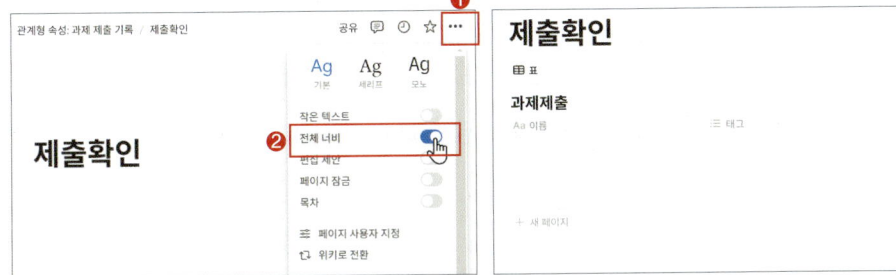

링크된 데이터베이스로 학생명렬표 가져오기

02 페이지에서 과제 제출 인라인 데이터베이스 아래쪽을 클릭하여 커서를 위치시키고, '/링크된'을 입력하여 링크된 데이터베이스 블록을 추가합니다.

데이터베이스 목록에서 이전에 작성한 ❶[학생명렬표]를 추가하고, 레이아웃도 기존의 ❷[출결 보기]를 가져옵니다. 처음부터 레이아웃을 작성하는 것보다 비슷한 레이아웃 탭을 가져와서 수정하는 것이 더 편리합니다.

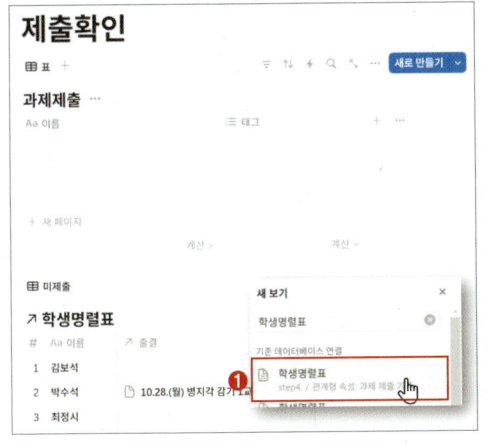
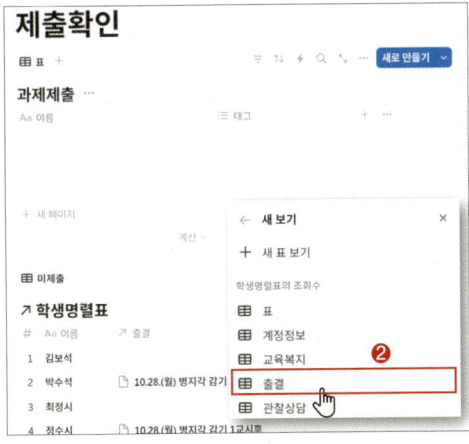

03 불필요한 ❸[출결] 속성을 클릭하여 ❹[보기에서 숨기기]를 하고, 새로운 속성으로 ❺[관계형]을 추가합니다.

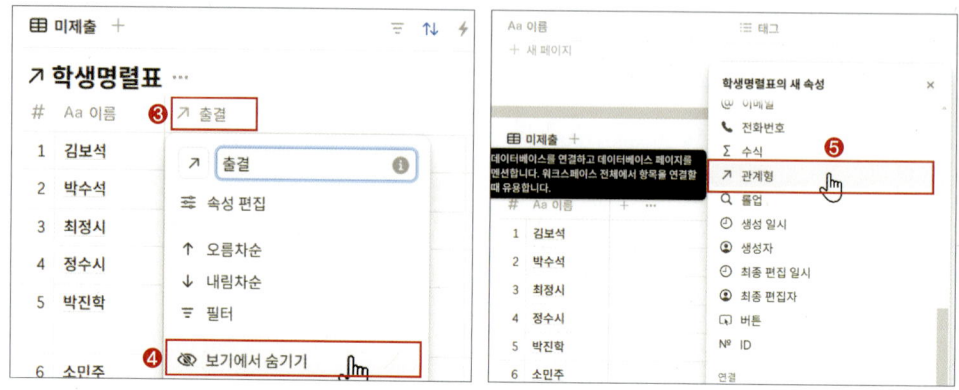

04 관계형 속성의 ❻이름을 '미제출'로 입력하고, 대상으로 페이지 상단에 인라인으로 추가했던 데이터베이스를 ❼검색창에 입력하여 찾은 뒤 ❽[과제 제출]을 클릭하여 추가합니다.
과제 제출 데이터베이스에서도 학생명렬을 확인할 수 있도록 ❾[과제 제출에 표시]를 활성화하고, 추가될 속성의 ❿이름을 '학생'으로 입력합니다. ⓫[관계형 추가]를 클릭합니다.

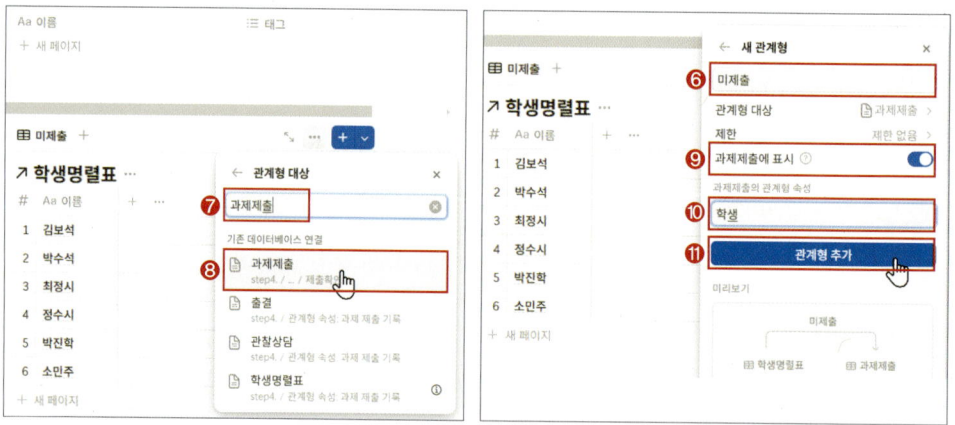

05 이제 관계형 속성이 연결되었습니다. 마지막으로, 여러 미제출 과제가 있어도 모두 표시되도록 학생명렬표에서 ⓬[미제출] 속성을 클릭하여 ⓭[열 줄바꿈]을 활성화 해 줍니다.

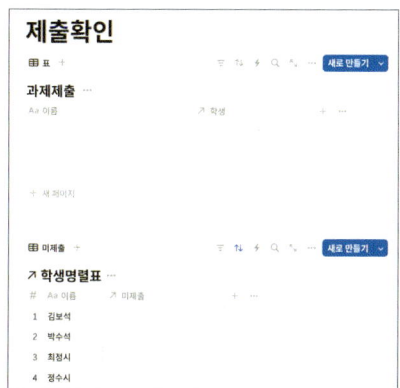
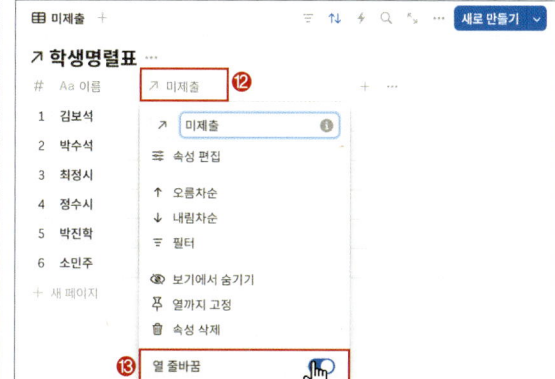

새로운 과제: 모든 학생 추가하기

06 과제 제출 데이터베이스에서 ❶내용을 입력하고, 페이지 행의 ❷속성 칸을 클릭하여 학생을 선택합니다.

학생 목록의 가장 아래쪽 학생에 마우스 커서를 위치하고 반복해서 클릭하면 여러명의 학생도 빠르게 모두 추가할 수 있습니다.

Esc 키를 눌러 편집을 완료하면, 과제 제출 데이터베이스에는 과제별로 미제출 학생이 나타나고, 학생명렬표에는 학생별로 미제출 과제가 나타나는 것을 확인할 수 있습니다.

제출한 학생 표시하기

07 미제출 학생 목록에서 제출한 학생을 한 명씩 제거해보도록 하겠습니다. 학생 추가와 마찬가지로 해당 과제 페이지 행의 ❶미제출 속성 칸을 클릭하고, 학생이 과제를 제출하면 학생 이름 옆의 ❷페이지 링크 해제(-)를 클릭하여 한 명씩 제외할 수 있습니다. 과제 확인이 끝나면 자연스럽게 제출하지 않은 학생이 목록에 남아있게 됩니다.

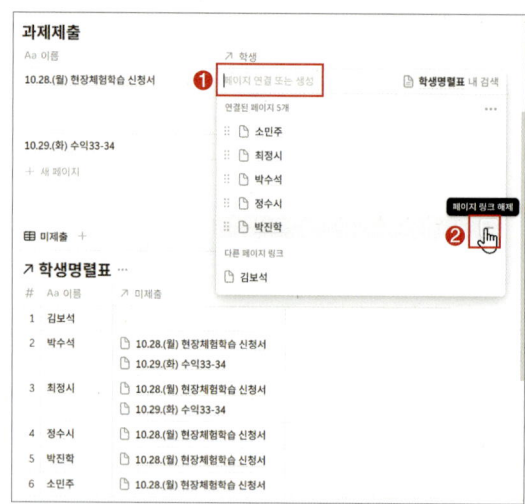
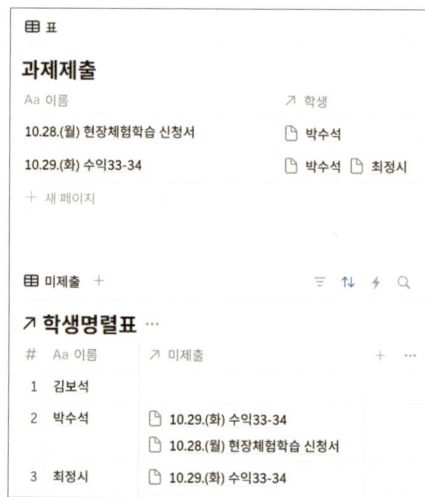

학생명렬표에서 과제 제출을 확인하거나 새로운 과제 추가하기

08 학생명렬표에서도 학생 페이지 행의 ❶미제출 속성 칸을 클릭하고, 해당 과제에서 ❷[페이지 링크 해제(-)]를 클릭하여 과제를 제출한 것으로 표시할 수 있습니다.

또한 미제출 속성 칸의 ❸입력창에 과제 내용을 입력하고 ❹[페이지 생성]을 클릭하여 새로운 과제를 추가하는 것도 가능합니다.

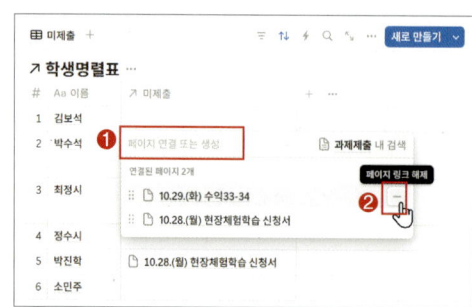
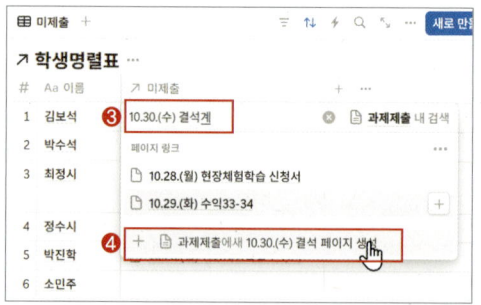

모바일 노션 앱에서 과제 제출 입력하기

09 모바일 앱에서도 과제 제출 여부를 표시할 수 있습니다. 새로운 과제를 제출할 때에는 해당하는 과제 페이지 행에서 ❶학생 속성 칸을 클릭하여 미제출에서 해제하려는 학생 이름 옆의 ❷[해제(X)]를 클릭합니다. 작업 후에는 오른쪽 상단의 완료를 누르거나 휴대폰의 뒤로가기 버튼을 클릭합니다. 과제에 미제출 학생을 추가하려는 경우에는 ❸[페이지 추가]를 클릭한 후 하단의 다른 페이지 링크에서 학생의 이름을 클릭하여 연결된 페이지(미제출) 목록으로 추가할 수 있습니다.

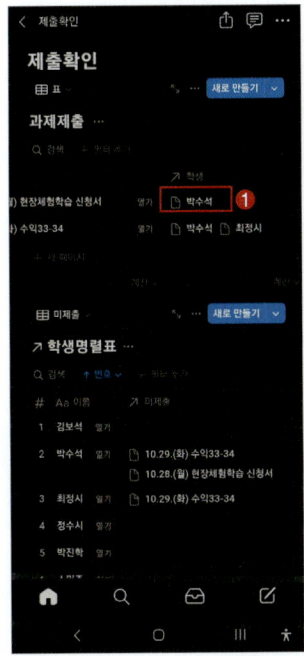 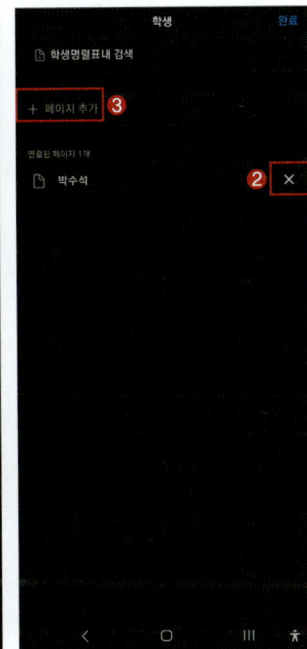 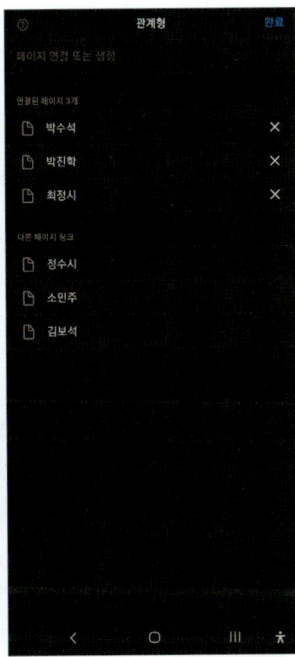

수식으로 개별 메시지 자동 작성

수식을 활용하면, 메시지를 자동으로 작성할 수 있습니다. 작성된 메시지는 출력하여 학생들에게 전달할 수도 있습니다. 실습은 이전 내용에서 이어집니다. 이전 내용을 실습하지 않은 경우, 아래 실습 페이지를 복제하세요.

실습 페이지
https://url.kr/mz6xx3

실습 완성 미리보기
https://url.kr/ymnnpc

'미제출 메시지' 수식 속성 추가하기

01 앞서 작성한 제출확인 페이지에 이어서 작성합니다. 링크된 학생명렬표 데이터베이스에 ❶새로운 속성을 추가하여 ❷[수식]을 선택하고, 속성의 ❸이름은 '미제출 메시지'로 입력합니다. 그리고 ❹[수식 편집]을 누릅니다.

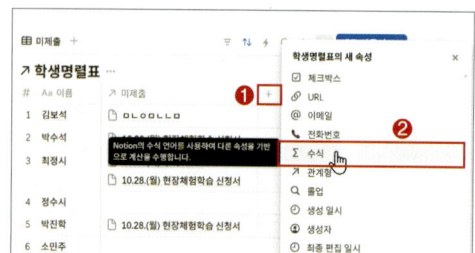
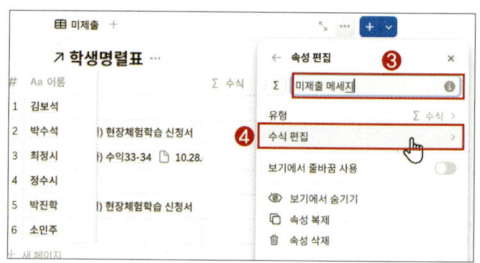

메시지 수식 작성하기

02 수식 입력창의 목록에서 ❶[이름] 속성을 클릭하여 추가하고, ❷'+ "의 미제출 안내입니다. \n" + '라고 입력합니다. ❸[미제출] 속성을 클릭하여 추가합니다.

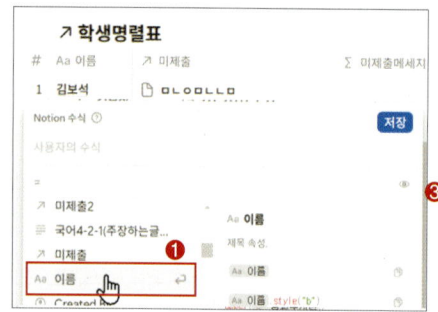

03 여러 학생의 미제출 과제를 구분하기 위해 수식 뒤에 ❹줄바꿈 수식 '+ "\n"'을 추가합니다. ❺[저장] 버튼을 눌러 수식 편집을 완료하면, 이제 학생의 미제출 과제를 메시지 형태로 볼 수 있습니다.

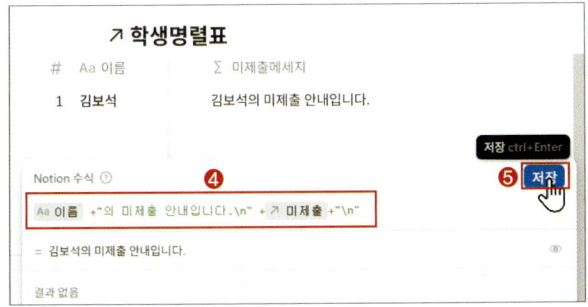

메시지 수식 출력하기

04 노션에서 특정 셀만 출력하는 기능은 없지만, 간단히 드래그하여 복사하고(Ctrl + C), 메모장 등에 붙여넣어(Ctrl + V) 출력이 가능합니다.

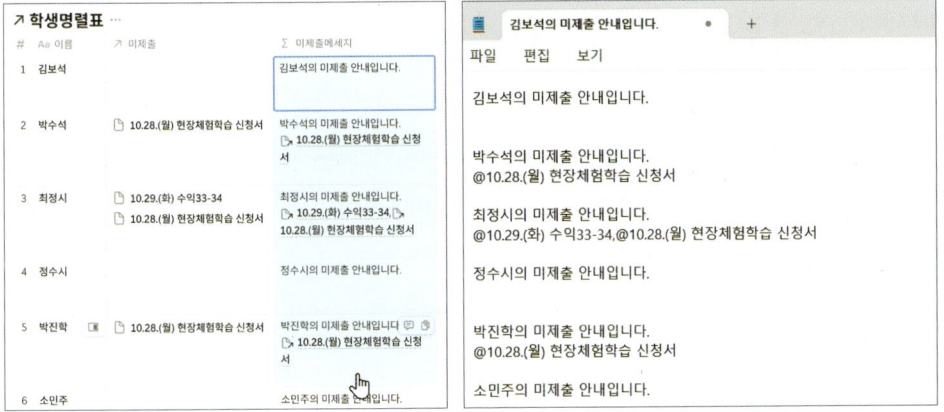

map 함수로 정교한 메시지 생성하기

실습은 이전 내용에서 이어집니다. 이전 내용을 실습하지 않은 경우, 아래 실습 페이지를 복제하세요.

실습 페이지
https://url.kr/zpqz39

실습 완성 미리보기
https://url.kr/inj8ry

> **교사의 활용 노하우**
>
> **map() 함수**
>
> map 함수는 노션의 수식에서 롤업 기능을 하는 함수입니다.
> map 함수는 인수(입력값)으로 관계형 속성과 표현형태를 가집니다.
> 예를들면 첫 번째 인수로 학생 목록 관계형 속성을, 두 번째 인수로 학생 목록의 제목과 날짜를 입력한다면
>
>   map('학생 목록', currnet.'제목' + "/" + current.'날짜')
>
> 와 같은 형태로 입력할 수 있습니다.
> 각 속성은 수식 편집창에서 마우스로 선택하여 입력하며, 키보드로 직접 입력할 경우에는 prop(학생 목록), prop(제목)과 같이 prop() 함수를 사용하여 나타냅니다.
> map 함수의 표현에서는 index와 current라는 매개변수를 사용할 수 있습니다. index는 관계형 속성으로 연결된 페이지가 여러 개일 경우 0부터 순서를 나타냅니다. current는 현재 관계형 페이지를 의미합니다.

map 함수를 활용하면 메시지를 더욱 정교하게 의도한 대로 표현할 수 있습니다. 이번에는 여러 과제를 각각 한 줄에 표현하고, 몇 개의 미제출이 있는지 나타낼 수 있도록 순서로 표시하도록 수식을 작성해 보도록 하겠습니다.

수식은 다음과 같은 도식으로 표현될 수 있습니다.

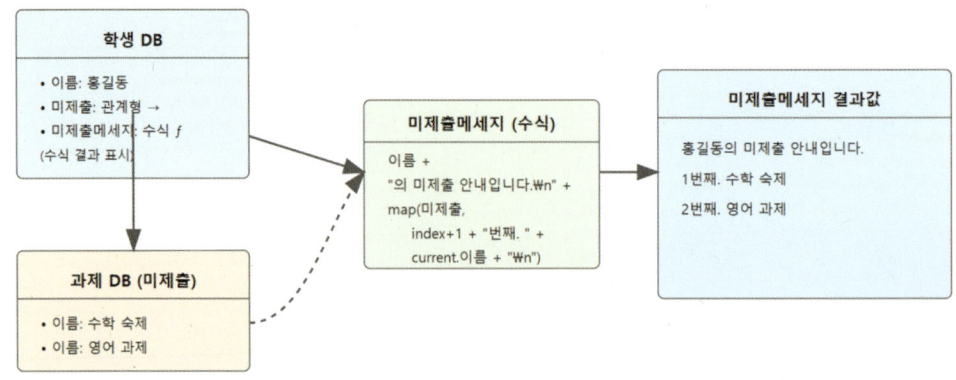

map 함수로 제목 속성 가져오기

01 기존의 [미제출 메시지] 수식을 클릭하여 수식 입력창을 엽니다.

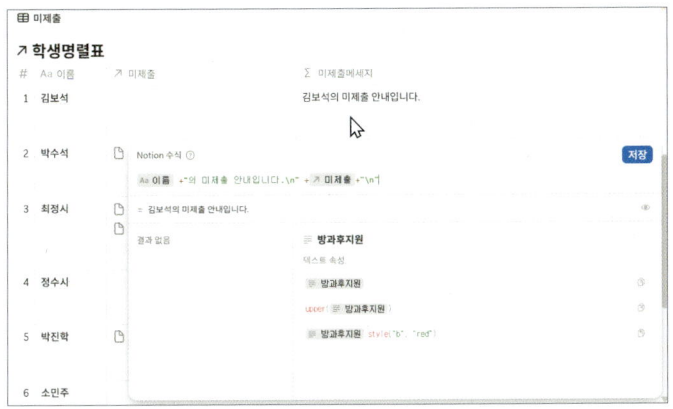

02 미제출 속성 참조했던 '미제출 + "\n"'부분을 지우고, 대신 'map()'를 입력합니다. map 함수의 괄호 속에 커서를 위치시키고, 첫 번째 인수인 관계형 속성으로 [미제출]을 클릭하여 추가합니다. 쉼표를 입력하고, map 함수의 두 번째 인수인 표현방식으로 현재 관계형의 이름을 가져오기 위해 'current'를 입력하고 관계형의 하위 속성 목록을 불러올수 있도록 점(.)을 입력합니다. 현재(current) 관계형 페이지의 하위 속성들이 나타나면 목록에서 '이름'을 클릭합니다.

줄바꿈 추가하기

03 current.'이름'뒤에 줄바꿈을 나타내는 '+"Wn"'를 추가합니다. [저장] 버튼을 클릭하여 수식 편집을 완료합니다.

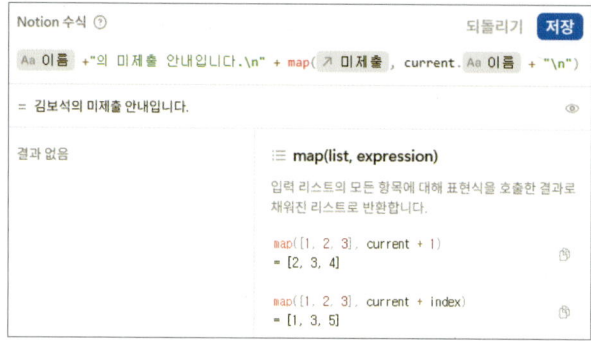

04 map 함수에 설정한 표현 형태는 개별 관계형 페이지마다 적용됩니다. 그러므로 각 페이지가 줄바꿈으로 구분되어 보기에 더욱 깔끔한 형태의 메시지가 작성됩니다.

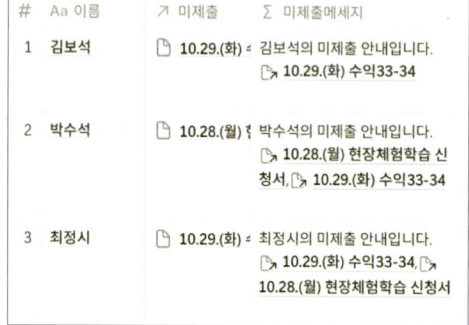
▲ 관계형 속성을 직접 수식으로 가져온 경우: 과제가 구분되지 않고 한 줄로 나타남.

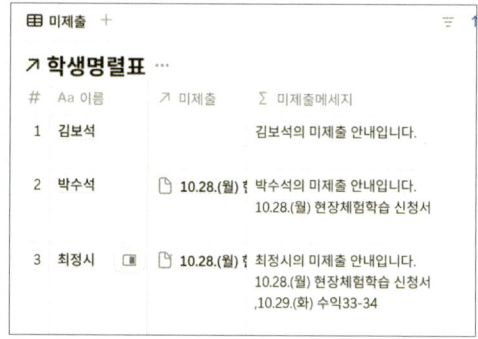
▲ 관계형 속성을 map 함수로 수식에 가져온 경우: 과제별로 형태를 지정하여 줄바꿈이 가능함.

표현형태에 순서 추가하기

05 index 매개변수를 사용하면 각 관계형 페이지의 순서를 추가할 수 있습니다. map 함수의 표현형태 앞부분에 'index+1 + "번째." +'를 추가하면 1번째, 2번째와 같이 나타나게 됩니다. index는 0부터 시작하므로 1을 더한 값으로 입력하였습니다.

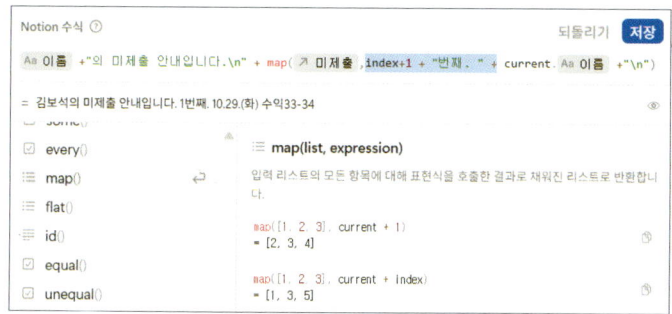

미제출 메시지 인쇄하기

06 이제 미제출 메시지를 드래그하여 클립보드로 복사하고(Ctrl + C), 메모장이나 HWP에 붙여(Ctrl + V) 인쇄할 수 있습니다.

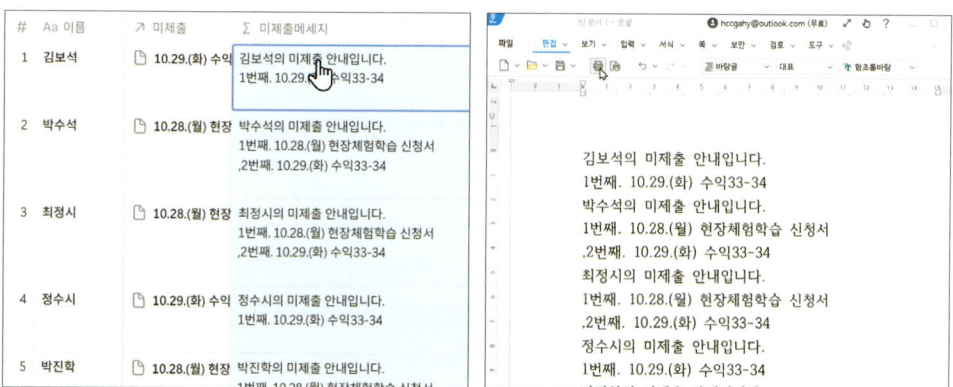

개별 메시지를 복사하여 학생/학부모에게 전달하기

07 수식 결과 위에 마우스를 가져와 클립보드에 복사 버튼을 클릭하고, 온라인 소통 채널을 통해 학생이나 학부모에게 전달할 수 있습니다.

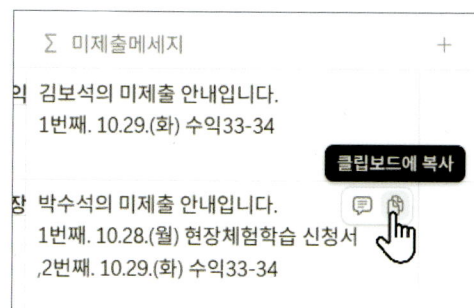
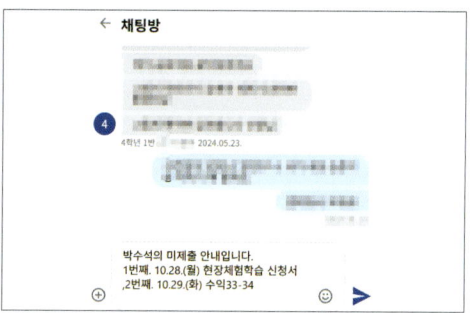

filter 함수로 필요한 내용만 선택하여 생성하기

실습은 이전 내용에서 이어집니다. 이전 내용을 실습하지 않은 경우, 아래 실습 페이지를 복제하세요.

실습 페이지
https://url.kr/2d6zup

실습 완성 미리보기
https://url.kr/c9p67k

> **교사의 활용 노하우**
>
> **filter() 함수**
>
> filter 함수는 노션의 수식에서 조건에 맞는 항목만 필터링하는 함수입니다.
> filter 함수는 인수(입력값)으로 관계형 속성과 필터링 조건을 가집니다.
> 예를 들면 첫 번째 인수로 학생 목록 관계형 속성을, 두 번째 인수로 조건식을 입력한다면
>
>   filter('학생 목록', current.'출석' == "결석")
>
> 와 같은 형태로 입력할 수 있습니다.
> filter 함수에서도 current는 현재 검사 중인 관계형 페이지를 의미하며, current의 속성값을 이용해 조건식을 작성합니다. filter 함수는 이 조건식이 true인 항목들만 반환합니다.
> filter 함수의 결과는 조건에 맞는 항목들의 배열이 되며, 이는 다시 map 함수 등과 함께 사용할 수 있습니다. map 함수는 filter 함수 뒤에 구분자(.)을 붙여 연결되며, 표현형태만을 인수로 가집니다. 예를 들어,
>
>   filter('학생 목록', current.'출석' == "결석").map(current.' 이름 ' + " 학생이 결석하였습니다. ")
>
> 와 같은 형태로 입력할 수 있습니다.

교사가 명렬표에서 확인하는 경우 중에서 일부는 '개별상담 하기'처럼 교사가 참고하기 위한 목적이며, 학생이나 학부모를 위한 메시지에서는 제외할 수 있습니다. 이러한 경우 체크박스 속성으로 제외 여부를 표시하고, filter 함수를 활용합니다.

메시지 제외 체크박스 속성 추가하기

01 기존의 [과제 제출...] 데이터베이스 페이지에 새로운 속성으로 [체크박스]를 추가하고, 이름은 '메시지 제외'로 입력하겠습니다.

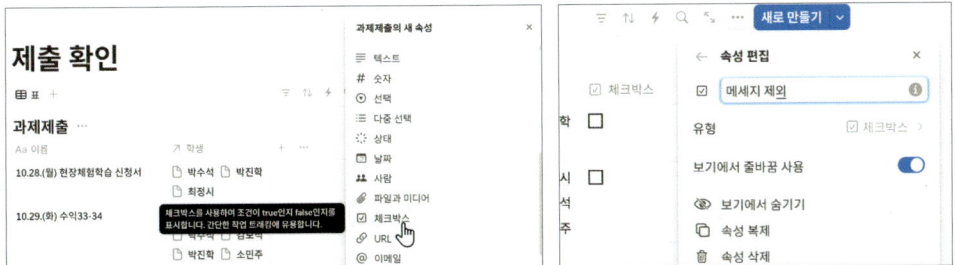

02 테스트 목적으로 새로운 페이지를 추가하여 [메시지 제외 체크 박스]를 선택합니다.

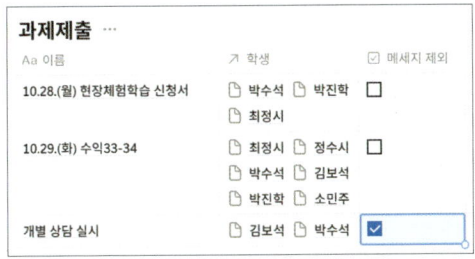

미제출 메시지에 filter() 함수 추가하기

03 기존의 미제출 메시지 수식을 클릭하여 map 함수 부분인 'map('미제출'),index+1 + "번째. " + current.'이름' +"\n")'을 삭제합니다.

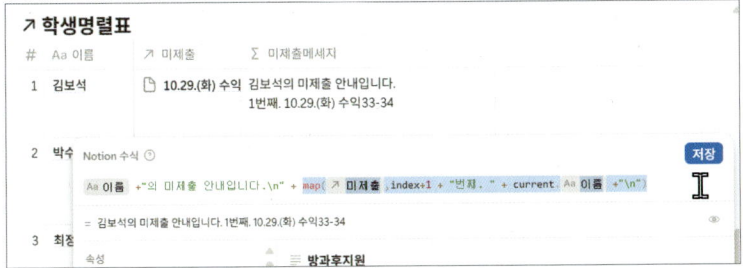

04 새롭게 filter() 함수를 입력합니다. 함수 괄호 내에 커서를 위치시키고, [미제출] 속성을 클릭하여 입력합니다. 그리고 쉼표(,)로 인수를 구분한 후, 두 번째 인수에 'current.'를 입력하고 [메시지 제외] 속성을 추가합니다.

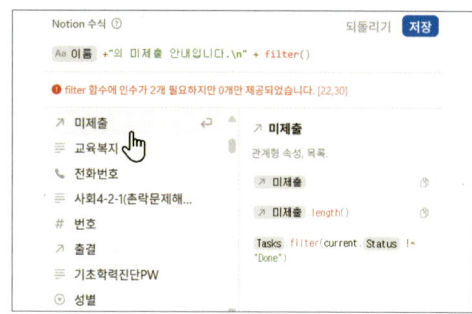 

05 노션에서 '=='은 같다는 것을 의미합니다. 체크박스의 경우 체크 됨은 true(참), 체크되지 않음은 false(거짓)로 표현됩니다. ' == false '를 입력하여 체크되지 않은 것으로 조건식을 입력합니다. 그리고, filter 함수 뒤에 구분자 점(.)을 찍고 map() 함수를 추가합니다. filter에서 이미 관계형 속성을 지정했기 때문에 map 함수는 표현형식만 인수로 입력합니다. 'index+1 + "번째" + current.'를 입력하고 이름 속성을 추가합니다.

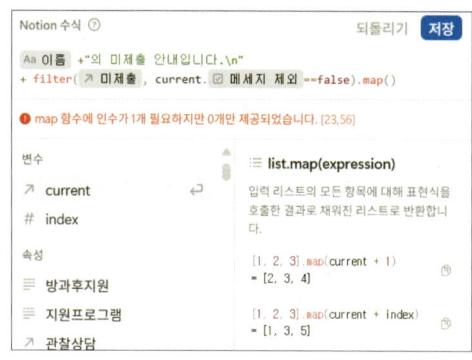 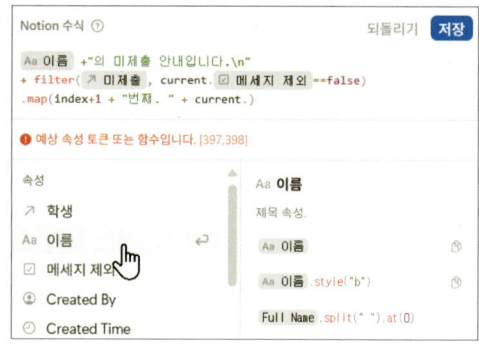

06 마지막으로 줄바꿈 수식("\n")까지 추가하고 [저장] 버튼을 눌러 수식편집을 완료합니다.

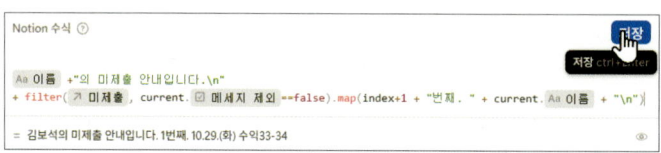

07 필터 함수 적용 전에는 모든 페이지가 표시되었지만, 필터가 적용된 후에는 체크된 페이지는 제외되고 메시지로 생성되는 것을 확인할 수 있습니다.

▲ 필터 적용전 모든 페이지 표시   ▲ 체크된 페이지는 필터에서 제외됨

메시지를 이메일로 자동 발송하기

실습은 이전 내용에서 이어집니다. 이전 내용을 실습하지 않은 경우, 아래 실습 페이지를 복제하세요.

실습 페이지
https://url.kr/hhvzwj

실습 완성 미리보기
https://url.kr/b33xih

노션 데이터베이스는 업무를 편리하게 해주는 다양한 자동화 기능을 가지고 있습니다. 그 중에서 이메일 발송기능을 사용하면, 원하는 내용을 학생의 개별 조건에 맞게 발송하는 것이 가능합니다.
이번에는 앞서 작성한 미제출 메시지를 이메일로 자동 발송하는 기능을 추가해 보겠습니다.

받을 이메일 속성 추가하기

01 링크된 데이터베이스인 학생명렬표에서 새로운 속성으로 이메일을 추가합니다. 그리고 메일을 받을 이메일을 페이지 행의 각 이메일 속성 칸에 입력합니다.

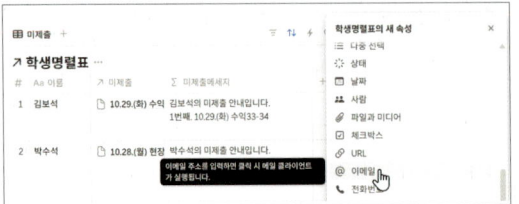 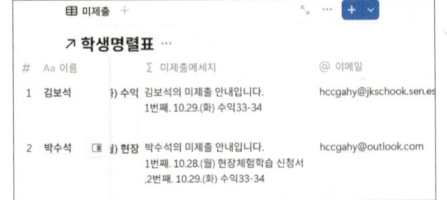

이메일 발송 체크박스 추가하기

02 이메일 발송 버튼으로 사용하기 위해 [체크박스]를 추가하고 속성의 이름은 '메일발송'으로 입력합니다.

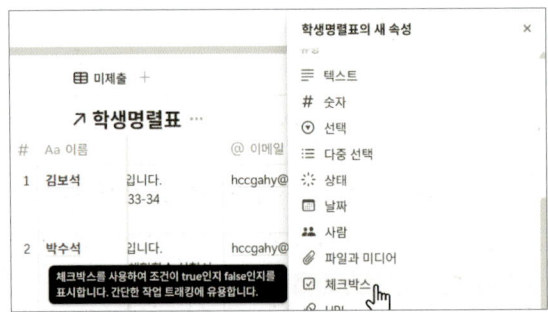 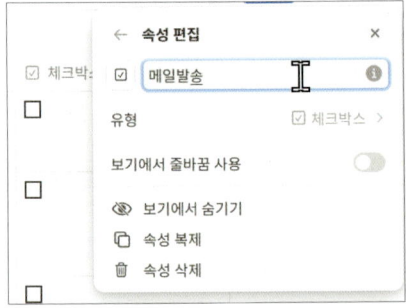

자동화 메뉴 열기

03 데이터베이스 상단에서 ❶[자동화(⚡)]를 클릭하여 자동화 설정 메뉴를 열어보겠습니다. 자동화는 시기(발동 조건)과 수행할 작업으로 구성되어 있습니다. 먼저, ❷[새 조건]을 클릭하여 조건을 입력해 보겠습니다.

 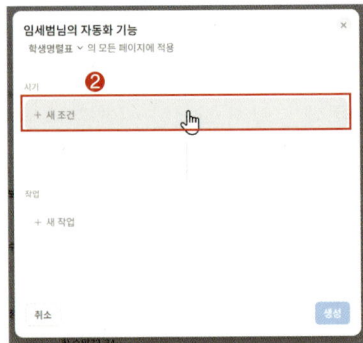

발동 조건 설정하기: 메일발송 선택됨

04 조건 목록에서 ❶[메일발송]을 찾아 클릭하고, 설정값으로 ❷[선택됨]은 체크상태로, ❸선택 취소됨은 체크되지 않은 상태로 두고 ❹[완료] 버튼을 클릭합니다.

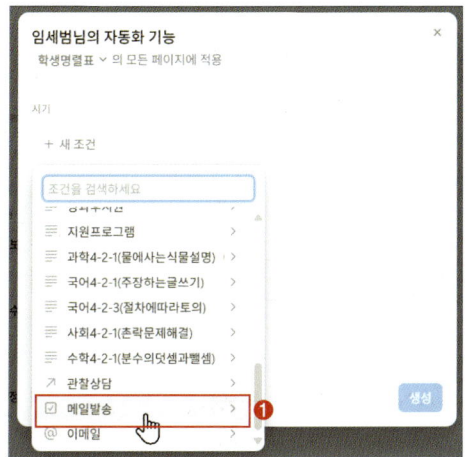 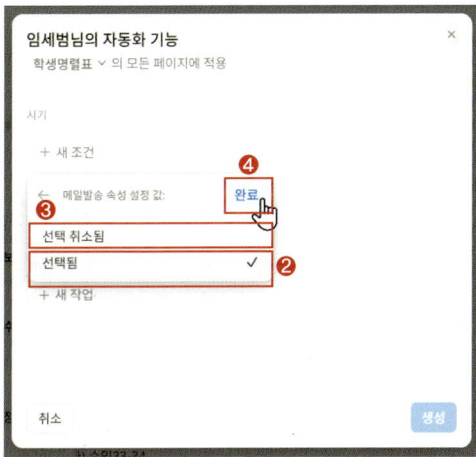

작업 설정하기: 메일 발송

05 이제 메일 발송 속성이 선택되었을 경우의 동작을 설정하겠습니다. ❶[새 작업]을 클릭하고 작업 목록에서 ❷메일 받을 대상을 선택합니다.

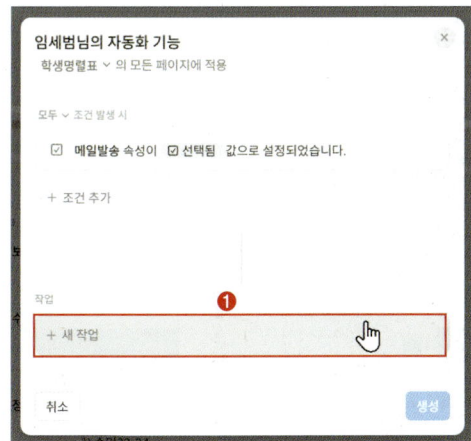 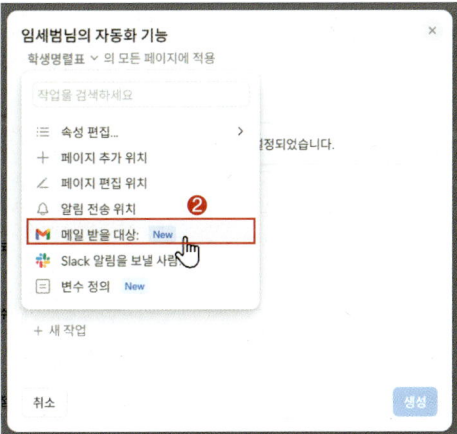

보낼 이메일 계정 연결하기

06 ❶[계정 선택]과 ❷[Gmail 계정 연결]을 차례로 누릅니다. 보내는 이메일 계정을 선택하고, ❸[계속]과 ❹[계속] 버튼을 차례로 클릭합니다.

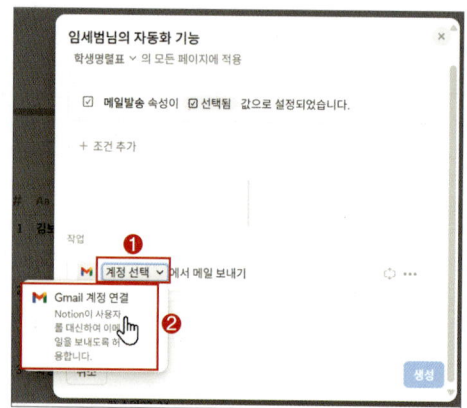

메일 받을 사람 설정: 이메일 속성

07 ❶받는 사람 입력칸을 클릭하여 ❷이메일 속성으로 설정합니다.

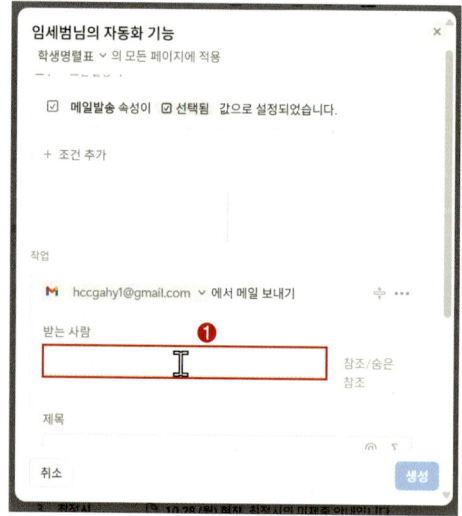
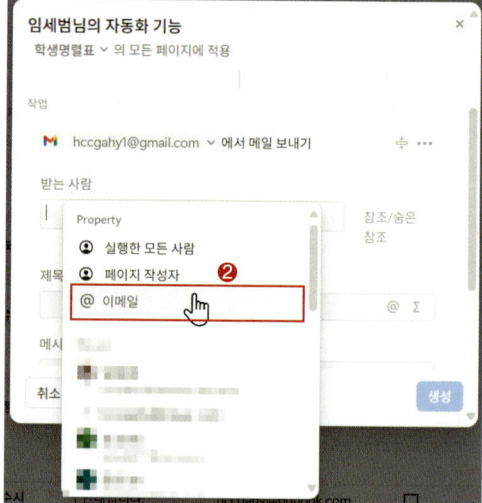

제목을 수식으로 입력하기

08 제목 입력 칸 우측에 있는 ❶[수식으로 편집]을 클릭하고, ❷[페이지 실행]을 클릭하여 추가합니다.

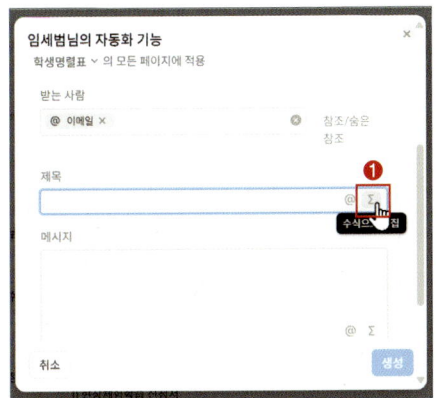
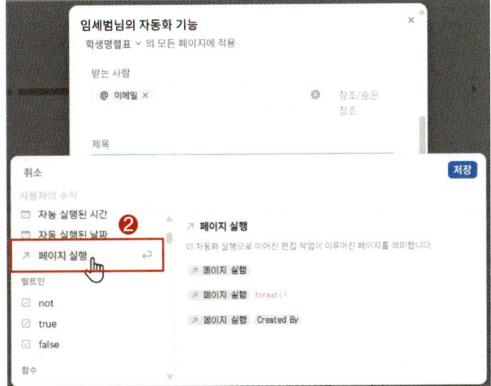

09 [페이지 실행]은 현재 체크박스가 선택된 페이지, 즉 메일을 발송할 내용이 있는 페이지를 의미합니다.

구분자 점(.)을 입력하고 ❸[이름] 속성을 클릭합니다. 이어서 ❹"미제출 과제 안내입니다." 라는 메시지를 뒤에 더하기 기호(+)로 이어 붙여 줍니다. 수식 작성이 완료되었으니 ❺[저장] 버튼을 클릭하여 수식입력창을 닫습니다.

내용(메시지)를 수식으로 입력하기

10 수식도 제목과 같은 방식으로 ❶[수식으로 편집]을 클릭하여 입력하겠습니다. ❷[페이지 실행]과 구분자(.), [미제출 메시지] 속성을 차례로 입력하고 ❸[저장]을 클릭합니다.

작업 추가: 메일 발송 체크 해제하기

11 이제 메일이 발송된 다음 작업으로 체크된 [메일 발송] 속성을 해제하도록 작업을 추가하겠습니다.

❶[작업 추가]를 클릭하고 ❷[속성 편집]을 선택합니다.

 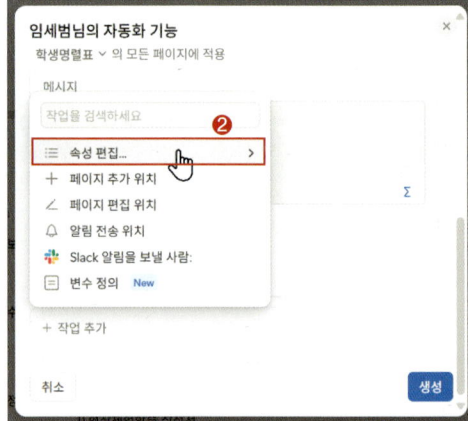

12 ❸[메일발송] 속성을 선택하여 ❹[체크 표시되지 않음]으로 설정합니다.

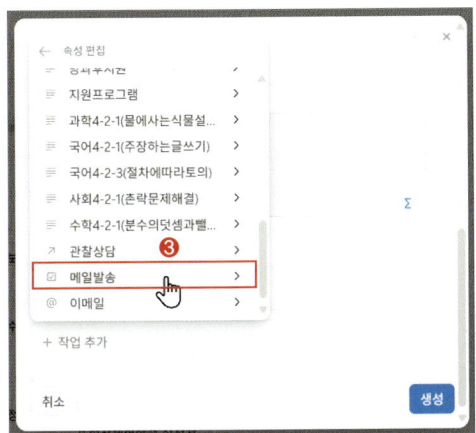 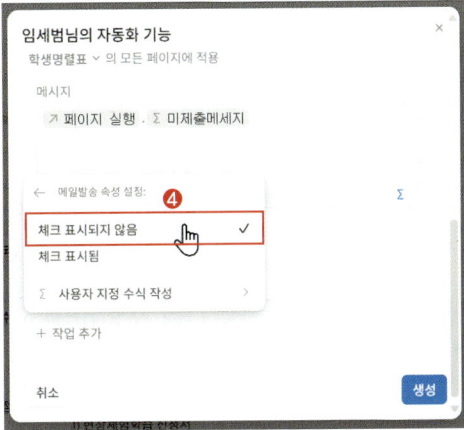

자동화 생성하고 메일 발송하기

13 이제 ❶[생성] 버튼을 클릭하여 자동화 생성을 완료합니다. 학생명렬표에서 ❷[메일발송 체크 박스]를 선택해보겠습니다.

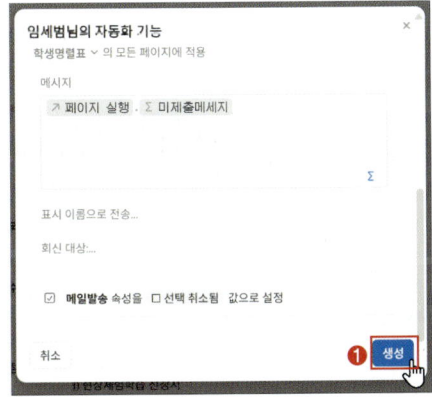 

14 몇 초 뒤 메일발송 체크가 자동으로 해제됩니다.

발송한 메일은 1~2분 뒤 메일함에 도착한 것을 확인할 수 있습니다.

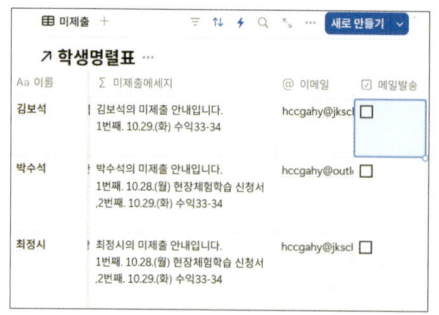

더 나아가기: 개별전달사항 포함하여 메일 발송하기

15 학생에게 개별적으로 전달할 사항을 메일 내용에 추가해 보겠습니다. 텍스트 유형으로 [개별전달사항] 속성을 추가합니다. 그리고 ❶[자동화] 버튼을 클릭하여 목록에서 ❷[기존에 생성한 자동화]를 클릭합니다. 입력된 ❸[메시지 수식]을 클릭하여 수식 편집창을 열어보겠습니다.

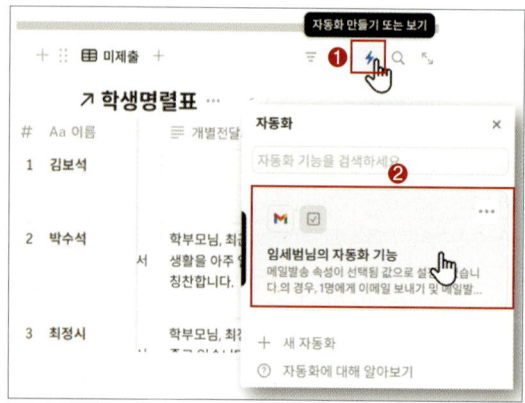
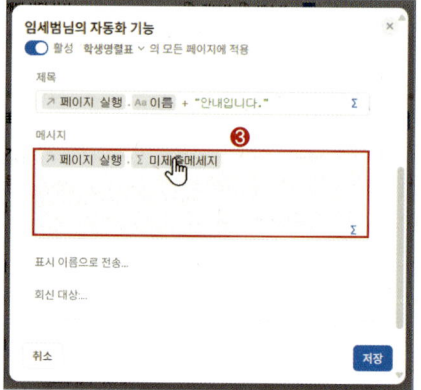

16 수식 뒤에 "Wn 담임교사 메시지 Wn"을 추가(+)하고, 페이지 실행. 개별전달사항 속성도 추가(+)합니다. 예시처럼 수식 중간에 적절히 줄을 바꾸면 (Shift + Enter) 수식을 더 명료하게 볼 수 있습니다. ❹[저장]을 클릭하여 수식입력을 완료하고 ❺[저장]을 클릭하여 자동화 변경을 닫습니다.

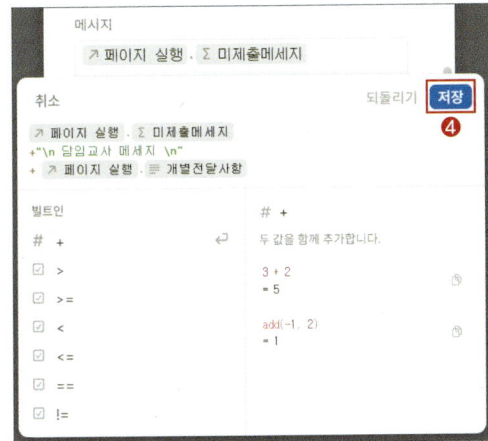
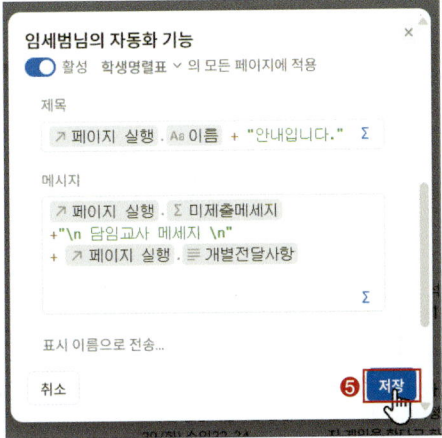

17 이제 개별전달사항이 있는 학생 페이지 행의 [메일발송] 속성을 체크하면, 미제출 안내와 개별전달사항이 모두 메일로 발송되는 것을 확인할 수 있습니다.

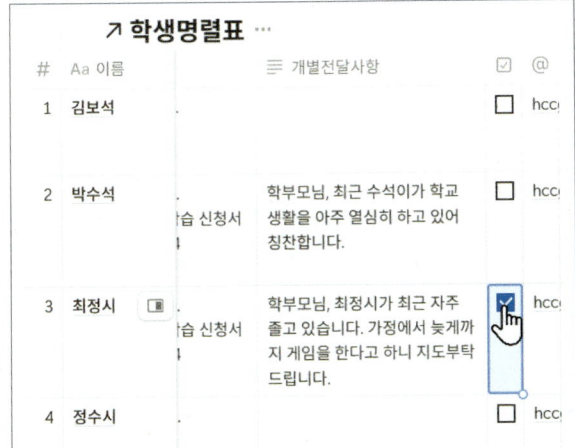
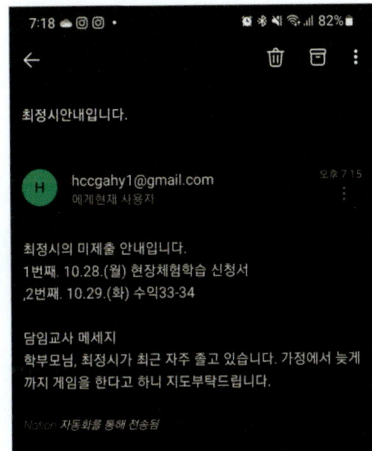

Chapter 04 **노션으로 학생 관리하기** 247

효율적인 학교 업무 관리의 핵심은 반복되는 일을 체계화하고 자동화하는 것입니다. 이 장에서는 노션의 고급 기능들을 활용해 일상적인 학교 업무를 자동화하고 효율적으로 관리하는 방법을 살펴보겠습니다.

프로젝트 관리부터 시작해 자동화 버튼, 데이터베이스 자동화, AI 기능, 그리고 외부 서비스와의 연동까지, 노션이 제공하는 다양한 자동화 도구들을 마스터하게 됩니다. 반복되는 작업은 자동화하고, 노션 AI를 활용한 수업 준비와 문제 출제, 지도안 작성 등 교사의 일상적인 업무를 획기적으로 개선하는 방법을 익힐 수 있습니다.

더 나아가 구글 워크스페이스나 이메일 등 외부 도구들과 노션을 연결하는 방법까지 다루어, 여러분의 업무 환경을 하나로 통합하는 방법을 알아볼 것입니다. 이 과정을 통해 선생님들이 단순 반복 작업에서 벗어나 보다 창의적이고 본질적인 교육 활동에 집중할 수 있게 되길 기대합니다.

N O T I O N

CHAPTER
05

노션으로 학교 업무 자동화하기

01
프로젝트로 업무 관리하기

프로젝트로 업무를 관리하면 좋은 점

학교에서 이루어지는 대부분의 업무는 독립적인 단일 업무가 아닌 더 큰 프로젝트의 일부입니다. 예를 들어 '현장체험학습 신청서 수합'이라는 업무는 '현장체험학습'이라는 더 큰 프로젝트의 한 부분일 뿐입니다. 이러한 업무들을 개별적으로 관리하다 보면 업무 간의 연관성을 파악하기 어렵고, 전체 진행 상황을 한눈에 보기 힘들며, 연관된 자료들이 여러 곳에 분산되어 있어 다음 해에 같은 업무를 할 때 기억에 의존해야 하는 문제가 발생합니다.

통합적인 업무 관리

하나의 프로젝트로 업무를 관리하면 관련된 모든 일정과 할일, 자료, 예산을 통합적으로 관리할 수 있습니다. 특히 노션의 데이터베이스를 활용하면 프로젝트와 관련된 모든 일정을 한눈에 확인할 수 있고, 해야 할 일들의 진행 상황을 실시간으로 파악할 수 있습니다. 또한, 필요한 자료들을 즉시 찾아볼 수 있으며, 예산 현황도 실시간으로 확인이 가능합니다.

업무의 순환적 관리

프로젝트 내의 모든 요소들은 서로 유기적으로 연결되어 있습니다. 일정에는 해당 일정과 관련된 자료를 연결할 수 있고, 자료에서도 해야 할 일을 등록할 수 있습니다. 반대로 할 일 페이지에 관련 일정이나 자료를 연결시킬 수도 있습니다.

업무 효율성 증대

매년 반복되는 학교 업무를 프로젝트로 관리하면 템플릿처럼 활용할 수 있습니다. 이전 프로젝트의 경험과 자료를 즉시 활용할 수 있어 실수와 누락을 방지할 수 있고, 업무 처리 시간도 대폭 단축됩니다. 특히 다음 해에 새로운 업무를 시작할 때 작년의 프로젝트를 복제하여 시작하면, 필요한 자료와 절차를 처음부터 다시 찾아볼 필요 없이 바로 업무를 시작할 수 있습니다.

▲ 프로젝트 데이터베이스 활용에서 업무 효율성 증대

데이터베이스 기반의 유연한 관리

노션의 관계형 데이터베이스를 활용하면 업무를 다양한 관점에서 조망할 수 있습니다. 학교의 전체 일정 속에서 특정 프로젝트의 일정을 확인할 수 있고, 전체 할일 목록에서 프로젝트 관련된 할 일만 필터링하여 볼 수 있습니다. 또한, 전체 자료함에서 프로젝트 관련 자료를 쉽게 검색할 수 있으며, 학교 전체 예산 속에서 프로젝트 예산을 추적할 수 있습니다.

사례

현장체험학습은 계획 수립부터 정산까지 모든 과정을 하나의 프로젝트로 관리할 수 있는 대표적인 예시입니다. 학부모 동의서, 버스 견적서, 안전 점검표 등 모든 자료를 한곳에서 관리할 수 있으며, 일정표, 조별 명단, 인솔 교사 배정 등을 통합적으로 관리할 수 있습니다. 특히 작년 자료를 바탕으로 올해 계획을 수립할 때 누락되는 부분 없이 체계적으로 준비할 수 있습니다.

체육대회와 같은 큰 행사는 기획, 준비, 실행, 정리의 전 과정을 체계적으로 관리해야 합니다. 프로젝트로 관리하면 경기별 준비물, 담당 교사, 필요 예산을 한눈에 파악할 수 있고, 전년도 피드백을 바탕으로 개선사항을 즉시 반영할 수 있습니다. 또한, 업무 분담과 진행 상황을 실시간으로 공유할 수 있어 효율적인 행사 운영이 가능합니다.

자료와 할 일, 일정 연결하기

실습은 Chapter 02에서 작성한 자료, 할 일, 일정 데이터베이스에서 이어집니다. 기존 작성한 데이터베이스 페이지가 없는 경우 아래 실습 페이지를 복제하세요.

실습 페이지
https://url.kr/dzuwij

실습 완성 미리보기
https://url.kr/h8x8fs

업무를 시작하려고 할 때, 종종 해야 할 일에 필요한 자료를 찾느라 시간을 소모하게 됩니다. 그렇지만, 할 일과 자료, 일정을 서로 연결시켜 놓으면, 즉시 관련 자료를 열어볼 수 있습니다.

가장 좋은 방법은 자료를 노션에 업로드 한 후, 자료를 보면서 자료 데이터베이스에서 바로 관련된 할 일과 일정을 생성하는 것입니다. 자료 데이터베이스에서 생성된 할 일과 일정은 각각 할 일 데이터베이스와 일정 데이터베이스에서도 확인할 수 있습니다. 이제 실습을 통해서 이러한 데이터베이스의 관계형을 구축해 보겠습니다.

자료 데이터베이스에서 관계형 속성으로 할 일 추가하기

01 자료 데이터베이스에서 관계형으로 새로운 속성을 추가하고 관계형 대상은 할 일 데이터베이스로 합니다.

02 할 일 데이터베이스에서도 자료 데이터베이스를 볼 수 있도록 ❶할일에 표시를 활성화하고, ❷[관계형 추가] 버튼을 누릅니다.

 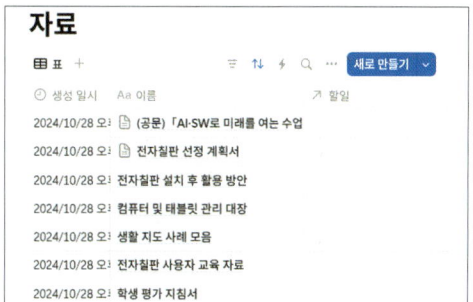

자료 페이지에서 할 일 생성하기

03 자료 페이지를 열어 내용을 보면서 할 일을 생성해보도록 하겠습니다.

페이지 내의 ❶할일 속성칸을 클릭하고, ❷생성할 할 일을 입력합니다. 그리고, ❸페이지 생성을 클릭합니다.

이제 새로운 할 일 페이지가 생성되었습니다.

04 할 일 데이터베이스로 이동하면 새로운 할 일이 페이지 목록에 나타나고, 자동으로 추가된 자료 관계형 속성에서 연결된 자료 페이지를 확인할 수 있습니다. 해당 자료 페이지를 클릭하면 자료 데이터베이스에 있는 연결된 페이지를 열 수 있습니다.

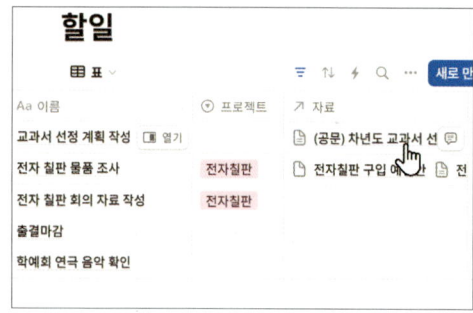
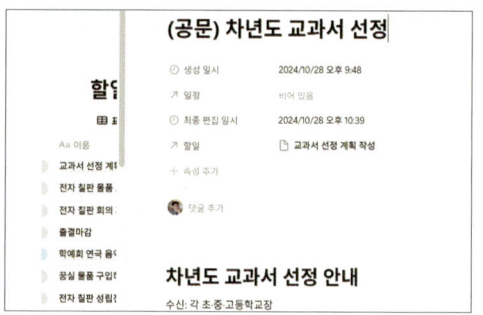

할 일 페이지에서 관련 자료 연결하기

05 이번에는 할 일 페이지에서 해당 할 일과 관련된 자료를 찾아 관계형으로 연결해 보겠습니다.

자료를 연결하려는 페이지 행에서 ❶자료 관계형 속성 칸을 클릭하고, ❷찾으려는 키워드를 검색합니다. 연결하려는 페이지에서 ❸[페이지 링크(+)] 버튼을 클릭하면, 연결된 페이지로 표시됩니다. 한 번에 여러 페이지를 연결하는 것도 가능합니다.

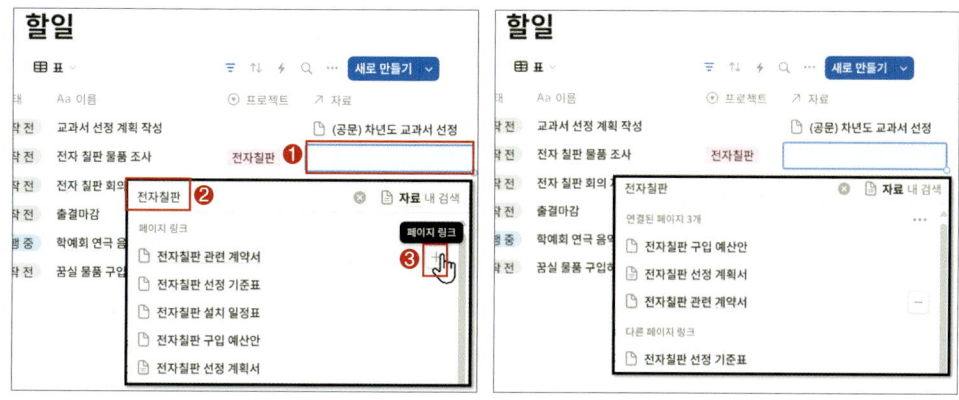

06 자료 데이터베이스로 이동하면 연결된 자료 페이지에도 할 일 페이지가 나타납니다. 해당 페이지를 클릭하면 바로 관련된 할 일을 열어 볼 수 있습니다.

일정 데이터베이스에서 관계형 속성으로 자료 데이터베이스 추가하기

07 이번에는 일정 데이터베이스에서 자료 데이터베이스를 관계형 속성으로 추가합니다. 먼저, 일정 데이터베이스에서 표 레이아웃 탭을 열어, 관계형 속성을 새로 추가합니다.

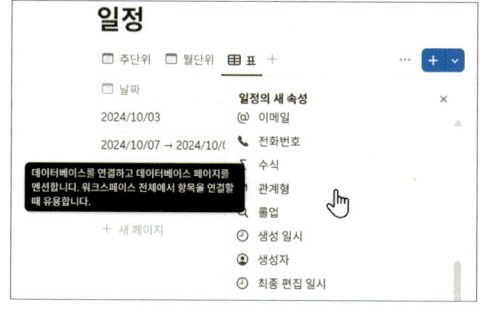

Chapter 05 노션으로 학교 업무 자동화하기 **255**

08 자료 데이터베이스에서도 일정 데이터베이스를 볼 수 있도록 ❶[자료에 표시]를 활성화하고, ❷[관계형 추가]를 누릅니다.

일정 페이지에 관련 자료 연결하기

09 이제 일정 데이터베이스에서 관련된 자료 페이지를 연결해보겠습니다.
일정 페이지 중 하나에서 ❶자료 속성 칸을 클릭하고, 연결하려는 페이지에서 ❷[페이지 링크(+)]를 누릅니다.

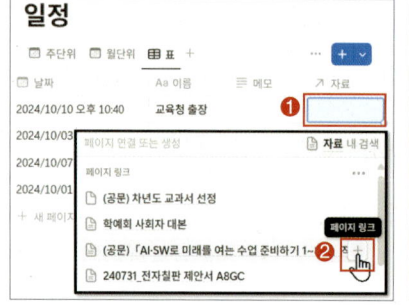

일정 캘린더에서 관련 자료 바로 열기

10 일정 데이터베이스의 캘린더 레이아웃에서 관련 자료를 바로 확인하고 페이지도 열어 보도록 하겠습니다. 레이아웃 편집에서 속성 메뉴를 열어 관계형 속성 자료를 ❶표시 활성화 합니다. 캘린더에 나타난 일정 페이지가 관련 자료가 있는 경우 표시됩니다. 그리고 마우스로 ❷관련 자료를 클릭하면 가운데 보기로 자료 페이지가 열리게 됩니다.

11 확인 후에는 Esc 키를 눌러 닫고 일정으로 돌아올 수 있습니다.

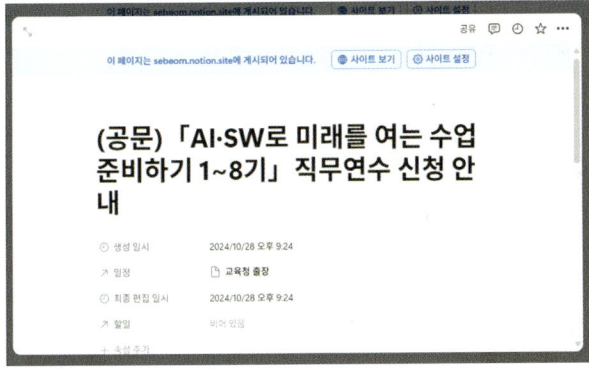

노션으로 예산관리하기

실습은 이전 내용에서 이어집니다. 이전 내용을 실습한 페이지가 없는 경우 아래 실습 페이지를 복제하세요.

실습 페이지
https://url.kr/pgomiu

실습 완성 미리보기
https://url.kr/pik6yv

이번에는 업무 프로젝트에서 사용할 예산관리 데이터베이스를 작성해 보겠습니다. 노션으로 예산관리 데이터베이스 페이지를 작성하면, 예산별 지출을 기록하고, 지출을 자동으로 합산하여 잔액을 계산할 수 있습니다. 여기저기 헤매지 않은 업무 관리 도구로 한 발 더 다가가 보겠습니다. 작성한 예산 데이터베이스는 이후에 이어질 프로젝트 관리에서 활용할 수도 있습니다.

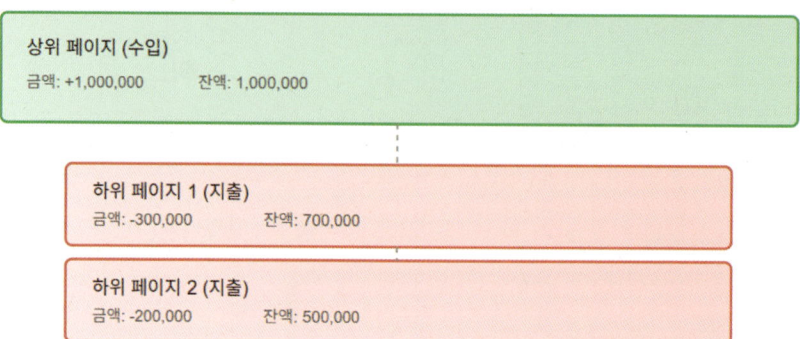

▲ 예산관리 데이터베이스의 구조

예산관리 데이터베이스 페이지 작성하기

01 예산관리를 위한 데이터베이스 페이지를 다음과 같이 작성해 보겠습니다.
페이지 이름 속성을 '내용'으로 입력하고, 날짜(날짜), 원가통계비목(선택), 금액(숫자), 잔액(수식)을 추가하겠습니다.

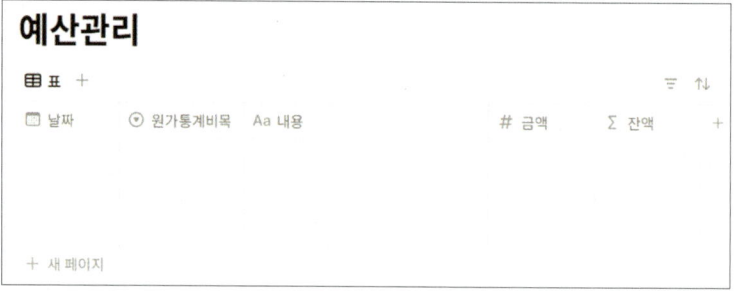

날짜 형식을 짧게 만들기

02 속성 칸의 너비를 줄이기 위해 ❶날짜 속성을 클릭하여 ❷날짜 형식을 ❸년/월/일로 변경합니다.

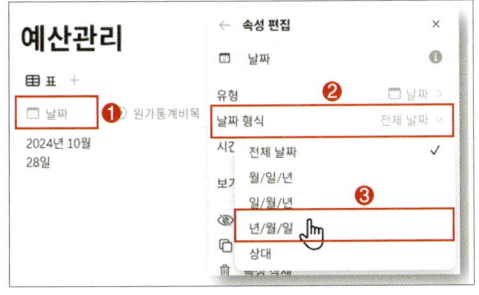 

숫자 유형에 금액 형식 지정하기

03 숫자를 금액으로 나타내기 위해 ❶숫자 속성을 클릭하고, ❷숫자 형식을 ❸원으로 설정합니다.

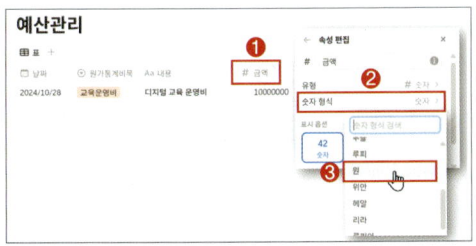 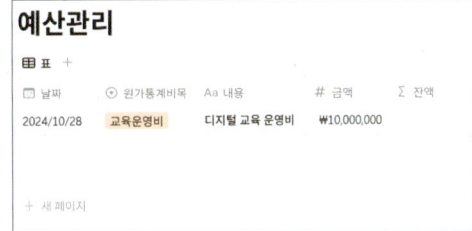

지출: 하위 항목 켜기

04 지출을 나타내기 위해 하위 항목 기능을 켜 보도록 하겠습니다.

하위 항목을 활성화하려면, ❶보기 편집을 열어 ❷[사용자 지정]을 클릭하고, ❸[하위 항목]을 추가합니다.

 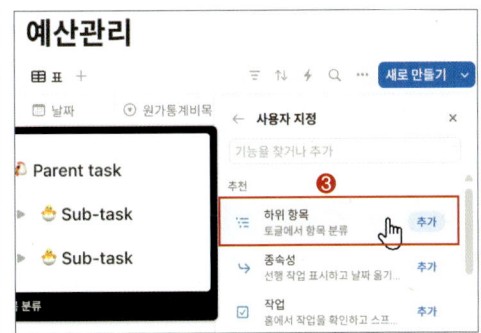

05 [하위 항목 켜기] 버튼을 누릅니다.

하위 항목(지출 입력하기)

06 페이지 가장 왼쪽에 나타나는 ❶[토글]을 클릭하면 하위 목록을 열 수 있습니다. ❷[새 하위 항목]을 클릭하여 지출 내역을 입력합니다.

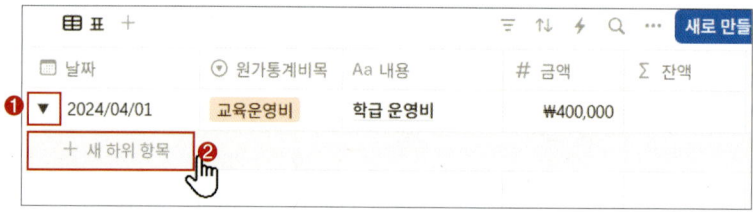

수식으로 잔액 계산하기

07 ❸잔액 속성을 클릭하여 수식 편집창을 엽니다.

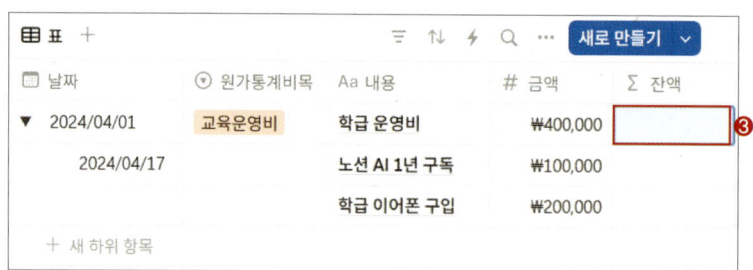

08 수식은 if(상위항목, 0, 금액 - sum(map(하위항목, current.금액))) 으로 입력하고 저장합니다. 상위항목, 금액, 하위 항목은 모두 속성이므로 한글로 입력하지 않고 속성 목록에서 클릭하여 입력합니다. 다소 복잡해 보이는 이 수식의 내용은 다음과 같습니다.

만약(if) 상위항목이 있다면, 즉 현재 페이지는 하위 항목(지출)이라는 뜻이므로 잔액을 계산할 필요 없이 0을 반환합니다. 만약(if) 상위항목이 없다면, 즉 현재 페이지가 상위 항목(예산)이라는 뜻이므로 하위 항목 목록(map)을 가져와서 금액에서 지출 합계를 뺀 잔액을 반환합니다.

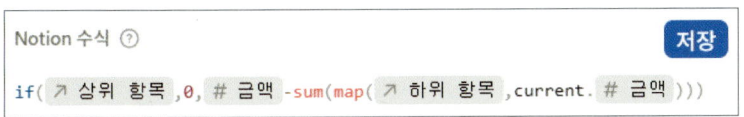

09 수식을 저장하면, 잔액이 자동으로 계산된 것을 확인할 수 있습니다.

날짜	원가통계비목	Aa 내용	# 금액	∑ 잔액
▼ 2024/04/01	교육운영비	학급 운영비	₩400,000	100000
2024/04/17		노션 AI 1년 구독	₩100,000	0
		학급 이어폰 구입	₩200,000	0

+ 새 하위 항목

숫자로 결과가 나타나는 수식 유형에 금액 형식 지정하기

10 수식의 결과가 숫자일 경우, 숫자 수식과 마찬가지로 숫자 형식을 지정할 수 있습니다. ❶잔액 속성을 클릭하여 ❷숫자 형식을 누르고, ❸원을 선택합니다.

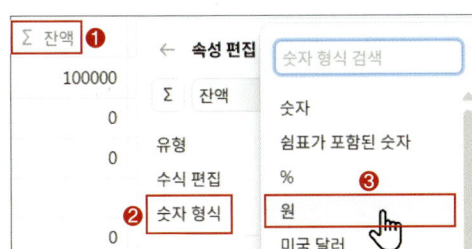

Aa 내용	# 금액	∑ 잔액
학급 운영비	₩400,000	₩100,000
노션 AI 1년 구독	₩100,000	₩0
학급 이어폰 구입	₩200,000	₩0

프로젝트 템플릿에 업무 페이지 하나로 모으기

실습은 이전 내용에서 이어집니다. 이전 내용을 실습한 페이지가 없는 경우 아래 실습 페이지를 복제하세요.

실습 페이지
https://url.kr/3o644z

실습 완성 미리보기
https://url.kr/dj6j8u

이번에는 보드 데이터베이스와 템플릿, 그리고 링크된 데이터베이스 보기를 활용하여 프로젝트 관리 페이지를 작성해 보겠습니다.

프로젝트 페이지는 관계형과 템플릿을 이용하여 독립된 업무관리 페이지를 하나로 통합하여 관리하는 시스템으로 구축해 보겠습니다. 이제 프로젝트 단위로 일정과 할 일, 자료 예산, 아이디어를 관리하세요. 다음 업무의 시작이 빨라집니다.

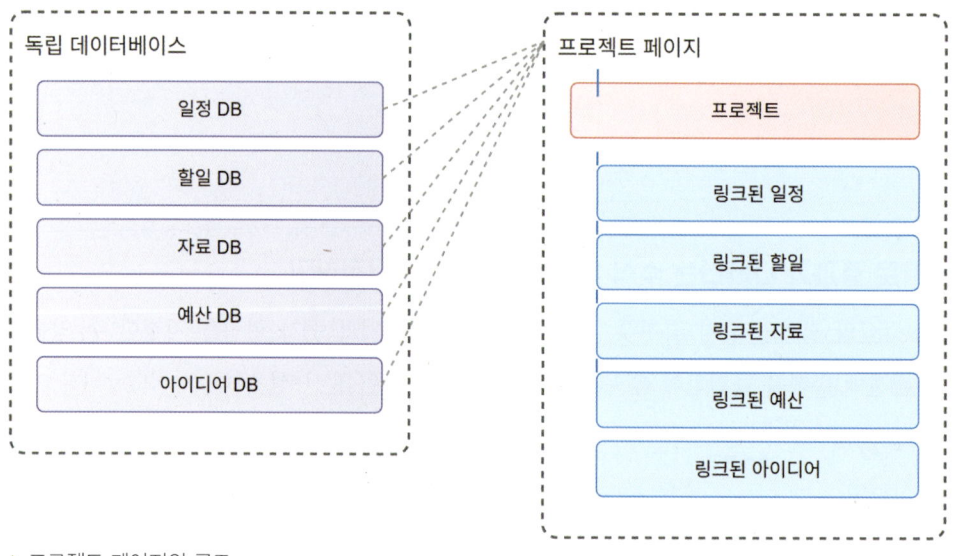

▲ 프로젝트 페이지의 구조

프로젝트 페이지 만들고, 관계형 속성으로 업무 페이지 추가하기

01 새로운 페이지를 보드 레이아웃으로 시작하고, 페이지의 이름을 프로젝트로 입력합니다. 그리고 속성을 추가하여 [일정] 데이터베이스를 관계형 속성으로 추가합니다.

02 할 일과 자료 데이터베이스 페이지도 관계형 속성으로 추가합니다.

03 예산관리와 업무 아이디어 데이터베이스 페이지도 관계형 속성으로 추가합니다. 이렇게 일정, 할 일, 자료, 예산관리, 업무 아이디어까지 모두 관계형 속성으로 추가되었습니다.

프로젝트 템플릿 작성하기

04 이제, 프로젝트 페이지 생성을 위한 템플릿을 작성해보겠습니다.
프로젝트 템플릿에는 다섯 개의 링크된 데이터베이스 보기 블록을 추가합니다.

 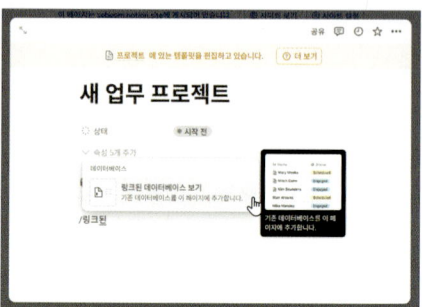

05 첫 번째 링크된 데이터베이스는 일정을 선택하고, 기존의 표 레이아웃을 그대로 가져 옵니다.

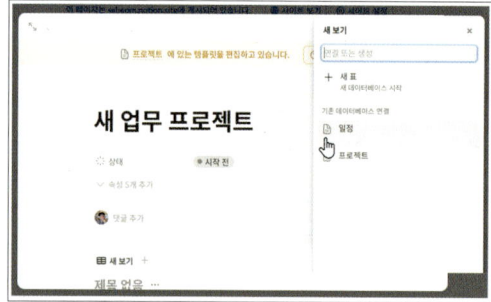 

06 필터를 설정하여, 프로젝트 속성이 새 업무 프로젝트(현재 템플릿)를 설정합니다.

 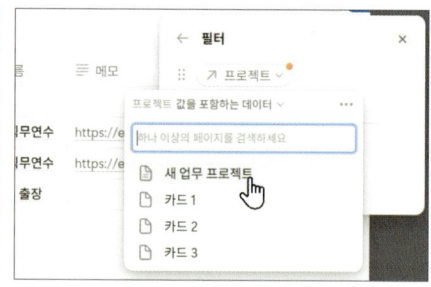

07 같은 방식으로 두 번째 링크된 데이터베이스로 할 일을 선택하고, 표 레이아웃을 가져옵니다.

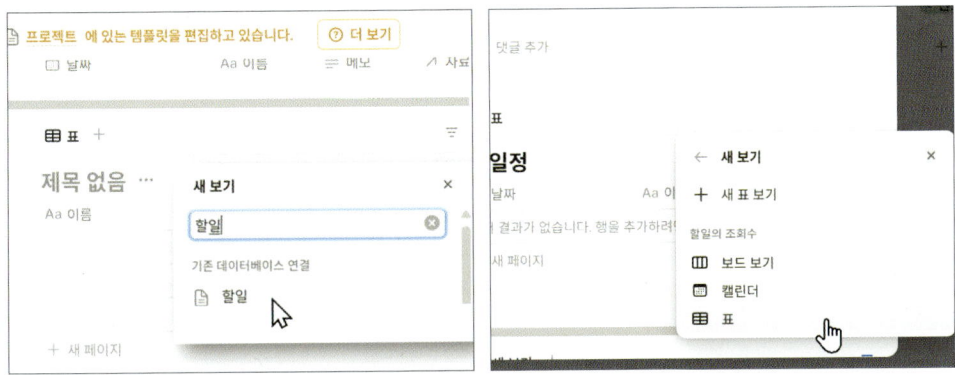

08 역시 마찬가지로 필터를 설정하여, 프로젝트 속성이 새 업무 프로젝트(현재 템플릿)를 설정합니다.

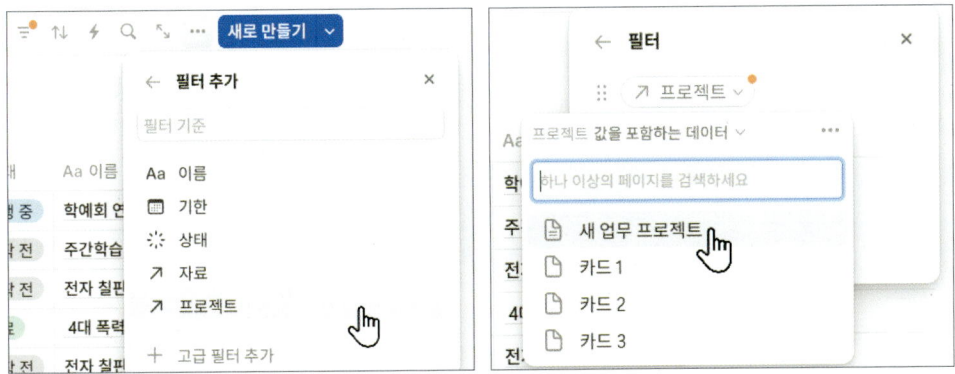

09 일정과 할 일과 마찬가지 방법으로 링크된 데이터베이스로 자료, 예산관리, 업무 아이디어를 선택하여 추가하고 필터로 새 업무 프로젝트(현재 템플릿)을 설정합니다. 그리고 업무하기 편한 형태로 속성의 너비나 위치를 조정합니다. 보이기 여부를 조정합니다. 템플릿 편집이 완료되면 상위페이지로 이동합니다.

새로운 프로젝트 생성하기

10 프로젝트 데이터베이스 페이지에서 새로운 페이지를 추가하고, [새 업무 프로젝트]를 선택하면, 템플릿에 미리 입력해 둔 다섯 개의 링크된 데이터베이스가 모두 나타납니다. 페이지의 제목에 프로젝트의 이름을 입력합니다.

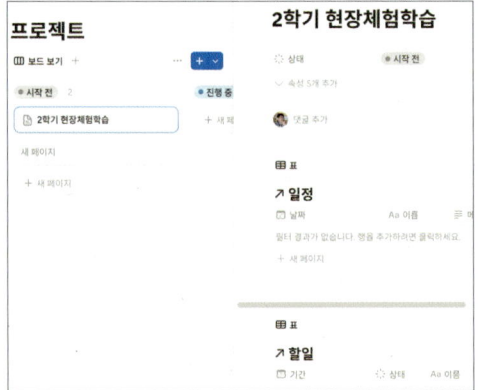

프로젝트 페이지에서 업무 페이지 추가하기

11 프로젝트 페이지에서 일정을 추가하면, 전체 일정 캘린더에도 반영되는 것을 확인할 수 있습니다.

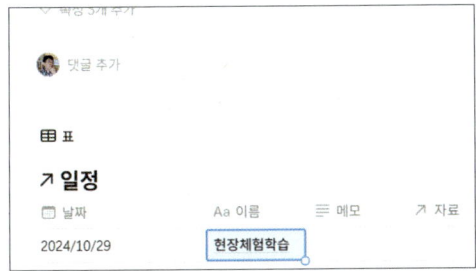 

12 그리고 프로젝트 페이지에서 할 일을 추가하면, 전체 할 일 보드에도 반영되는 것을 확인할 수 있습니다.

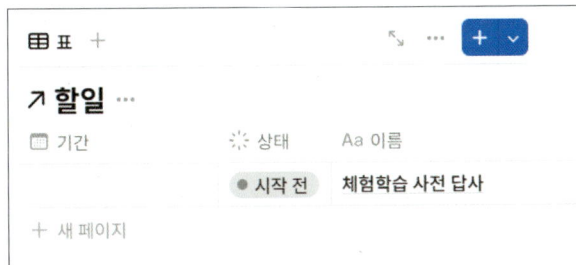 

13 마찬가지로 프로젝트 페이지에서 추가한 자료나 예산 역시, 해당 데이터베이스 페이지에 나타납니다.

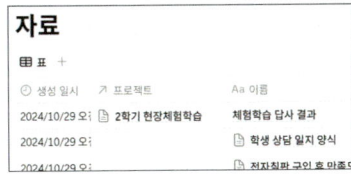 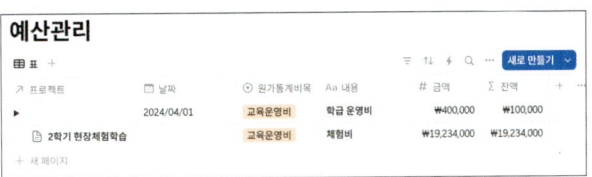

Chapter 05 노션으로 학교 업무 자동화하기 267

프로젝트 업무에서 후기 작성의 중요성

업무 아이디어 데이터베이스는 두 가지 중요한 역할을 합니다. 하나는 업무 시작 전에 떠오른 생각을 기록하는 것이고, 다른 하나는 업무가 끝난 후 후기를 남기는 것입니다.

업무를 시작하기 전 떠오르는 아이디어를 기록해두면 여러 가지 이점이 있습니다. 갑자기 떠오른 개선 아이디어나 시도해보고 싶은 방법들을 잊지 않고 보관할 수 있고, 팀원들과 아이디어를 공유하며 더 나은 방안을 도출할 수 있습니다. 또한, 이전에 기록해둔 아이디어들을 검토하면서 새로운 영감을 얻을 수도 있습니다. 특히 학교에서는 방학 중에 다음 학기를 준비하면서 떠오르는 아이디어들을 기록해두면 학기 중에 유용하게 활용할 수 있습니다.

업무가 끝난 후의 피드백도 매우 중요합니다. 특히 학교에서는 매년 비슷한 행사와 업무가 반복되기 때문에, 올해의 경험을 기록해두면 내년에 큰 도움이 됩니다. 무엇이 좋았고, 어떤 점이 아쉬웠으며, 다음에는 어떻게 하면 더 잘할 수 있을지에 대한 생각을 정리해두면 업무 추진이 수월해지고, 어려움을 피할 수 있습니다.

피드백은 단순히 '잘했다', '힘들었다'와 같은 감상이 아닌, 구체적인 개선점과 아이디어를 담고 있어야 합니다. 이렇게 작성된 피드백은 다음 해에 프로젝트를 복제할 때 함께 전달되어, 새로운 업무의 든든한 지침이 되고 업무 담당자가 바뀔 때 인수인계에도 활용할 수 있습니다.

▲ 업무 아이디어 데이터베이스: 완료 후 피드백의 기록 예시

02 반복되는 교사 업무 자동화하기

노션은 반복 작업에 소요되는 시간을 줄이기 위한 여러 가지 자동화 기능을 제공합니다. 그 중에서도 중심이 되는 세 가지 기능은 템플릿, 데이터베이스 자동화, 자동화 버튼입니다. 우리는 교재의 이전 내용을 실습하면서 조금씩 이러한 기능을 다루어 보았습니다.

템플릿은 동일한 형식의 문서를 반복해서 생성할 수 있는 기능입니다. 앞서 "Chapter 03 노션으로 수업하기"에서는 수업 페이지를 작성하거나, 학습지와 같은 형태가 있는 과제를 부여하기 위해 사용하였고, 이전 섹션에서 살펴본 프로젝트 페이지도 템플릿이 적용되었습니다. 그리고 아직 다루지 않은 내용으로 특정 시기에 템플릿을 자동 반복 생성하는 기능이 있습니다.

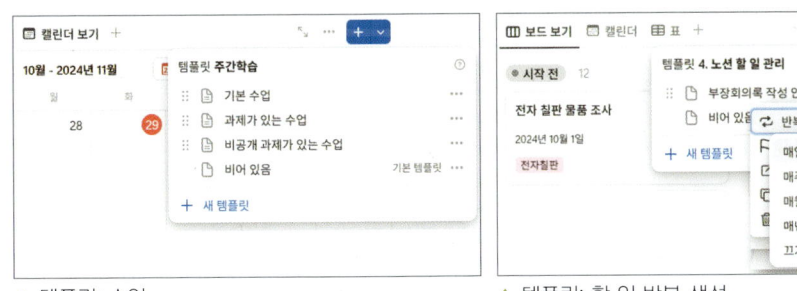

▲ 템플릿: 수업 　　　　　　　　　　　　▲ 템플릿: 할 일 반복 생성

데이터베이스 자동화는 특정 조건이 발생했을 때 자동으로 실행되는 기능입니다. Chapter 04의 '노션 명렬표로 학생 관리하기'에서는 미제출 과제가 체크되었을 때 자동으

로 이메일을 발송하는 기능을 간단히 다루었습니다. 하지만 데이터베이스 자동화에는 이보다 더 강력한 기능들이 있습니다. 예를 들어 자동으로 페이지를 생성하거나, 속성을 편집하고, 알림을 전송하는 등 다양한 작업을 자동화할 수 있습니다.

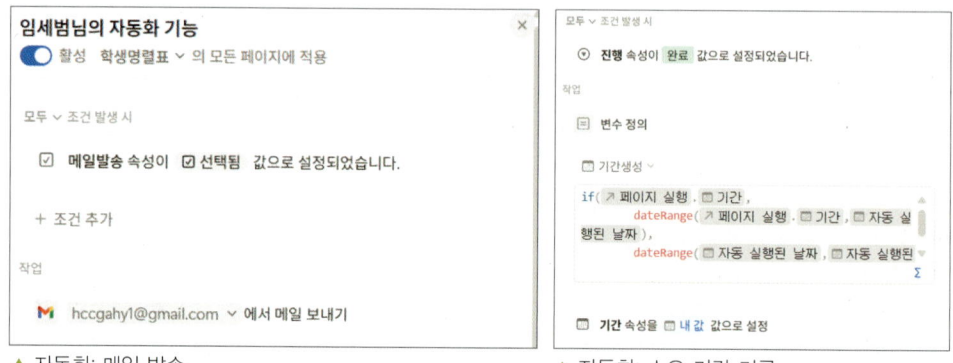

▲ 자동화: 메일 발송　　　　　　　　　　　▲ 자동화: 소요 기간 기록

마지막으로 자동화 버튼은 버튼을 클릭하는 것을 조건으로 자동으로 실행되는 기능입니다. 이번 섹션에서 처음 다루게 될 이 기능은 여러 번의 조작이 필요한 작업을 버튼을 한 번 누르는 것으로 대신할 수 있어 유용합니다. 날짜 속성을 특정 날짜만큼 뒤로 미루거나, 일부 또는 전체 페이지에 관계형 속성을 설정하는 것도 가능합니다.

자동화 버튼으로 모든 학생에게 과제 부여하기

실습은 Chapter 04의 '제출 확인'에서 이어집니다. 이전 내용을 실습한 페이지가 없는 경우 아래 실습 페이지를 복제하세요.

실습 페이지 　　　실습 완성 미리보기
https://url.kr/ch1369　　　　　https://url.kr/ulvc8k

Chapter 04의 학생 과제 관리에서는 제출할 학생의 목록을 하나씩 클릭해서 추가했습니다. 그러나, 자동화 버튼을 속성으로 추가하면, 학생의 제출 여부를 확인하기 위해 모든 학생을 개별적으로 클릭할 필요 없이 클릭 한 번으로 관계형 속성에 추가할 수 있습니다.

새로운 버튼 속성 추가하기

01 제출 확인 페이지에서 ❶[버튼] 유형의 속성을 새로 추가하고, 속성 이름은 '전체과제'로 입력합니다. 그리고 ❷편집 자동화를 클릭하여 자동화할 작업을 입력해 보겠습니다.

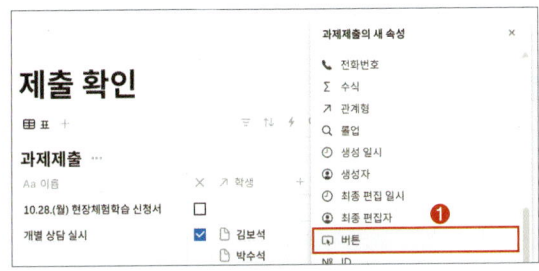
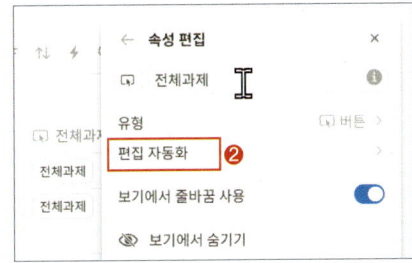

자동화할 작업 입력하기

02 다른 데이터베이스(학생명렬표)의 속성을 편집하기 위해 ❶새 작업을 클릭하여 ❷페이지 편집 위치를 선택합니다. ❸데이터베이스 선택에서 ❹학생명렬표를 선택합니다.

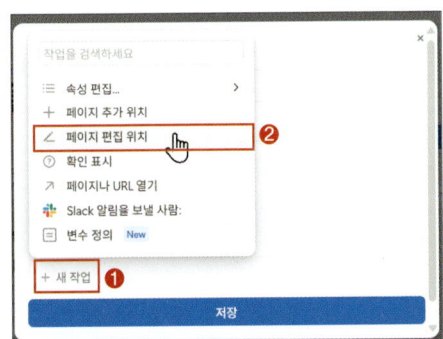
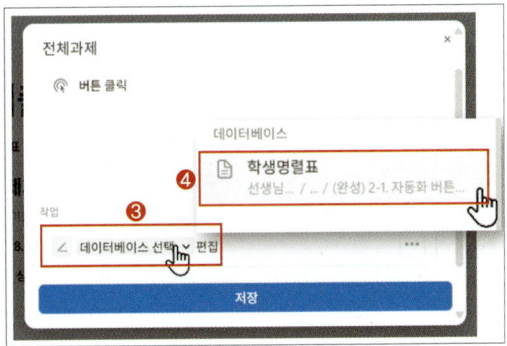

03 ❺편집할 속성으로 ❻미제출을 선택하고, 편집 방법은 ❼추가를 추가할 페이지로는 ❽이 페이지(과제)를 선택합니다.

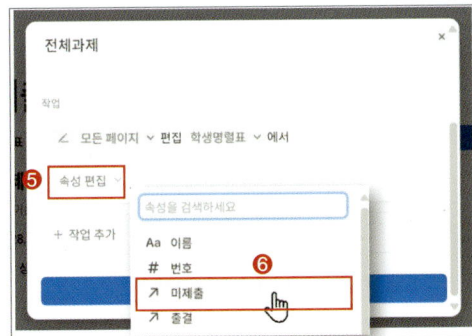
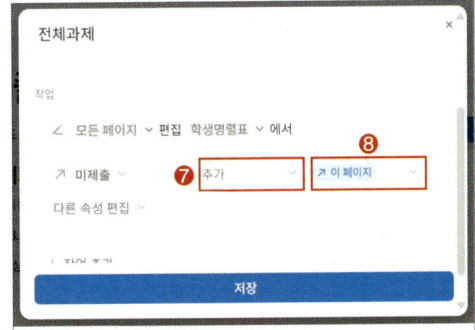

전체과제 버튼 실행하기

04 이제 ❶전체과제 버튼을 클릭하면, 미제출 학생 목록에 모든 학생이 자동으로 등록되는 것을 확인할 수 있습니다.

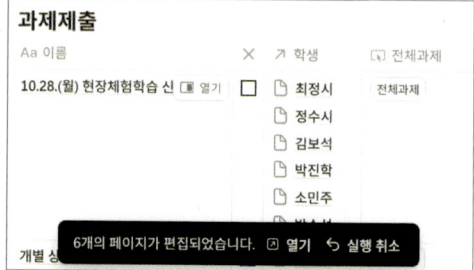

버튼: 할 일 미루기

실습은 Chapter 05의 '프로젝트'에서 이어집니다. 이전 내용을 실습한 페이지가 없는 경우 아래 실습 페이지를 복제하세요.

실습 페이지
https://url.kr/pbxscj

실습 완성 미리보기
https://url.kr/fv2x5p

이번에는 자동화 버튼을 이용하여 할 일을 미루어 보도록 하겠습니다. 할 일이 많은 날, 오늘의 할 일에 너무 많은 것을 남겨두기 보다는 할 수 있는 일만 남겨두고 미루는 것이 필요할 때, 버튼 하나로 빠르게 정리가 가능합니다.

이번 실습에는 새로운 함수 하나를 활용해 보겠습니다. dateAdd() 함수를 활용하면 누른 현재 시점을 기준으로 더해진 날짜를 적용합니다.

> **교사의 활용 노하우**
>
> **dateAdd() 함수**
>
> dateAdd()는 날짜를 더하는 함수로, 원래 날짜, 더할 숫자, 날짜 단위를 인수로 가집니다.
> 예를 들어, 버튼을 클릭한 날짜를 기준으로 3일 뒤라면
>   dateAdd('자동 실행된 날짜', 3, "days")
> 로 입력할 수 있습니다.
> 1주일 뒤: dateAdd('자동 실행된 날짜', 1, "weeks")
> 한 달 뒤: dateAdd('자동 실행된 날짜', 1, "months")

새로운 버튼 추가하기

01 할 일 데이터베이스 페이지를 열어 [버튼] 유형으로 새로운 속성을 추가합니다.

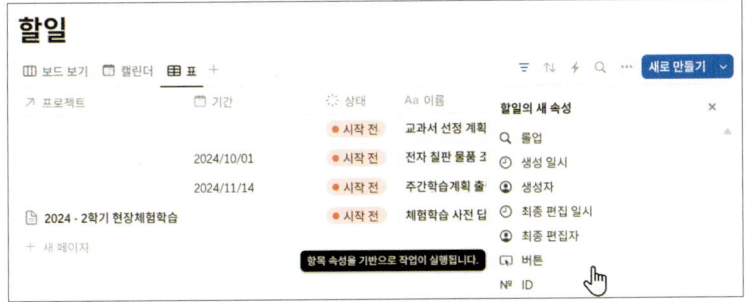

자동화할 작업 입력하기

02 속성의 이름을 '내일'로 입력하고 ❶[편집 자동화]를 클릭하여, 기간을 미루는 작업을 입력해 보겠습니다. ❷[속성 편집]을 클릭합니다.

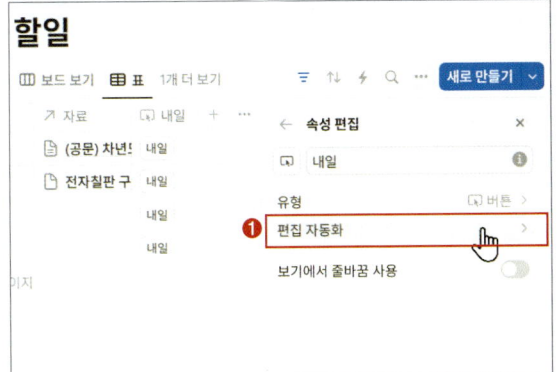
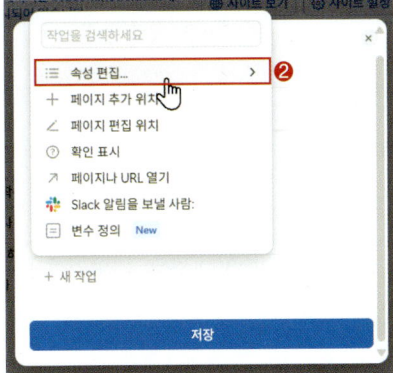

03 ❸[기간]을 클릭하여 ❹사용자 지정 수식 작성으로 입력합니다. 수식은 하루 뒤인 ❺dateAdd('자동 실행된 날짜', 1, "days")로 입력하겠습니다. ❻[저장] 버튼을 클릭하여 수식을 저장합니다.

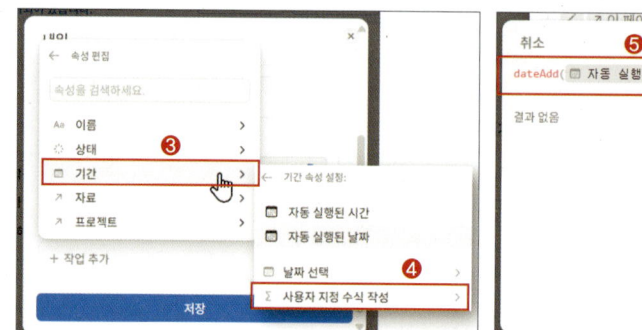 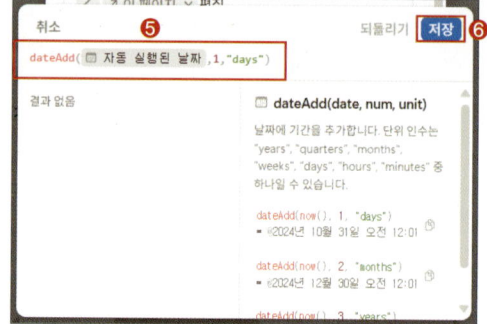

04 ❼[저장] 버튼을 클릭하여 자동화를 생성한 후에는 생성된 ❽[내일] 버튼을 클릭하여 날짜를 변경할 수 있습니다.

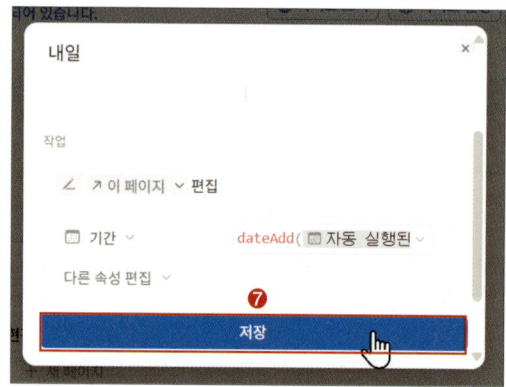 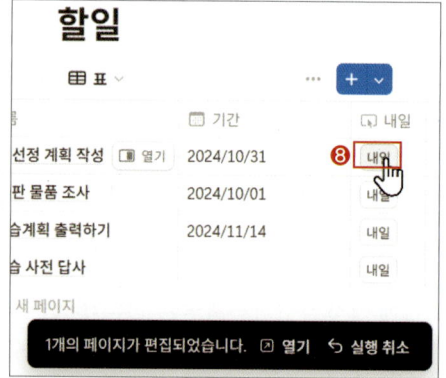

한 달 뒤, 다음 주 월요일 버튼 추가하기

05 같은 방식으로 버튼을 추가하여 한 달 뒤와 다음 주 월요일로 날짜를 변경하는 버튼을 추가합니다.

한 달 뒤는 dateAdd('자동 실행된 날짜', 1, "months"), 다음 주 월요일은 dateAdd(dateAdd('자동 실행된 날짜', 7 - toNumber(formatDate('자동 실행된 날짜', "d")) +1, "days"), 0, "days")로 입력합니다.

다음 주 월요일을 계산하는 수식은 현재 날짜를 기준으로 다음 주 월요일의 날짜를 자동으로 계산하는 방식입니다. 먼저 formatDate('자동 실행된 날짜', "d")를 사용해 현재 날짜의 요일을 숫자로 구하고, 이를 숫자 형태로 변환(toNumber)합니다. 이후 일주일(7일)에서 현재 요일 숫자를 빼고 1을 더하여 다음 주 월요일까지 남은 일수를 계산합니다. 예를 들어, 수요일이라면 7 − 3 + 1 = 5일이 되어 5일 후가 다음 주 월요일입니다. 마지막으로 dateAdd 함수를 사용해 남은 일수만큼 날짜를 더하여 다음 주 월요일의 날짜를 반환하는 방식으로 동작합니다.

06 마지막으로 Alt 키를 누른 상태로 너비를 조절하여 버튼의 크기만큼 속성 칸을 설정합니다.

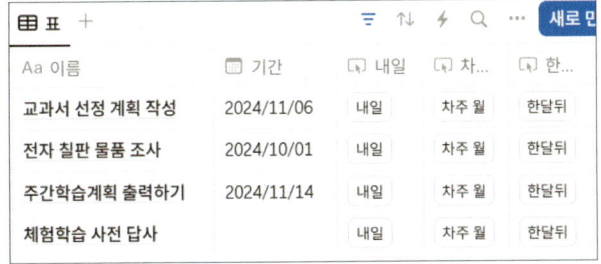

페이지 레이아웃에 버튼 고정하기

07 표 레이아웃이 아닌, 보드나 캘린더 레이아웃의 경우 버튼을 보이게 하면 페이지 카드가 지나치게 커져 불편합니다. 이럴 경우에는 페이지를 열어 날짜을 바꿀 수 있도록 버튼을 고정해보도록 하겠습니다.

먼저, 페이지를 열어 ❶[레이아웃 사용자 지정]을 클릭합니다.

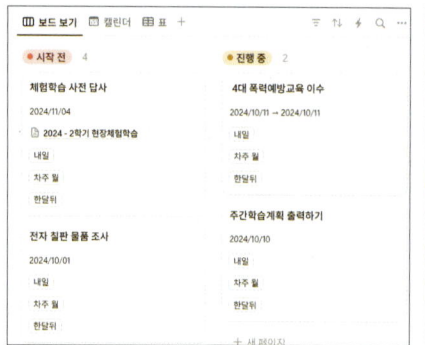

▲ 보드 레이아웃에서 버튼을 보이게 한 경우

08 ❷제목 영역을 클릭한 후, 속성 목록에서 필요한 속성들을 ❸고정합니다. ❹[모든 페이지에 적용]을 클릭하여 레이아웃 편집을 완료합니다.

09 이제 할 일 페이지를 열면 페이지 제목 아래에 버튼이 추가된 것을 확인할 수 있습니다. 추가로, 표 보기를 복제한 후 필터를 적용하여, 오늘 할 일만 볼 수 있는 탭을 만들면 더욱 편리합니다.

자동화: 소요 시간 기록

실습은 Chapter 05의 '프로젝트'의 '할일'에서 이어집니다. 이전 내용을 실습한 페이지가 없는 경우 아래 실습 페이지를 복제하세요.

실습 페이지
https://url.kr/3romif

실습 완성 미리보기
https://url.kr/9rnvwo

데이터베이스의 자동화 기능을 설정하면, 업무에 소요된 시간을 자동으로 계산할 수 있습니다. 작업을 시작할 때 '진행 중'으로 상태를 바꾸었다가, 작업이 끝난 후 '완료'로 바꾸어 내가 그 업무에 얼마나 시간이 필요한 지 자동으로 기록해 보세요.

이번에도 새로운 함수를 활용합니다. 기간을 입력하기 위해 dateRange() 함수를, 시간 간격을 계산하기 위해 dateBetween() 함수를 사용합니다.

> **교사의 활용 노하우**
>
> **dateRange() 함수**
>
> dateRange() 함수는 날짜 속성의 시작 날짜와 끝 날짜로 이루어진 범위를 반환하는 함수입니다. dateRange() 함수 자체로는 직접적인 연산을 수행하지 않지만, 수식에서 기간을 입력할 때 사용합니다. 이 함수는 두 개의 인수를 가지며 다음과 같은 형태로 사용됩니다.
>   dateRange(시작시간, 끝시간)

> **교사의 활용 노하우**
>
> **dateBetween() 함수**
>
> dateBetween() 함수는 두 날짜 사이의 차이를 계산하는 함수로, 시작 날짜, 끝 날짜, 시간 단위 세 가지 인수를 가집니다. 이 함수를 사용하면 두 날짜 사이의 기간을 일, 시간, 분 등 다양한 단위로 구할 수 있습니다. 예를 들어, 기간 속성의 시작과 끝 사이의 차이를 구하고 싶다면 다음과 같이 입력할 수 있습니다.
>   일 간격: dateBetween(dateEnd("기간"), dateStart("기간"), "days")
>   시 간격: dateBetween(dateEnd("기간"), dateStart("기간"), "hours")
>   분 간격: dateBetween(dateEnd("기간"), dateStart("기간"), "minutes")

시작시간: 실행 조건 설정

01 할 일이 진행 중 상태가 되면 작업이 시작되도록 조건을 설정해 보겠습니다. 할 일 페이지에서 ❶[자동화 만들기 또는 보기] 버튼을 클릭하고, ❷새 조건으로 ❸상태가 ❹진행 중으로 설정합니다. ❺[완료]를 눌러 조건을 저장합니다.

 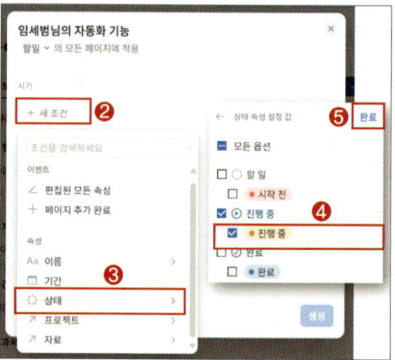

시작시간: 실행할 작업 설정

02 이제 상태 속성이 진행 중이 되었을 때 기간에 현재 시간이 기록되도록 설정해보겠습니다. ❶[새 작업]을 클릭하여 ❷[속성 편집]에서 ❸기간을 ❹자동 실행된 시간으로 설정합니다. ❺[생성]을 눌러 작업을 저장하고, ❻[생성]을 클릭하여 자동화 기능을 생성합니다.

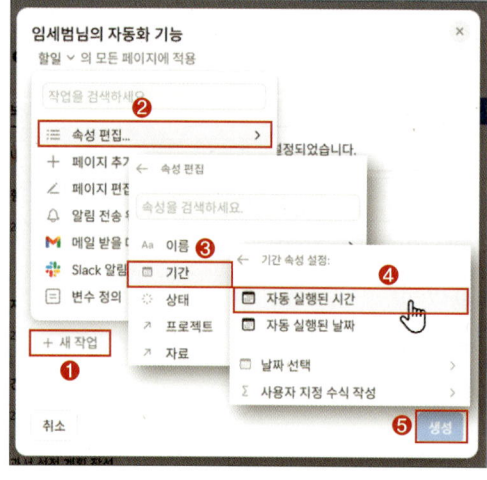 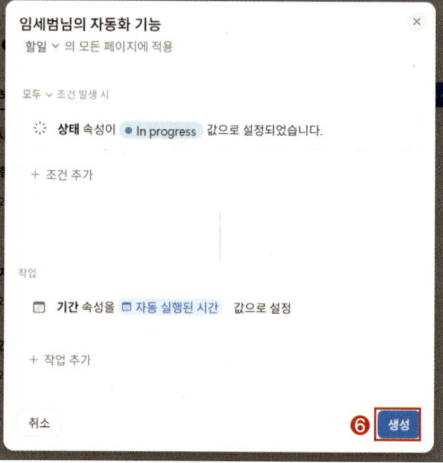

시작시간: 자동화 작동 확인하기

03 이제, 시작 전에 있던 페이지를 진행중으로 이동하면, 시작시간이 기간 속성에 입력되는 것을 확인할 수 있습니다.

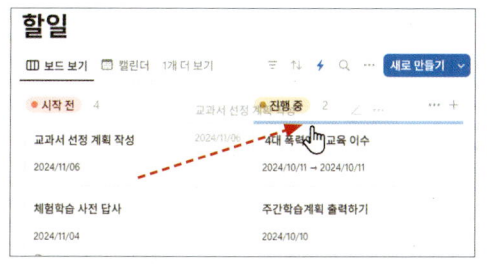

종료시간: 실행 조건 설정

04 이제 할 일이 완료되면 종료시간이 기록되도록 조건을 설정해보겠습니다.
❶자동화 목록을 열어 ❷새 자동화를 추가합니다. ❸새 조건으로 ❹상태가 ❺완료인 경우로 설정합니다. ❻[완료]를 클릭하여 조건을 저장합니다.

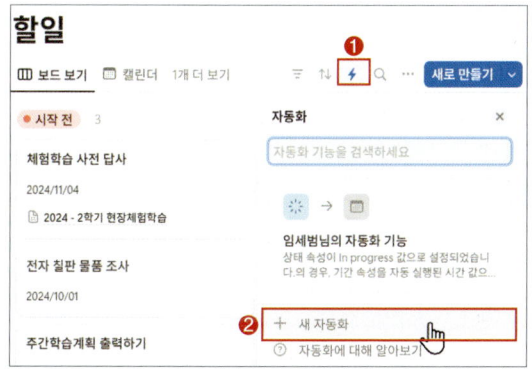

종료시간: 실행할 작업 설정

05 이제 기간 속성의 끝 시간으로 현재 시간이 기록되도록 설정해 보겠습니다. ❶새 작업을 클릭하여, ❷속성 편집에서 ❸기간을 선택하고 ❹사용자 지정 수식 작성을 누릅니다. 날짜를 단순히 입력하면 시작날짜로 기록되므로, dateRange() 함수를 사용해서, 시작 시간은 현재의 기간으로 하고, 끝 시간으로 현재 시간을 넣도록 하겠습니다. 수식은 ❺dateRange('페이지 실행'.'기간', '자동 실행된 시간') 으로 입력합니다. ❻[저장]을 클릭하여 수식을 저장합니다.

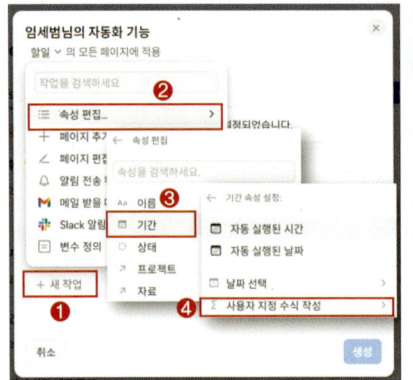

06 ❼[생성]을 클릭하여 자동화를 추가합니다.

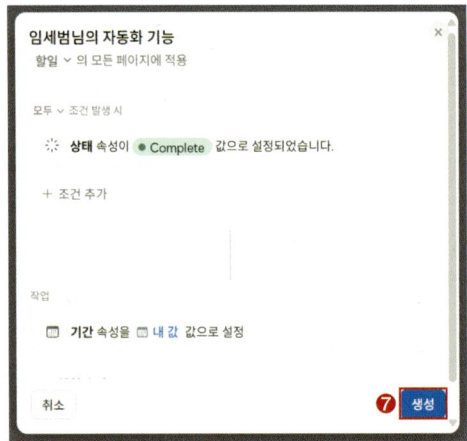
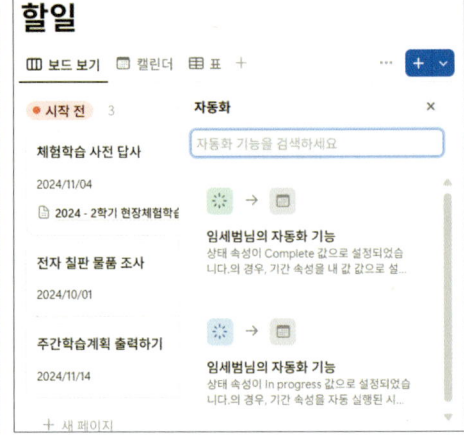

종료시간: 자동화 작동 확인하기

07 이제, 진행 중 상태의 페이지를 완료로 이동하면, 종료시간이 기간 속성에 추가되는 것을 확인할 수 있습니다.

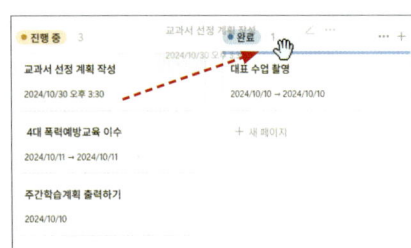

소요시간 계산 수식 속성 추가하기

08 수식 유형으로 새로운 속성을 추가하고, 속성의 이름은 '소요시간'으로 입력합니다.

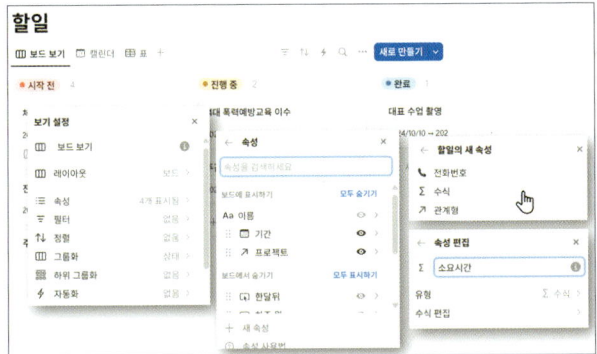

09 수식은 소요 일, 시간, 분을 모두 나타내도록 다음과 같이 입력합니다. 수식에서 %는 나머지를 의미합니다. 예를 들어 %24 는 24시간(하루)가 되지 못한 나머지 시간을 의미합니다. 이제 수식을 저장하면, 완료된 할 일에 소요 시간이 자동으로 계산되어 나타납니다.

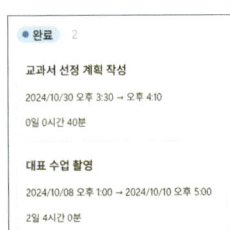

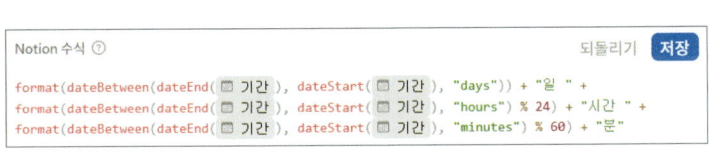

자동화: 학부모 안내 메일 발송

실습은 Chapter 02의 '온라인 클래스'에서 이어집니다. 이전 내용을 실습한 페이지가 없는 경우 아래 실습 페이지를 복제하세요.

실습 페이지
https://url.kr/ida547

실습 완성 미리보기
https://url.kr/eugy5c

이번에는 텍스트 속성에 입력한 학부모 안내 메일 발송을 자동으로 발송하는 기능을 작성해 보도록 하겠습니다. 학생들을 위한 안내사항을 노션에 작성하여 학생과 공유하고, 버튼 한 번으로 학부모에게 단체 메일을 발송하는 것도 가능합니다.

링크된 공지사항 데이터베이스에 표 레이아웃 추가하기

01 온라인 클래스의 [수업 준비] 페이지에 안내 메일 발송 기능을 추가해 보겠습니다. ❶ [알립니다] 탭을 클릭하여 ❷[복제]합니다.

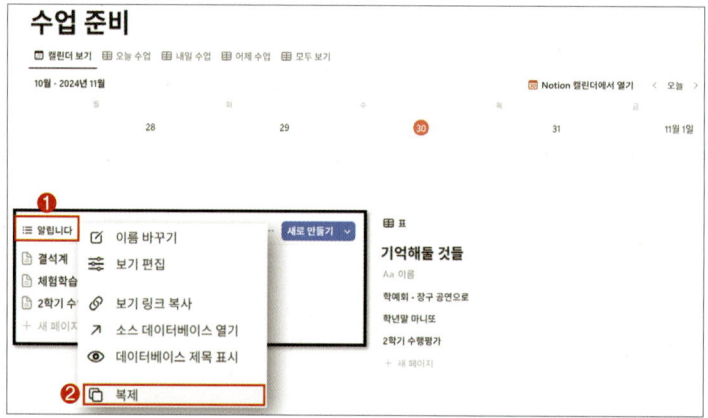

자동화를 위한 체크박스와 이메일 목록(사람) 속성 추가하기

02 새로운 탭의 이름은 '표'로 레이아웃도 표로 설정하겠습니다. 그리고 체크박스 유형과 사람 유형의 속성을 각각 추가합니다.

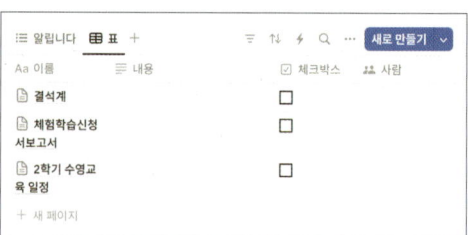

템플릿으로 수신 이메일 자동 입력하기

03 사람 속성에 이메일을 추가하여 수신자로 사용하겠습니다. 그러나, 매번 입력하기 보다 템플릿으로 설정하고 자동으로 수신되도록 하겠습니다. 먼저, 클립보드에 메일을 받을 이메일을 복사(Ctrl + C)합니다. 그리고 [알립니다] 데이터베이스에서 새로운 템플릿을 생성합니다.

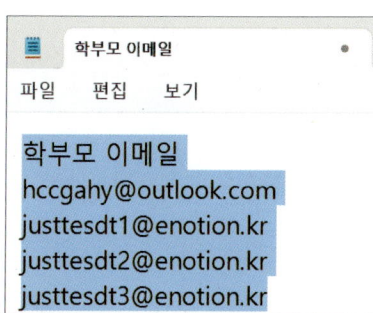

04 템플릿에서 ❶사람 속성 칸을 클릭합니다. 그리고 '1111111111111'처럼 의미없는 아무 텍스트를 길게 입력하여, ❷사용자 초대가 나타나면 마우스로 클릭합니다.

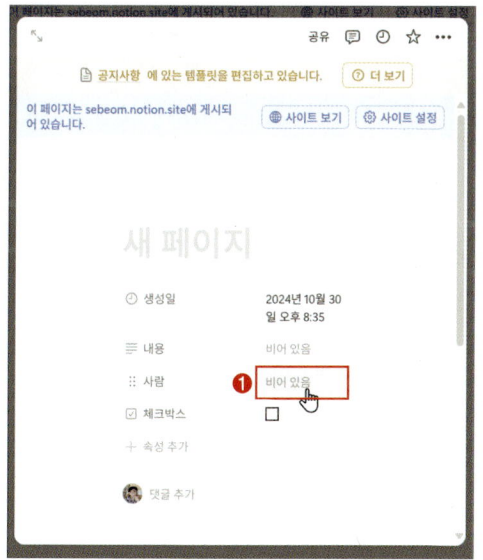
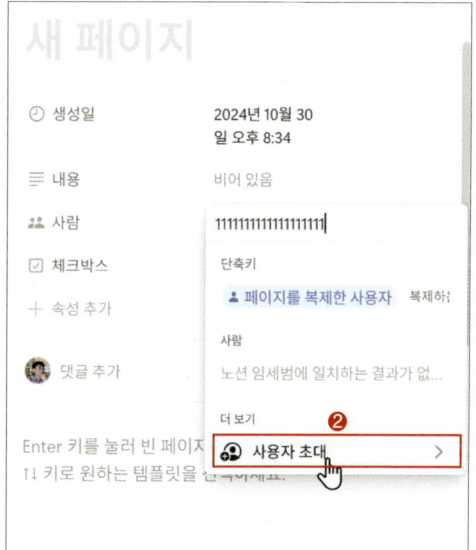

05 ❸이메일 추가 칸을 클릭하여 클립보드에서 받을 이메일을 붙이고(Ctrl + V), ❹ 읽기 허용 권한으로 ❺초대 합니다.

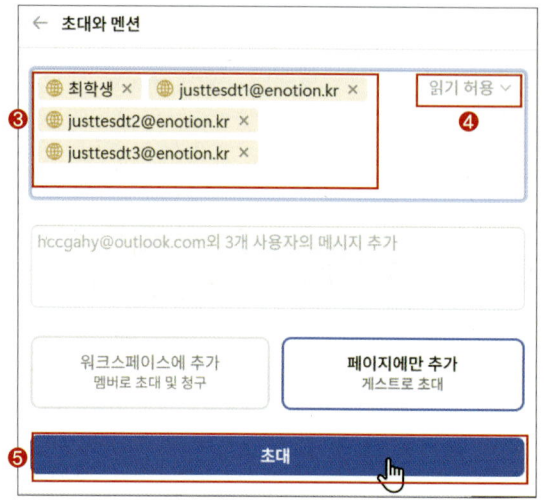
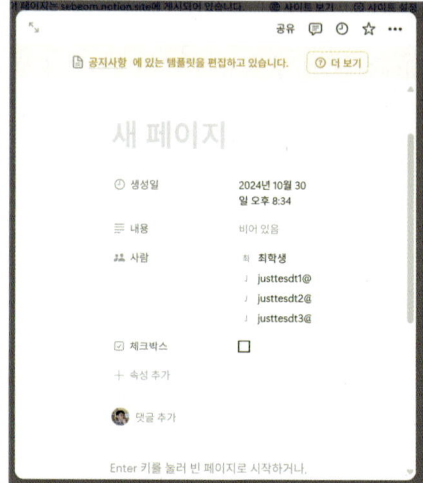

06 생성된 템플릿은 기본으로 설정하고, 모든 보기에 적용합니다.

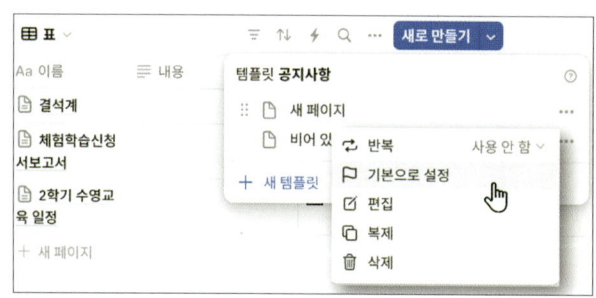
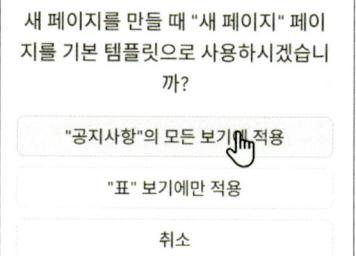

07 이제 새로운 페이지를 만들면 [사람] 속성에 수신 메일이 자동으로 입력되는 것을 확인할 수 있습니다.

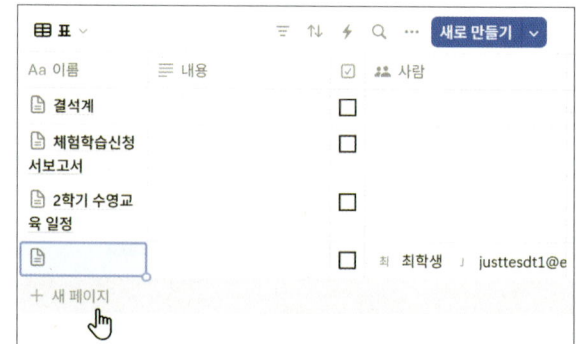

이메일: 자동화 조건 추가하기

08 다음으로 이메일 발송 자동화를 생성하겠습니다.

❶자동화 메뉴를 열어 ❷조건으로 체크박스 속성이 선택된 경우로 설정합니다.

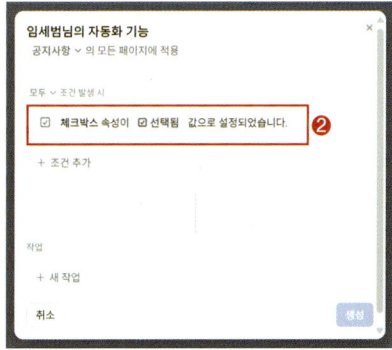

이메일: 자동화 작업 추가하기

09 ❶새 작업을 클릭하여, ❷메일 받을 대상을 선택합니다. ❸받은 사람은 ❹사람 속성으로 선택합니다.

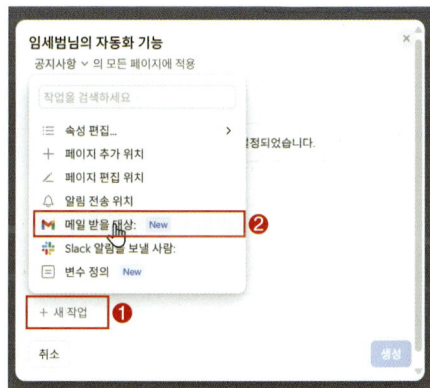

10 제목 속성은 ❺수식으로 편집을 클릭하여 '페이지 실행'.'이름'으로 입력하여, 전달할 페이지의 제목이 전달되도록 합니다.

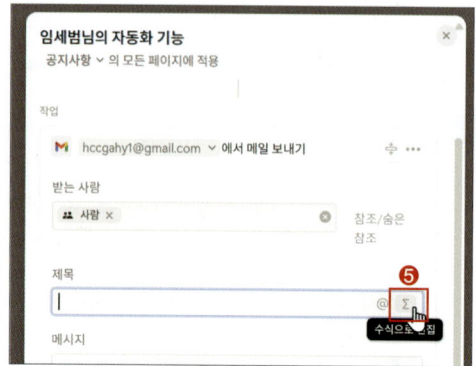

11 같은 방식으로 메시지도 전달할 페이지의 [내용] 속성이 전달되도록 설정해보겠습니다. 메시지 입력창에서 ❻수식으로 편집을 클릭하고 '페이지 실행'.'내용'으로 입력합니다.

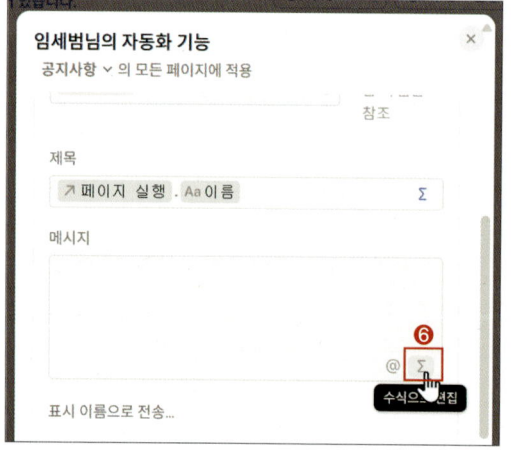 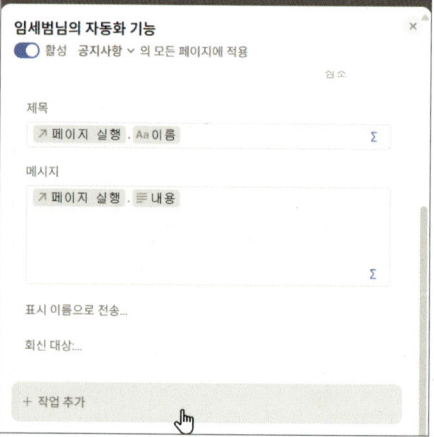

발송 완료 후 체크박스 해제하기

12 발송이 완료된 것을 확인할 수 있도록 체크박스를 해제하는 작업도 추가하겠습니다. ❶[작업 추가]를 클릭하고, ❷속성 편집에서 ❸[체크박스]를 ❹[체크 표시되지 않음]으로 선택합니다. 이제 자동화 작업이 모두 입력되었습니다. ❺[생성]을 클릭하여 마무리합니다.

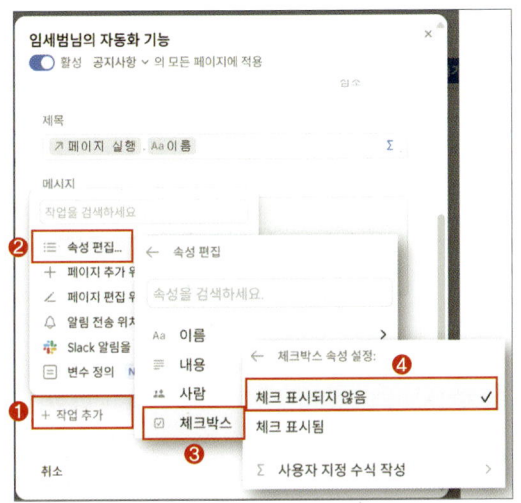
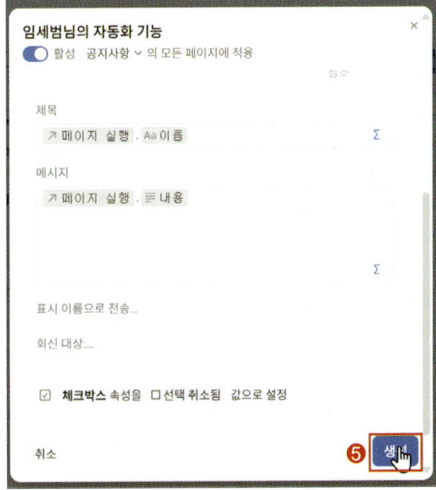

자동화 작동 테스트 하기

13 새로운 페이지에 이름(제목)과 내용을 입력하고 [체크박스]를 클릭하면, 잠시 후 체크박스가 해제되고, 안내 메일이 수신되는 것을 확인할 수 있습니다. 메일은 도착까지 1~2분 가량 소요됩니다.

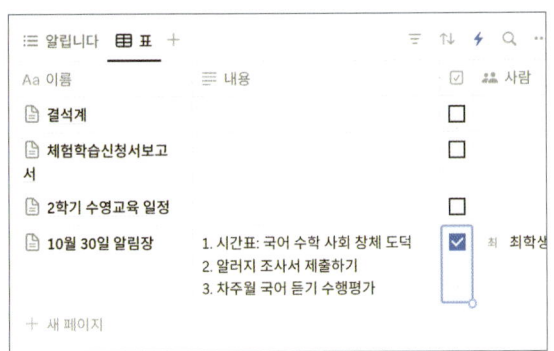
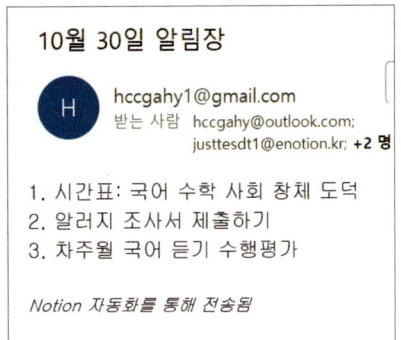

템플릿: 할 일 반복

실습은 Chapter 05의 '프로젝트'에서 이어집니다. 이전 내용을 실습한 페이지가 없는 경우 아래 실습 페이지를 복제하세요.

실습 페이지
https://url.kr/wlaa9v

실습 완성 미리보기
ttps://url.kr/gykjlv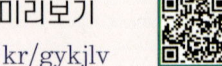

데이터베이스의 템플릿을 생성한 후 [반복] 기능을 활용하면 주기적으로 반복되는 할 일을 자동으로 생성하고 알림을 받을 수 있습니다. 반복되는 할 일을 놓치지 않고 처리해보세요.

새로운 템플릿 만들기

01 할 일 데이터베이스에서 새로운 템플릿을 만들고, 템플릿의 이름으로 반복할 할 일을 입력합니다.

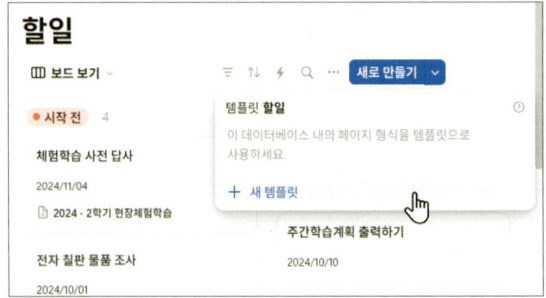

02 템플릿을 생성했을 때, 알림을 받기 위해 본문에 ❶'@'을 입력하고, ❷[나]를 선택합니다. 그리고 이어서 할 일을 다시 한번 더 씁니다.

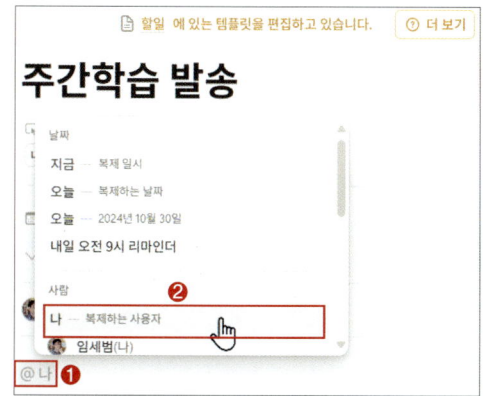

템플릿에 반복 설정하기

03 ❶템플릿 목록을 열어서 반복할 할 일의 ❷[편집] 버튼을 클릭합니다. ❸[반복]을 눌러 ❹[매주]를 선택합니다.

04 ❺반복 간격과 ❻요일, ❼생성시간을 입력하고 ❽[저장]을 누릅니다. 실습에서는 테스트 목적으로 현재시간의 1~2분 후로 설정하여도 좋습니다.

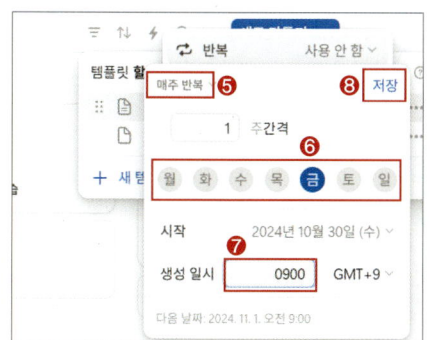

Chapter 05 노션으로 학교 업무 자동화하기 **289**

템플릿 반복 실행 확인하기

05 이제, 설정된 시간이 되면 페이지가 자동으로 생성되고, 노션 모바일 앱에서 알림을 받을 수 있습니다.

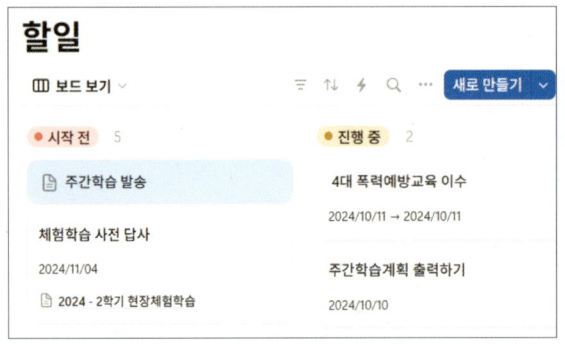 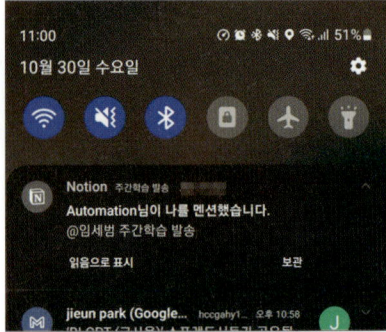

06 또한, 데스크탑에서도 사이드바의 수신함에 빨간 네모 모양으로 알림이 나타납니다. ❶[수신함]을 클릭하여 알림을 확인한 후에는 ❷[이 알림을 보관] 아이콘을 눌러 알림을 해제합니다.

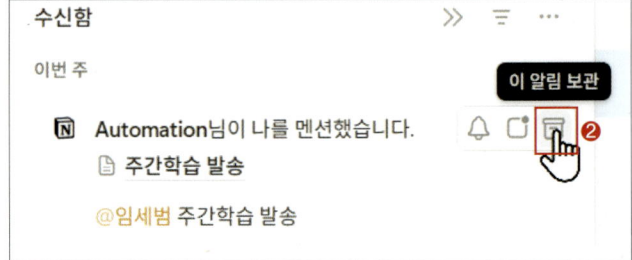

> **페이지 본문에 알림을 설정하는 이유**
>
> 노션은 순환 오류를 피하기 위해 자동화로 이루어진 작업은 다른 자동화의 시작 조건으로 적용되지 않습니다. 그러므로 템플릿 반복으로 생성된 페이지는 데이터베이스 자동화의 [새 페이지가 만들어지면]의 시작 조건에 해당하지 않아 자동화를 통한 알림을 받을 수 없습니다.
> 즉, 템플릿 반복 설정에서 자체적으로 알림을 설정해야 합니다.

03 노션 AI: 수업과 업무를 빠르게 시작하기

수업 준비와 업무 계획은 교사의 일과 중 가장 많은 시간과 노력이 필요한 부분입니다. 특히 수업 자료를 만들고, 문제를 출제하고, 지도안을 작성하는 일은 매일 반복되는 중요한 업무이지만, 이 과정에서 많은 시간이 소요됩니다.

노션의 AI 기능은 이러한 교사의 일상적인 업무를 획기적으로 개선해줍니다. 수업에 필요한 글을 빠르게 작성하고, 다양한 유형의 문제를 자동으로 출제하며, 수업 아이디어를 완성된 지도안으로 발전시킬 수 있습니다. 업무 계획서나 보고서 작성에도 AI의 도움을 받을 수 있어 업무 시작이 한결 수월해집니다.

이번 섹션에서는 노션 AI를 활용해 수업과 업무를 더 효율적으로 시작하는 방법을 알아보겠습니다. AI는 교사의 창의성을 대체하는 것이 아닌, 반복적이고 시간 소모적인 작업을 도와 교사가 더 본질적인 교육 활동에 집중할 수 있게 해주는 동반자가 될 것입니다.

> **교사의 활용 노하우**
>
> **교사를 위한 노션 AI 요금제**
>
> 노션 AI는 월 8~10달러의 추가 요금이 발생합니다. 그러나, 교육 요금제를 사용하는 경우 50%가 할인됩니다. 월 4~5달러의 가격은 ChatGPT나 Claude의 월 20달러와 비교했을 때 매우 저렴하면서도 GPT4가 적용되어 성능면에서도 손색이 없습니다.
>
> 특장점으로는 노션 문서로 작성되어 결과물의 수정이나 공유가 편리하다는 점, 내가 노션에 업로드한 자료를 바탕으로 대답해주는 근거 기반 답변이 가능하다는 점 등이 있습니다.
>
> 새로운 워크스페이스마다 기본 20회의 노션 AI 사용이 가능하니, 충분히 사용해본 후 유용함을 느껴 결제하는 것도 좋습니다.

본문에서 AI: 내 수업에 딱 필요한 글 만들기

교과 간 융합 수업을 준비하거나, 교과서의 지문이 교사의 의도에 부합하지 않을 때, 필요한 텍스트를 검색이나 여타 방법으로 찾는 것은 쉽지 않습니다. 그러나, 노션 AI를 활용하면 바로 원하는 텍스트를 생성할 수 있습니다. 또한, 부분이나 전체를 수정하는 것도 가능합니다.

텍스트 생성하기

01 새로운 블록을 쓰기 전에 나타나는 안내를 살펴보면 `Space Bar` 가 AI를 사용하는 단축키라는 것을 알 수 있습니다. `Space Bar` 키를 누르고, 인공지능에서 요청하는 내용을 입력한 후 `Enter` 키를 누릅니다. 요청하는 내용을 생성형 AI에서는 프롬프트라고 합니다. 대상과 목적, 필요한 산출물이 포함되도록 하여 자연스러운 문장으로 작성합니다.

수정사항 요청하여 다시 생성하기

02 생성된 텍스트가 의도와 다를 경우에는 추가 요청사항을 입력하고 `Enter` 키를 누릅니다. 아래 예시에서는 설명문의 각 문단마다 소제목이 있어서 그것을 제외할 것을 요청하였습니다.

생성형 AI는 사람의 언어를 학습한 인공지능이기 때문에, 사람이 이해할 수 있는 지시라면 인공지능도 그 지시에 따라 작업이 가능합니다. 수정된 텍스트가 마음에 들 때까지 반복해서 재요청이 가능하고, 적절한 텍스트가 생성되면 [수락]을 클릭합니다.

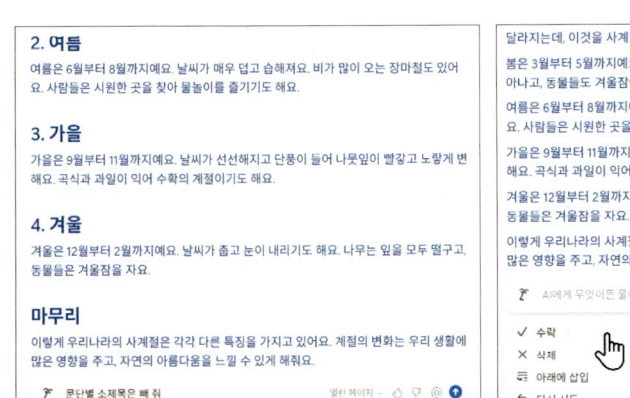

글 업그레이드

03 작성된 글이 어색한 경우에는 ❶수정할 부분을 드래그하여 선택한 후 ❷[글 업그레이드]를 클릭합니다. 글 업그레이드는 [다시 잘 써봐]라는 명령과 유사합니다.

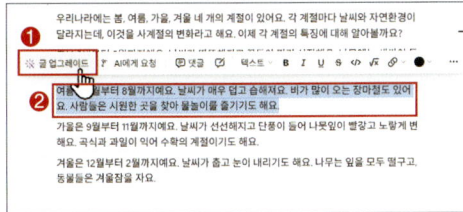

부분 수정 요청하기

04 구체적인 수정 요청이 있다면, 텍스트를 선택하거나, 블록을 선택한 후 AI에게 구체적으로 수정을 요청할 수도 있습니다.

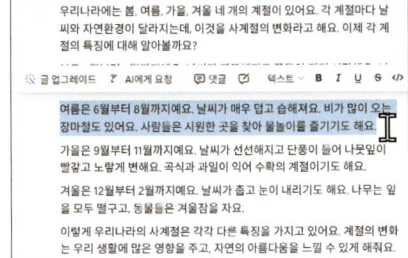
▲ 텍스트 단위로 수정 요청하기

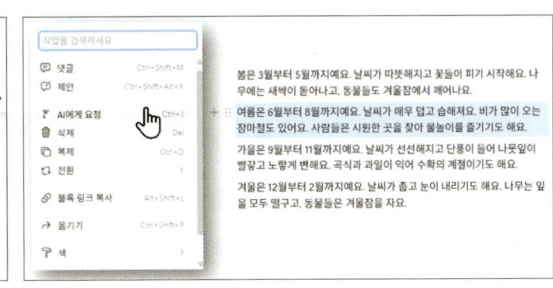
▲ 블록 단위로 수정 요청하기

05 텍스트 단위 또는 블록 단위로 수정 요청을 클릭한 후에는 프롬프트(인공지능에게 작업 지시)를 입력하고 Enter 를 누르거나 요청(↑) 버튼을 클릭합니다.

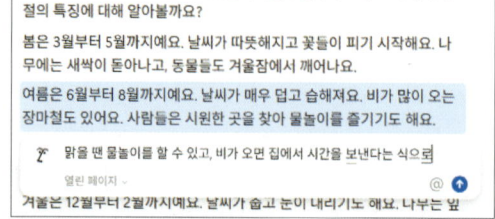
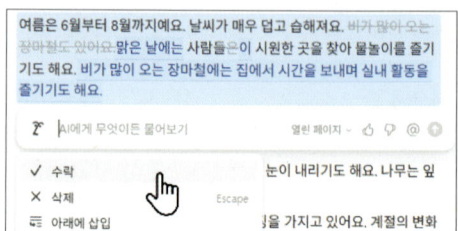

본문에서 AI: 어떤 과목이든 문제 자동 출제하기

노션의 AI 기능을 이용하면 문제도 자동으로 생성할 수 있습니다.

빈칸으로 시작하여 문제 출제하기

01 AI 키(Space Bar)를 누른 후 문제 출제를 요청하면, 바로 문제 생성이 가능합니다. 이때, 프롬프트(인공지능에 대한 작업 지시)에는 대상, 내용범위, 원하는 산출물의 형태를 포함하는 것이 좋습니다.

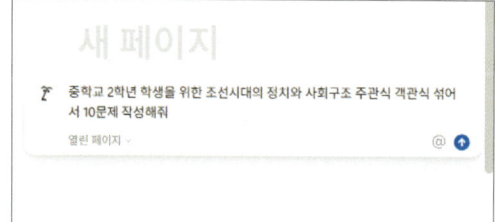

텍스트를 바탕으로 문제 출제하기

02 텍스트를 노션 AI에게 요청하면, 의도한 범위 내에서 문제를 생성하는 것이 가능합니다. 페이지 내에 텍스트를 입력한 후, 페이지 하단에서 노션 AI에게 필요한 산출물의 형태를 지시하세요.

PDF 파일을 바탕으로 문제 출제하기

03 PDF 파일을 업로드하면, AI에게 질문하기 버튼이 나타납니다. AI에게 질문하기 버튼을 클릭하고, 산출물이 무엇인지 입력하여 요청하면, PDF 내용을 바탕으로 문제를 생성할 수 있습니다.

04 문제가 생성된 후에는 [페이지에 삽입]을 선택하거나, 수정을 요청할 수 있습니다.

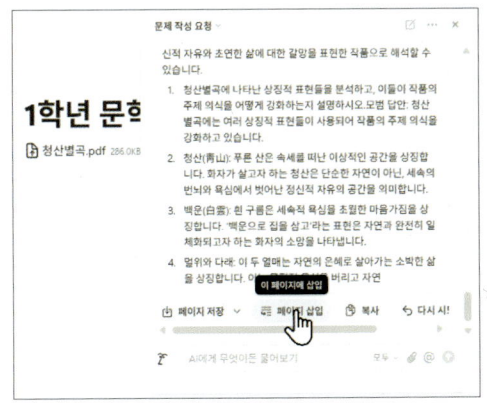

Chapter 05 노션으로 학교 업무 자동화하기 **295**

본문에서 AI: 수업과정안 작성하기

노션 AI를 활용하면 수업 지도안도 간편하게 작성할 수 있습니다. 교과간 융합 아이디어를 얻거나, 학생의 참여를 유도하는 단계별 질문을 생성하는 것도 가능합니다. 평가를 위한 루브릭이나 척도도 생성할 수 있습니다.

수업 개요 입력하고, 차시 평가 계획 수립하기

01 페이지에 학년, 과목, 성취기준, 단원명, 차시 주제를 입력하고, 노션 AI에 프롬프트로 '차시 평가 계획'을 입력합니다. 내용을 수락한 후, 교사의 의도에 맞게 수정합니다.

깊이 있는 학습을 위한 수업 활동

02 프롬프트로 '깊이 있는 학습을 위한 수업 활동'을 요청하니, 다양한 예시가 나타났습니다. 수락 후 수업에 활용할 내용만 남겨두고 삭제하거나, 다시 요청하거나, 교사가 아이디어를 얻어 직접 작성합니다.

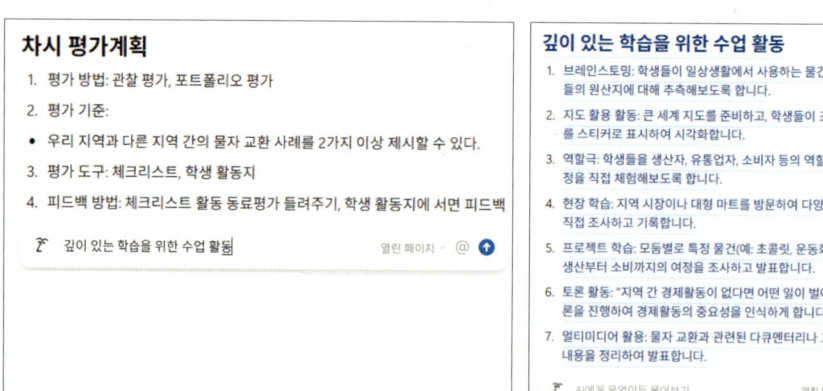

평가 기준에 따른 루브릭과 피드백 예시

03 평가 기준에 따라 평가할 경우, 상 중 하를 생성하고, 수준별 피드백의 예시를 확인한 후 교사가 수정합니다.

수업 과정안 작성

04 수업 과정안을 요청하면 시간계획이 포함된 상세한 수업 과정안을 생성할 수 있습니다. 생성한 과정안을 바탕으로 교사가 수정하여 완성합니다.

질문 생성하기

05 학생의 참여를 유도하기 위한 질문을 생성합니다. 아래 예시에서는 개념기반 탐구수업을 위한 3단계 질문으로 요청하였습니다.

질문과 피드백이 있는 수업 시나리오

06 질문이 수업 활동에 어떻게 적용할 수 있을지 '질문과 피드백이 있는 수업 시나리오'를 요청하여 아이디어를 얻을 수 있습니다.

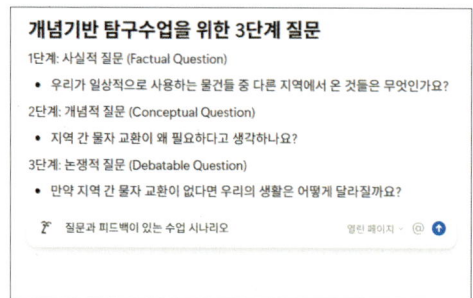

업무 문서 초안 작성

노션 AI를 활용하면 업무 문서의 초안을 빠르게 작성할 수 있습니다. 생성형 AI가 작성한 업무 문서는 완벽하지 않지만, 교사가 업무를 시작하는 지렛대 역할을 할 수 있어 업무 시간을 단축합니다. 예를 들어 다음과 같은 사례들을 생각해 볼 수 있습니다.

운동회 계획서 작성

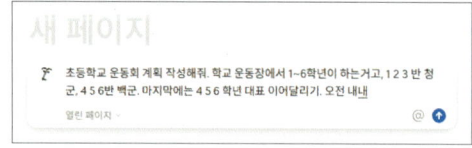

행사 사회자 대본 작성

도식(시각화) 생성

노션에는 Mermaid 블록으로 도식을 만들 수 있습니다. 원하는 내용을 설명하고 노션 AI에게 '도식 생성'을 요청하면, 자동으로 필요한 코드를 만들어 줍니다. 이를 통해 업무 절차나 수업 자료를 쉽게 시각화할 수 있습니다.

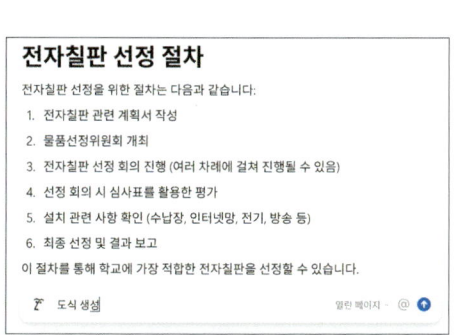
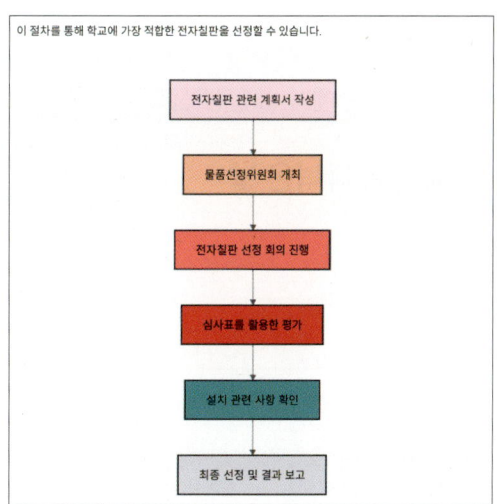

▲ 도식 생성 예시: 업무 절차

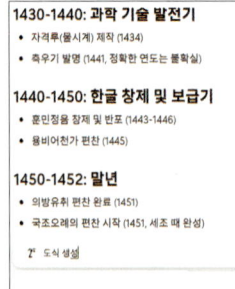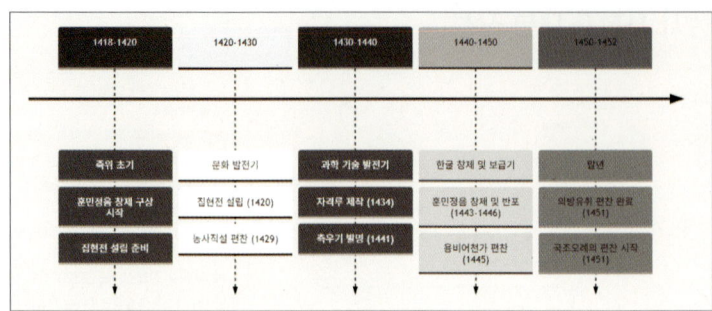

▲ 도식 생성 예시: 수업 자료 정리

텍스트 속성에서 AI: 학생의 과제 자동 피드백하기

노션 AI는 텍스트 속성에 프롬프트를 설정할 수도 있습니다. 속성에 프롬프트를 입력하면, 수동 또는 자동으로 텍스트가 생성됩니다.

AI 자동 채우기 설정된 텍스트 속성은 페이지 내용을 요약하거나, 학생의 과제를 평가하거나, 키워드를 생성하는 등 다양한 목적으로 사용할 수 있습니다. 다음 사례는 학생의 과제에 대한 피드백을 자동으로 생성하는 것입니다.

텍스트 속성 추가하고 AI 자동 채우기 설정하기

01 학생 과제 데이터베이스에서 텍스트 속성을 추가하고, ❶[AI 자동 채우기]를 선택합니다. 채우기 기준에서 ❷[옵션 선택]을 클릭하여 ❸[사용자 지정 자동 채우기]를 누릅니다.

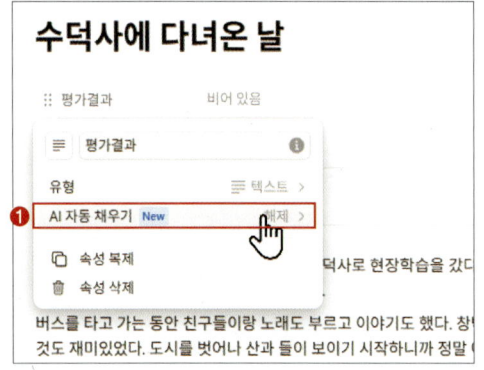

프롬프트 입력하기

02 ❹텍스트 생성을 위한 프롬프트를 입력해 보겠습니다. 평가를 프롬프트에는 무엇을 생성할지 내용과 목적, 평가기준을 입력합니다. 입력이 완료되면, ❺[변경 사항 저장]을 누릅니다. 이어지는 질문에서 ❻[자동 업데이트 켜기]를 선택하면, 학생이 글을 수정하고 몇 분이 지나면 자동으로 텍스트가 새로 생성됩니다.

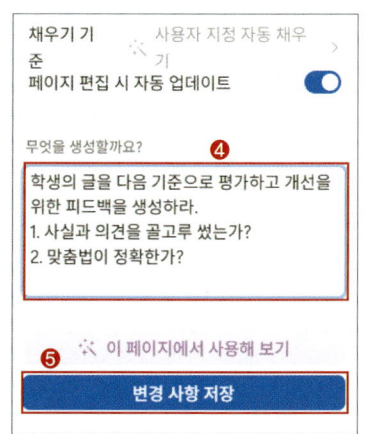 

결과 확인하기, 수동 업데이트

03 평가결과는 기준에 따라 생성되며, 학생은 AI 피드백에 따라 자신의 글을 개선하기 위한 아이디어를 얻을 수 있습니다. 학생이 글을 수정한 경우 몇분 후에 업데이트가 진행되지만, 교사가 ❶[업데이트] 버튼을 클릭하여 수동으로 업데이트하는 것도 가능합니다.

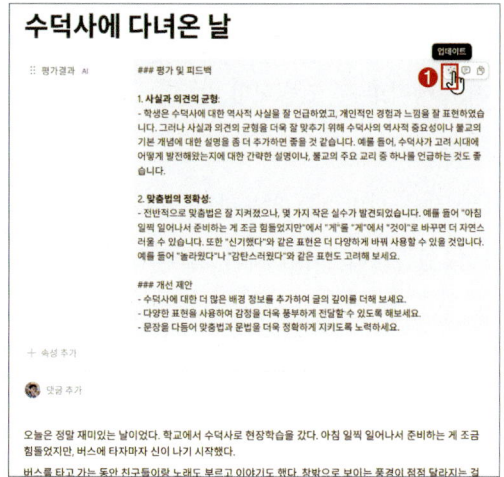

04
노션 AI:
무엇이든 노션으로 연결하기

API 알아보기

API(Application Programming Interface)는 서로 다른 인터넷 서비스들이 서로 정보를 주고 받을 수 있도록 그 방식을 정의한 규칙입니다. 서로 다른 업체나 기관에서 운영하는 서비스라도 정보를 실시간으로 주고 받는 것이 가능합니다. 그래서 카훗이나 니어팟이 구글클래스룸과 연동되고, 교육청에서 발송하는 가정통신문이 이알리미와 같은 온라인 가정통신문 서비스를 통해 전달될 수 있습니다.

노션에서도 API를 활용하면 다양한 서비스와 연동할 수 있습니다. 예를 들어 구글 캘린더나 스프레드시트에 추가된 내용을 노션 페이지에 자동으로 추가하거나, 네이버 카페나 블로그의 새로운 게시글을 노션 데이터베이스에 자동으로 수집할 수 있습니다.

노션에서 API를 사용하는 방법은 크게 두 가지로 생각할 수 있습니다.
첫 번째는 노션 API를 지원하는 자동화 서비스를 사용하는 것입니다.
Zapier, Make.com(구 Integromat), IFTTT와 같은 서비스를 활용하면 프로그래밍 없이도 드래그 앤 드롭으로 쉽게 자동화를 설정할 수 있습니다. 이런 서비스들은 '만약 A가 일어나면 B를 실행한다'는 방식으로 작동합니다.

예를 들어:
- 구글 캘린더에 새 일정이 추가되면 노션 데이터베이스에도 자동으로 기록
- 구글 폼으로 받은 응답을 노션 데이터베이스에 자동으로 저장
- 특정 시간마다 스프레드시트의 데이터를 노션 페이지에 업데이트

이러한 자동화는 반복적인 작업을 줄이고 업무 효율을 높이는 데 도움이 됩니다.

▲ 자동화 서비스를 활용한 노션 API 연결

두 번째는 직접 코딩을 통해 노션 API와 다른 서비스를 연결하는 것입니다.

이 방법은 프로그래밍 지식이 필요하지만, 더 세밀한 자동화와 맞춤형 기능을 구현할 수 있다는 장점이 있습니다. 예를 들어 파이썬으로 블로그의 새 글을 노션에 자동으로 수집하거나, 구글 앱스크립트를 활용해 서술형 평가 결과를 노션에 기록하는 프로그램을 만들 수 있습니다.

많은 선생님들은 첫 번째 방법인 자동화 서비스를 활용하는 것으로도 충분히 원하는 기능을 구현할 수 있습니다. 프로그래밍 없이도 드래그 앤 드롭으로 쉽게 설정할 수 있고, 다양한 서비스를 연결할 수 있기 때문입니다. 하지만 특별한 기능이 필요하거나 더 복잡한 자동화를 원한다면 두 번째 방법을 고려해볼 수 있습니다.

▲ 노션 API 활용 방법 비교

Zapier: 구글캘린더에 추가된 일정을 노션에 추가하기

이번에는 자동화 도구 중에 널리 사용되는 Zapier(자피어)로 구글 캘린더 API와 노션 API를 연결해보겠습니다. Zapier는 유료 서비스이지만, 월 100회까지 무료 작업이 가능합니다.

zapier(자피어) 가입하기

01 검색포털에서 'zapier'를 입력하거나, zapier.com으로 접속하여 ❶[sign up]을 클릭하여 회원 가입합니다.

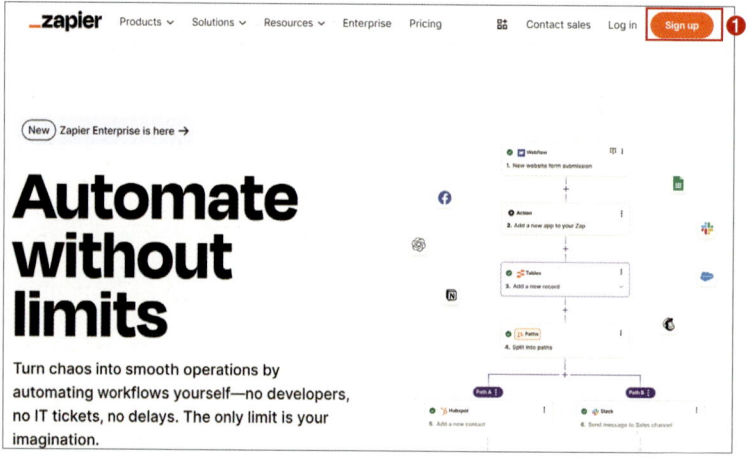

새로운 자동화 만들기

02 자피어는 생성형 AI기반으로 새로운 자동화를 추가할 수 있습니다. ❶자동화 생성창에 '구글 캘린더에 새로운 일정이 추가되면, 노션에 새 페이지 생성하기'와 같이 시작 조건과 작업의 형태로 입력합니다. 그리고 ❷[생성(▷)]을 클릭합니다. 그러면, 생성할 자동화가 추천됩니다. ❸[Try it]을 클릭합니다.

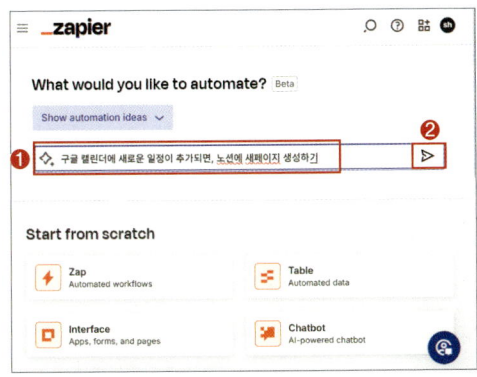 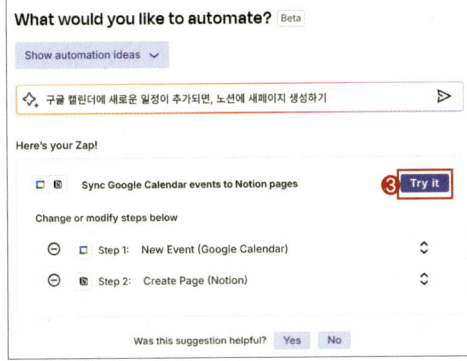

시작 이벤트(조건) 설정하기

03 시작 조건을 입력해 보겠습니다. 자동으로 Trigger event가 New Event로 설정되어 있으므로 해당 구글 캘린더에 해당하는 계정만 지정하면 됩니다. ❶Account 입력창을 클릭하고 구글 아이디를 선택합니다. 그리고 ❷[Continue]를 눌러 다음 단계로 이동하겠습니다.

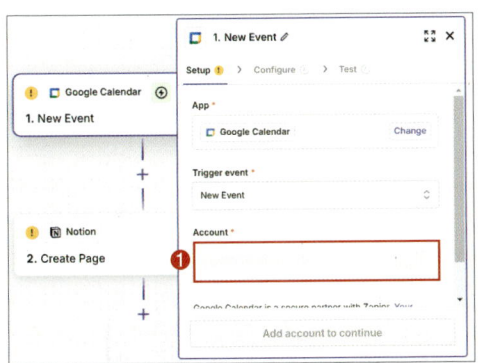 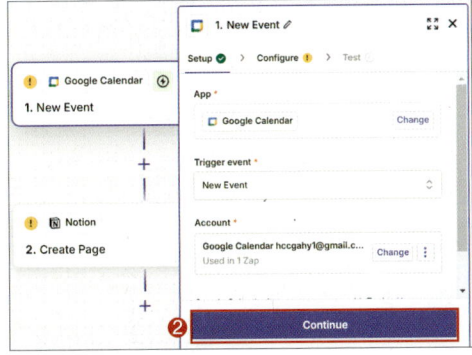

시작 환경 설정하기

04 구글 캘린더는 동시에 여러 개의 캘린더를 가지고 있을 수 있습니다. ❶캘린더 선택창에서 자동화하려는 캘린더를 선택하고 ❷[Continue]를 눌러 다음 단계로 이동합니다.

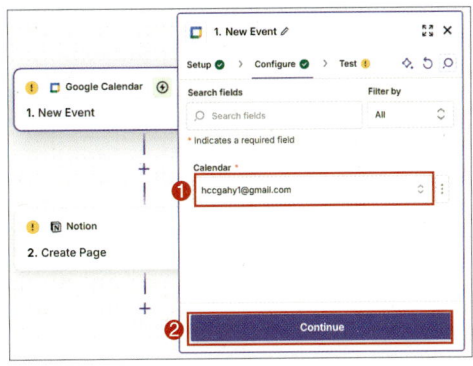

시작 조건 테스트 하기

05 자피어가 시작 조건에 따라 잘 작동하는지 확인해 보겠습니다. 구글 캘린더로 접속하여, 자동화를 설정한 캘린더에 ❶새로운 일정을 추가합니다. ❷다시 자피어로 돌아와 [Test trigger]를 클릭합니다.

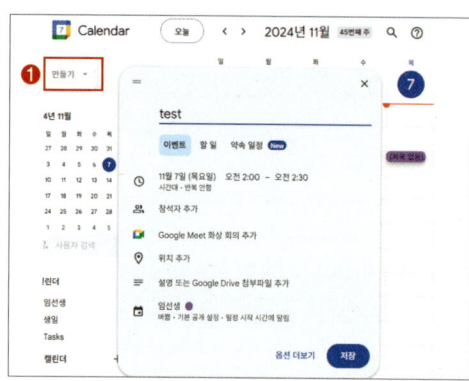
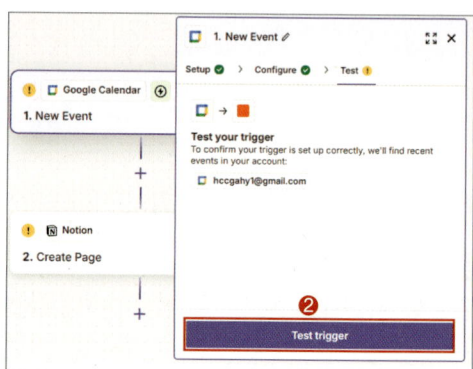

06 정상적으로 설정이 이루어졌다면, 추가된 일정(Event A)이 나타납니다.

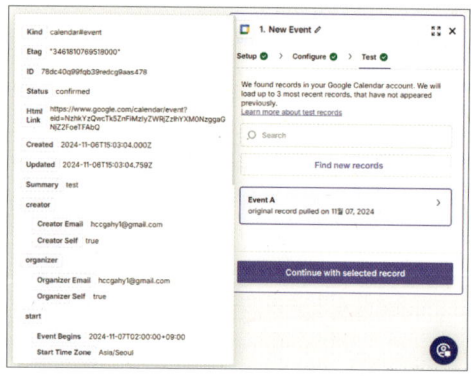

노션 작업 설정하기

07 이제, 노션에서의 작업을 설정해보겠습니다.

❶[Sign in]을 클릭하여 노션에 로그인합니다. 로그인할 때에는 자동화에 사용할 ❷[워크스페이스]를 선택하고 ❸[페이지 선택]을 클릭합니다.

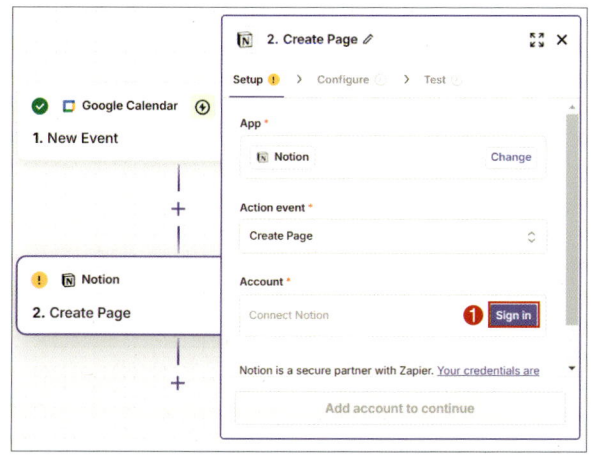
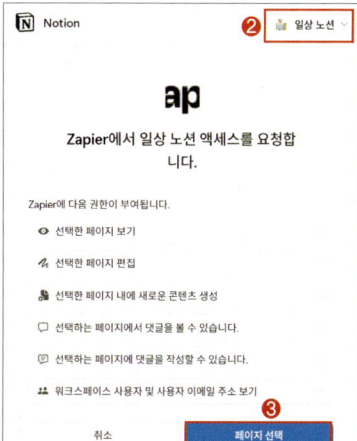

08 ❹자동화에 사용할 캘린더로 체크하고 ❺[액세스 허용]을 누릅니다. 로그인이 완료되면 ❻Action event 입력창을 클릭하여 [Create Database item]을 선택합니다.

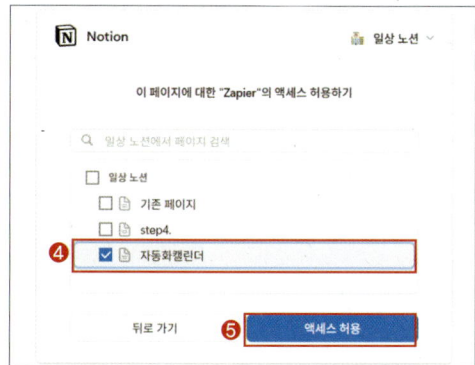
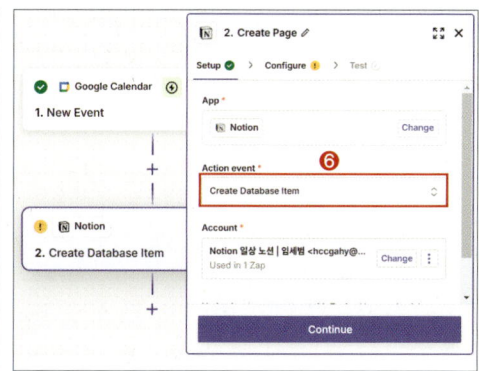

자동화에서 가져올 정보 선택하기

09 노션 캘린더에서 페이지 설정에 보면, Zapier가 성공적으로 연결되었습니다. 이제 노션 데이터베이스 페이지에 캘린더의 어떤 정보를 가져올지 선택해 보겠습니다.

먼저, 이름 속성에는 캘린더 일정의 제목을 가져오기 위해 ❶Summary를 선택합니다. 다음으로는 Include time with date fields에서 ❷True를 선택하여 시간을 포함한 값을 활성화 합니다. 그리고 시작 시간으로 ❸Event Begins를 종료 시간으로 ❹Event Ends를 선택합니다.

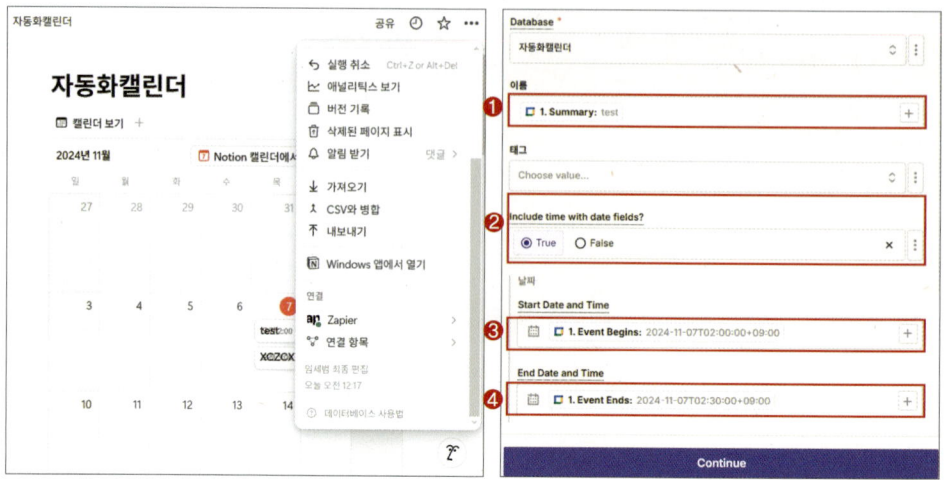

자동화 작업 테스트 하기

10 ❶[Test step]을 클릭하면, 시작 설정에서 입력했던 테스트 일정이 캘린더에 추가된 것을 확인할 수 있습니다.

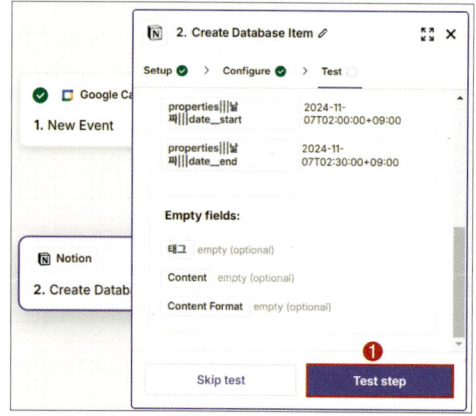

11 ❷[Publish]를 클릭하여 자동화를 저장합니다. "Your Zap is on!"이라는 메시지와 함께 이제 자동화 설정이 완료되었습니다. 이후부터 구글 캘린더에 추가되는 일정은 노션 캘린더에도 자동으로 추가됩니다.

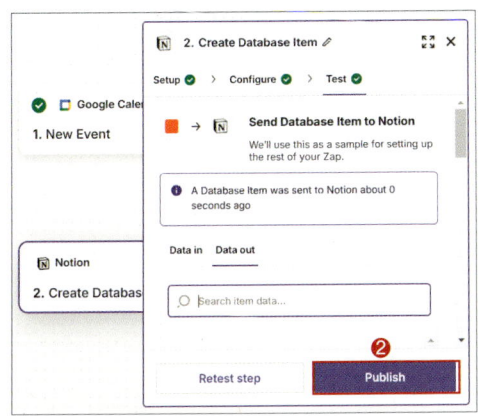
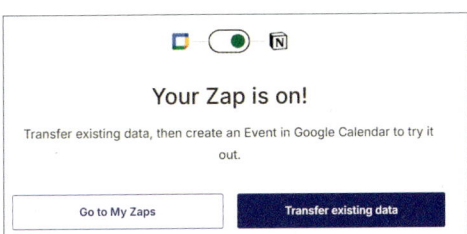

> **교사의 활용 노하우**
>
> **여러 단계로 자동화 설정하기**
>
> Zapier와 같은 자동화 서비스는 여러 단계의 자동화를 설정하는 것도 가능합니다. 예를 들어, 특정 구글 설문지에 응답자가 있으면, 회신 메일을 발송하고, 메일 내용을 나의 메일로도 발송하고, 노션 캘린더나 구글 캘린더에도 해당 일정을 등록하는 등과 같은 설정을 할 수도 있습니다.
> 페이스북, 마이크로소프트 아웃룩, To Do, 팀즈, 원드라이브, 구글 도구들과도 연계가 가능하니, 선생님만의 자동화 패턴을 만들어 보세요.

파이썬으로 블로그 새 글 자동 수집하기

자피어와 같은 자동화 서비스에서 API 연결을 제공하지 않거나, API가 아닌 작업을 자동화하려는 경우에는 직접 코딩을 하여 자동화를 할 수 있습니다.

직접 코딩을 한다는 것은 어렵게 느껴질 수 있지만, 최근에는 생성형 AI의 발달로 코드를 자동 생성할 수 있으므로 기초적인 코딩 지식만으로도 쉽게 자동화 코드를 작성할 수 있습니다.

이번에는 RSS와 같은 피드를 수집하는 방식으로 블로그의 새 글을 자동으로 수집하여 노션 데이터베이스가 추가하는 코드를 파이썬으로 작성해보겠습니다.

파이썬은 파이썬은 프로그래밍 입문자가 배우기 쉽고 다양한 분야에서 널리 사용되는 프로그래밍 언어입니다. 특히 데이터 분석, 자동화, 웹 개발 등에 자주 활용되며, 읽고 쓰기

쉬운 문법과 풍부한 라이브러리를 갖추고 있습니다. 그래서 파이썬은 프로그래밍을 처음 시작하는 분들에게 특히 추천되는 언어입니다.

실습 완성 미리보기
https://url.kr/mhx2jj

파이썬 설치하기

01 검색 포털에서 "파이썬"을 검색하여 파이썬 공식 사이트에 접속합니다. 그리고 ❶[Downloads]를 클릭하고 강조된 버튼으로 나타난 ❷파이썬 최신 버전을 클릭합니다.

02 최신버전 페이지에서 스크롤을 아래로 조금 내리면, 다운로드할 수 있는 파일 목록이 나타납니다. 이 중에서 운영체제에 맞게 Recommended(권장)되는 버전을 클릭하여 설치합니다. 설치할 때에는 아래쪽 두 개의 [체크박스]를 모두 선택해야 추가 설정없이 파이썬이 원활하게 실행됩니다.

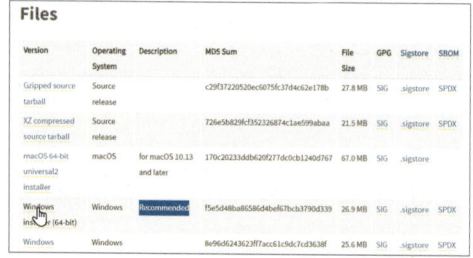 

코드 생성하기

03 노션 AI를 활용하여 RSS 피드를 수집하는 코드를 작성해 보겠습니다.
새로운 페이지를 만들고 노션 AI를 실행하여 다음과 같이 입력해 보겠습니다.

> "RSS 피드를 수집하는 방식으로 블로그의 새 글을 자동으로 수집하여 노션 데이터베이스가 추가하는 코드를 파이썬으로 작성해줘. 10분 한 번씩 반복"

노션 AI에 프롬프트를 입력한 후 요청하면, 작성된 파이썬 코드를 확인할 수 있습니다.

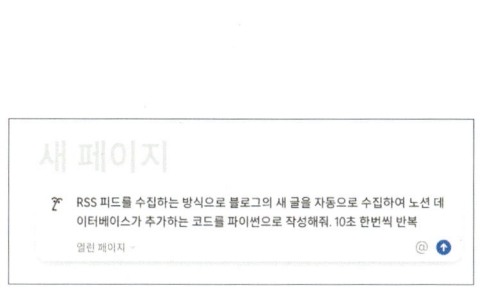

노션 API 키 생성하기

04 직접 API를 사용하여 코딩을 할 때에는 API 키를 생성하여야 합니다. 생성 절차는 다음과 같습니다.

설정에서 ❶[내 연결] 메뉴를 선택합니다. 스크롤을 아래로 내려 ❷[API 연결 개발 또는 관리]를 선택합니다. 열린 API 생성 페이지에서 ❸[새 API 통합(+)]을 클릭합니다.

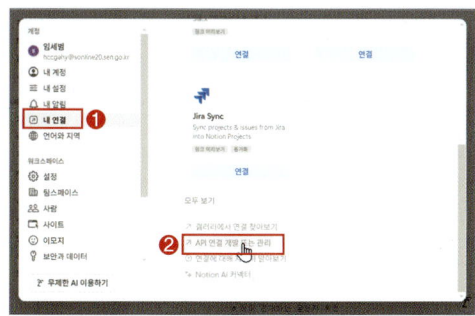

05 ❹API 키의 이름을 입력하고, ❺연결할 워크스페이스를 선택합니다. ❻[저장]을 클릭합니다. API통합이 생성되었다는 메시지를 확인하고 ❼[API 통합 설정 구성]을 클릭합니다.

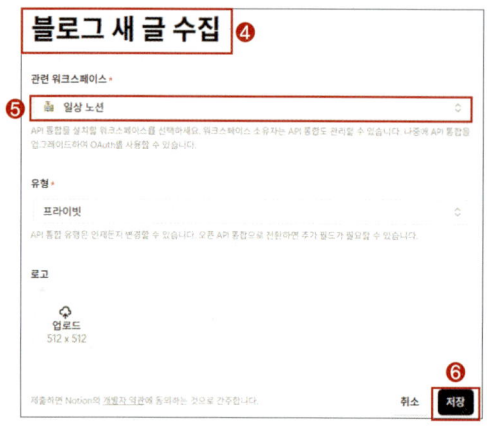
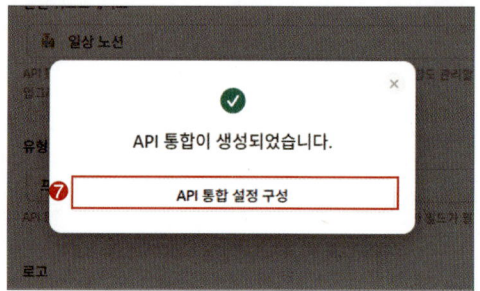

06 이제 생성된 API 키를 ❽[표시]한 후, 클립보드로 ❾[복사]합니다.

파이썬 코드에 API 키 입력하기

07 복사한 API 키를 생성한 코드에 입력해 보겠습니다. ❶코드 상단에서 "your_notion_api_key"라고 된 부분을 찾아 삭제한 후, ❷클립보드에 저장된 API 키를 붙여넣기(Ctrl + V)합니다.

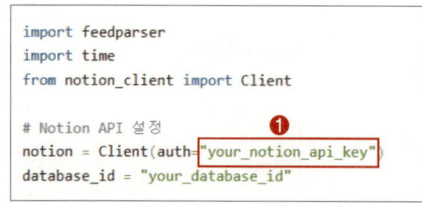

수집한 글을 추가할 데이터베이스 생성하기

08 새로운 글을 페이지로 추가할 데이터베이스를 생성해보도록 하겠습니다.
먼저, 파이썬 코드를 살펴 필요한 속성을 확인해 보겠습니다. 제목, URL, 작성일 속성이 필요한 것을 알 수 있습니다. 새로운 표 데이터베이스를 생성하여 ❷[이름]을 [제목]으로 속성 이름을 변경하고, ❸URL과 ❹작성일(날짜) 속성을 추가합니다.

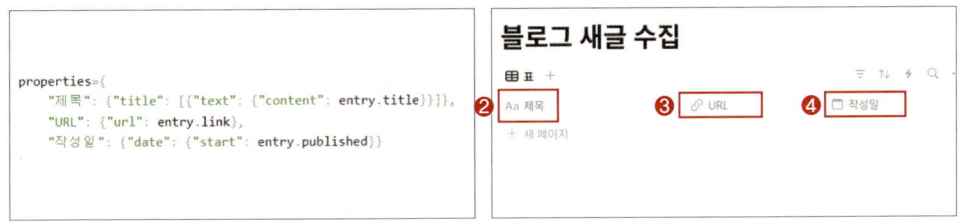

데이터베이스에 API 키 연결하기

09 직접 데이터베이스에 API 자동화를 설정하려면, API 키도 직접 연결해 주어야 합니다.
❶페이지 설정에서 ❷[연결 항목]을 열어 ❸[블로그 새 글 수집]을 선택합니다. [확인]을 누르면, 연결이 추가된 것을 확인할 수 있습니다.

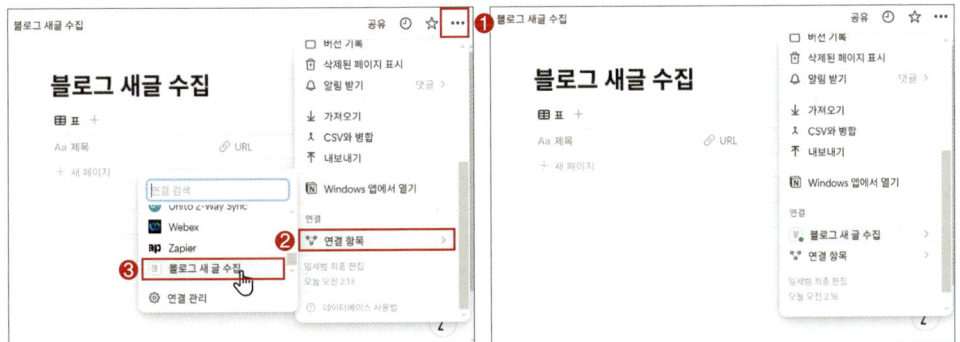

코드에 데이터베이스 ID 입력하기

10 파이썬 코드에서 데이터베이스에 접근할 수 있도록 데이터베이스 ID를 저장하여 코드에 입력해 보겠습니다. 데이터베이스 아이디는 데이터베이스 페이지의 주소에서 가운데 부분입니다.

예를 들어,

https://www.notion.so/nc41/1362840db3088040beb0db2681f4ed3e?v=65654bc809004573bd383e6ffc047619&showMoveTo=true&saveParent=true

위와 같은 주소에서는 슬러시(/)로 구분된 가운데 부분인 '1362840db3088040beb0db2681f4ed3e'가 데이터베이스 ID에 해당합니다. 해당 부분을 드래그한 후 복사하여 코드에서 database_id 변수에 다음과 같이 입력합니다.

RSS 피드 URL 입력하기

11 이제, 수집할 블로그의 RSS 피드 URL 주소를 입력해 보겠습니다. 아래 예시에서는 교육부 블로그의 RSS 피드 주소를 입력하였지만, 원하는 다른 블로그를 적용하셔도 좋습니다.

검색 포털에서 교육부 블로그를 검색하여 접속한 후 페이지 가장 아래에서 ❶RSS 2.0을 찾아 클릭합니다. 열린 페이지의 URL 주소를 ❷선택 후 복사(Ctrl + C)합니다.

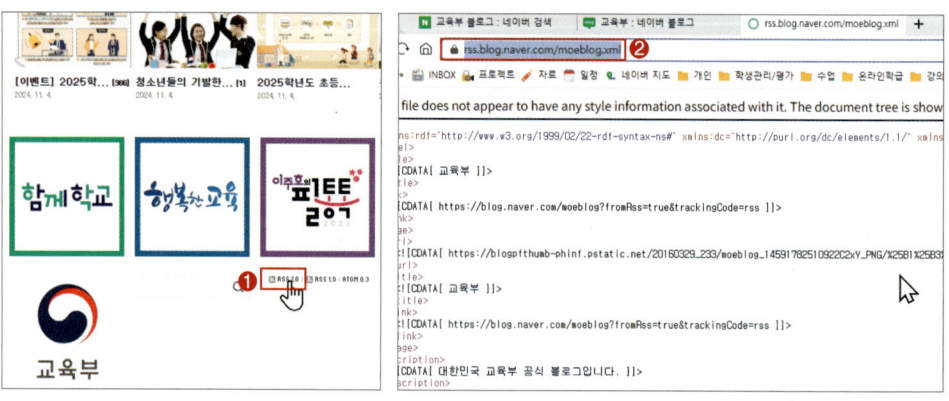

12 복사한 URL 주소는 코드에서 RSS 피드 URL을 저장할 ❸rss_url 변수에 입력하여 줍니다.

라이브러리 설치하기

13 파이썬에서 기능을 사용하려면 라이브러리를 추가 설치해 주어야 합니다. 코드 상단에 보면 feedparser, time, notion_client가 사용된 것을 알 수 있습니다. 이 중에서 기본 라이브러리인 time을 제외한 두 가지를 각각 설치해보겠습니다. '윈도우 키 + R'을 입력하여 실행 상자를 열어 ❶'cmd'를 입력하고 ❷[확인]을 누릅니다.

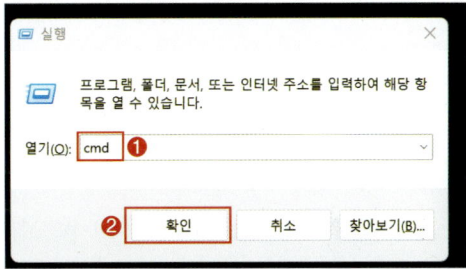

14 이제 실행창에 'pip install' 명령어를 사용하여 두 라이브러리를 각각 설치합니다.

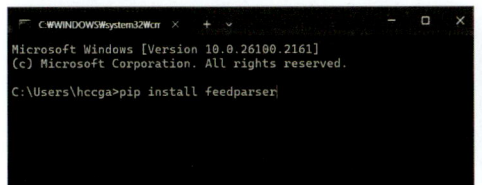
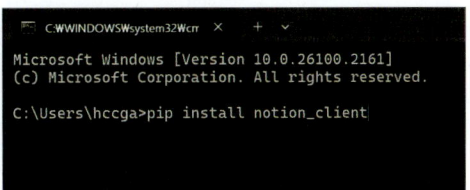

파이썬 파일로 저장하기

15 이제 코드를 파이썬 파일로 저장해보겠습니다.

먼저, 파이썬 에디터를 실행합니다. 파이썬 에디터는 시작 키를 누르고 'IDLE'라고 검색하면 쉽게 찾아 실행할 수 있습니다. 실행된 파이썬 에디터 상단 메뉴에서 ❶[FILE] 탭을 선택하고 ❷[New File]을 클릭합니다.

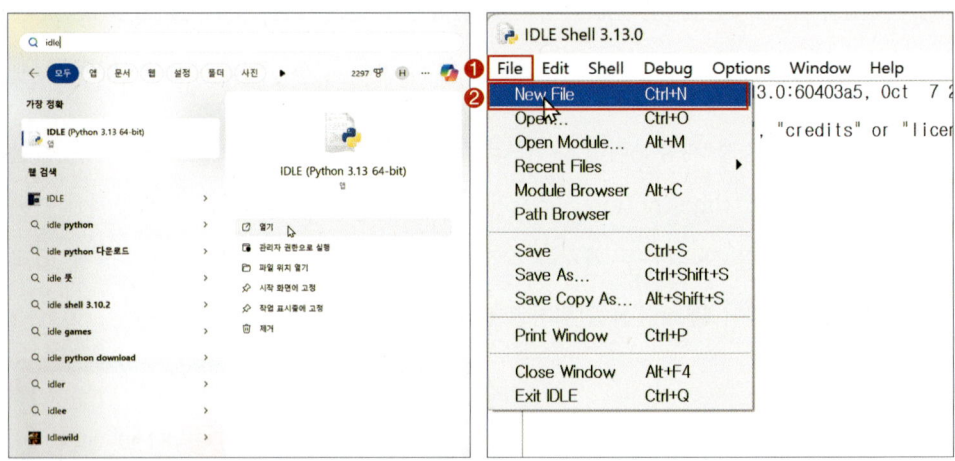

16 노션 AI가 생성한 코드 블록 우측 상단에서 ❸[복사] 버튼을 클릭하여 코드를 복사하고, 파일 에디터에 붙여넣기(Ctrl + V)합니다.

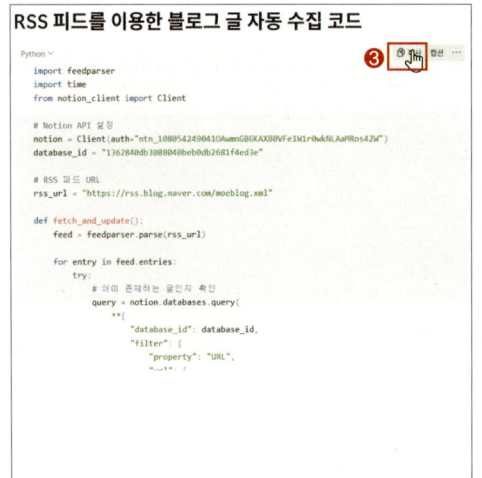

17 다시 ❹[FILE] 탭을 열고 ❺[Save]를 선택하여 바탕화면에 적당한 파일 이름과 PY 확장자로 저장합니다.

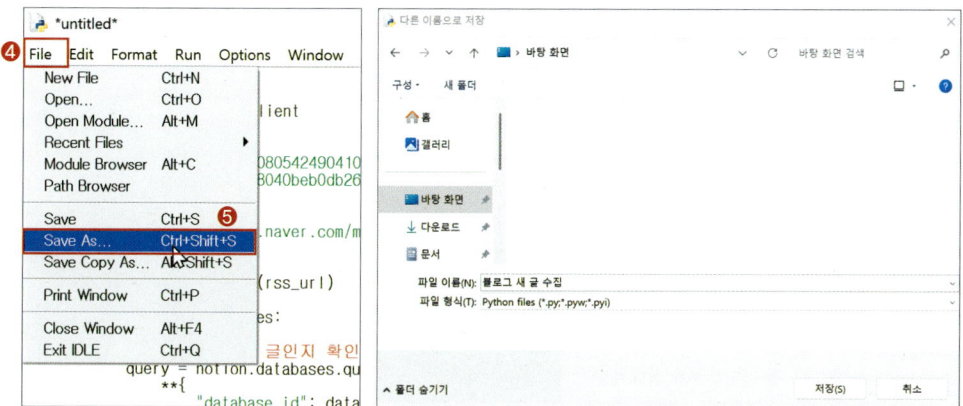

코드 실행 확인하기

18 ❶[Run] 탭에서 ❷[Run Module]을 클릭하면 파이썬 코드를 실행을 확인합니다. 만약, 오류가 발생할 경우, 교재에서 안내한 실습 페이지에 있는 코드를 복제한 후 활용하세요.

19 정상적으로 코드가 실행되면, 노션 데이터베이스에 새로운 블로그 글이 URL 주소와 함께 추가되는 것을 확인할 수 있습니다. 이후로는 바탕화면에 저장한 파이썬 파일을 바로 클릭하여 실행하는 것도 가능합니다.

 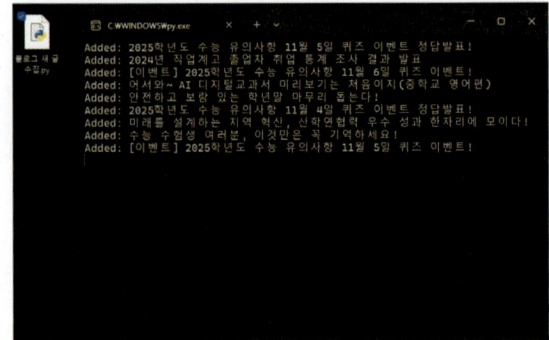

교사의 TIP 노션 개발자 사이트(https://developers.notion.com/)에서 코드 작성을 위한 더 많은 예시 및 매뉴얼을 확인할 수 있습니다.